Volker Schmitz

Private Altersvorsorge

AF824875

Volker Schmitz

Private Altersvorsorge

Langfristige Finanzplanung für die eigene Zukunft

GABLER

Bibliografische Information Der Deutschen Bibliothek
Die Deutsche Bibliothek verzeichnet diese Publikation in der Deutschen Nationalbibliografie; detaillierte bibliografische Daten sind im Internet über <http://dnp:ddp.de> abrufbar.

1. Auflage Oktober 2003

Alle Rechte vorbehalten
© Betriebswirtschaftlicher Verlag Dr. Th. Gabler GmbH, Wiesbaden 2003
Softcover reprint of the hardcover 1st edition 2003
Lektorat: Karin Janssen

http://www.gabler.de

Das Werk einschließlich aller seiner Teile ist urheberrechtlich geschützt. Jede Verwertung außerhalb der engen Grenzen des Urheberrechtsgesetzes ist ohne Zustimmung des Verlags unzulässig und strafbar. Das gilt insbesondere für Vervielfältigungen, Übersetzungen, Mikroverfilmungen und die Einspeicherung und Verarbeitung in elektronischen Systemen.

Die Wiedergabe von Gebrauchsnamen, Handelsnamen, Warenbezeichnungen usw. in diesem Werk berechtigt auch ohne besondere Kennzeichnung nicht zu der Annahme, dass solche Namen im Sinne der Warenzeichen- und Markenschutz-Gesetzgebung als frei zu betrachten wären und daher von jedermann benutzt werden dürften.

Umschlaggestaltung: Nina Faber de.sign, Wiesbaden
Satz: Fotosatz L. Huhn, Maintal

Gedruckt auf säurefreiem und chlorfrei gebleichtem Papier.

ISBN-13: 978-3-322-84539-9 e-ISBN-13: 978-3-322-84538-2
DOI: 10.1007/978-3-322-84538-2

Inhaltsverzeichnis

1. Warum private Altersvorsorge?

Seit der jüngsten Rentenreform ist es endgültig klar. Die heutigen Beitragszahler und zukünftigen Rentner werden sich im Alter noch weniger auf die gesetzliche Rente verlassen können, als sie ohnehin schon befürchtet hatten. Nach jahrelangen Diskussionen und vorsichtigen Einzelreformen haben die Politiker sich nun für eine erhebliche Senkung des Rentenniveaus entschieden. Arbeitnehmer und Arbeitgeber bleiben von hohen Beitragssteigerungen verschont, dafür soll jeder zukünftige Rentner ab sofort verstärkt privat vorsorgen.

Spätestens jetzt müssen sich Privatleute also fragen, was sie persönlich für ihre Altersvorsorge tun wollen. Angebote gibt es von allen Seiten. Versicherungen, Fonds, Aktien, Immobilien, alle Anbieter von Finanzdienstleistungen überschütten die Bevölkerung mit Informationen zu ihren Produkten. Vor der Entscheidung, *wie* man sein Geld investiert, sollte sich jeder jedoch zuerst überlegen, *wie viel* er anlegen will. Es gibt auch heute noch viele ältere Menschen, denen es finanziell schlecht geht. Bei den meisten von ihnen ist nicht eine falsche Geldanlage der Grund für ihre Armut im Alter, sondern zu wenig private Vorsorge. Wer nicht genug Geld für sein Alter beiseite legt, dem nützen alle Überlegungen über die Anlageform wenig, er wird trotzdem als Rentner unterversorgt sein.

Wie aber kann man heute schon wissen, wie viel Geld man in 30 oder 40 Jahren benötigt? Niemand kann die genaue Höhe des zukünftigen Bedarfs voraussagen. Dieses Buch zeigt Wege zur Sicherung des Lebensstandards im Alter. Durch systematische Planung der privaten Vorsorge schaffen kluge Anleger den besten Ausgleich zwischen heutigen Konsumwünschen und finanzieller Sicherheit im Alter. Was bei falscher Planung passiert, zeigt das folgende Beispiel.

1.1 Wollen Sie ein Sozialfall werden?

Im Jahr 1960 haben Herr und Frau Alt Besuch von einem Versicherungsvertreter. Sie wollen etwas für ihre Altersversorgung tun. Beide Ehepartner sind 35 Jahre alt und sie haben zwei kleine Kinder. Ihr gemeinsames Nettogehalt beträgt 670 DM im Monat, 1960 ein normales Einkommen. Wie können sie am besten vorsorgen?

Alts überlegen, wieviel Geld sie als Rentner wohl benötigen. Im Jahr 2000 werden sie 75 Jahre alt sein. Ihre beiden Kinder sind dann längst aus dem Haus, der Haushalt ist komplett und sie benötigen weniger Wohnfläche. Herr Alt kalkuliert die Kosten und macht einen vorsichtigen Abschlag von 20 Prozent auf ihr heutiges Einkommen. 536 DM bleiben übrig. Wegen der Geldentwertung wird das in Zukunft aber nicht reichen. Der Versicherungsvertreter informiert sie, dass die Inflationsrate in den vergangenen zehn Jahren durchschnittlich 1,9 Prozent jährlich betrug. Herr und Frau Alt rechnen mit 2 Prozent pro Jahr ihre Kosten hoch. Über wie viele Jahre sollen sie rechnen? Der Versicherungsvertreter kennt auch die Lebenserwartung. Ein Mann wird im Durchschnitt 67 Jahre alt, eine Frau 72. Vorsichtshalber planen sie also noch über 40 Jahre. Die Kalkulation ergibt eine Summe von etwas unter 1.200 DM. Wenn sie als Rentner im Jahr 2000 einen Betrag von 1.200 DM monatlich, etwas mehr als 600 Euro, zur Verfügung haben, können sie ihren Lebensstandard halten und im Alter ohne Sorgen leben. Wirklich?

Heute weiß man es besser. Ein durchschnittlicher Rentnerhaushalt hat 1.900 Euro monatlich zur Verfügung. Mit 600 Euro im Monat ist unser Rentnerpaar ein Sozialfall.

Was hat es falsch gemacht? Familie Alt hat die Inflation unterschätzt, den allgemeinen Anstieg des Wohlstands nicht berücksichtigt und sich in der Lebenserwartung geirrt. Die Frage, ob der Kostenabschlag von 20 Prozent angemessen war, fällt dabei kaum noch ins Gewicht. Wenn es den beiden heute in Wirklichkeit trotzdem nicht so schlecht geht, dann nur dank der gesetzlichen

Rente. Diese hat die Geldentwertung ausgeglichen, an der Steigerung des Wohlstands teilgenommen und wird bis zum Lebensende gezahlt, egal wie alt man wird. Hätte das Paar nur privat vorgesorgt, wäre ihm der Gang zum Sozialamt nicht erspart geblieben.

Die gesetzliche Rentenversicherung macht also durchaus Sinn. Allerdings kann man sich auf diese Rente nicht mehr verlassen, denn sie wird laufend gekürzt. Zu unsicher ist die zukünftige Entwicklung der staatlichen Versorgungssysteme. Die heutige Arbeitnehmergeneration ist mehr auf private Altersvorsorge angewiesen als die Generation davor. Aber sie ist auch vorsichtiger und plant besser. Außerdem verdient sie gut und kann daher genug für das Alter beiseite legen. Aber wieviel muss es sein? Das nächste Beispiel zeigt, dass man sogar Millionär werden kann und selbst das vielleicht nicht reicht.

Herr Reich ist heute 30 Jahre alt und plant seine Altersversorgung. Als gefragtem Softwareexperten bleiben ihm nach allen Abzügen 50.000 Euro netto im Jahr. In der gesetzlichen Rentenversicherung zahlt er den Höchstsatz als Beitrag. Bis zum Rentenalter kommen 40 Beitragsjahre zusammen. Aber er schätzt, dass die Rente wohl ungefähr 10 Prozent niedriger ausfällt als nach heutigem Stand, wegen der bekannten Probleme der Rentenversicherung. Bisher hat Herr Reich sein Leben genossen und sein Geld ausgegeben, aber jetzt beschließt er, zehn Prozent seines Nettoeinkommens für das Alter beiseite zu legen. Mit den verbleibenden 45.000 Euro geht es ihm immer noch gut und diesen Lebensstandard möchte er ebenfalls im Alter haben. Auch als Rentner will er mit den Jüngeren finanziell mithalten können. Außerdem befindet er sich gerade am Anfang seiner Karriere. Aber Herr Reich kalkuliert vorsichtig und nimmt an, dass er in circa fünf Jahren den Job wechseln und 20 Prozent mehr verdienen wird, mit Anfang 40 dann nochmal zehn Prozent mehr. Langfristig könnte er also noch zusätzlich sparen. Der 30-Jährige nimmt sich vor, wirklich bis zum 65. Geburtstag durchzuhalten und immer zehn Prozent des Nettogehalts für das Alter zurückzulegen.

Wird es reichen? Wieviel Geld kommt unter realistischen Annahmen mit 65 Jahren zusammen? 500.000, 1 Million oder vielleicht sogar 1,5 Millionen Euro? Um die Frage zu beantworten, setzt sich der Softwareexperte an seinen Computer. Er trifft einige vernünftige Annahmen über die weitere wirtschaftliche Entwicklung und errechnet sein zukünftiges Vermögen. 1,65 Millionen Euro! Die Altersversorgung ist gesichert! Vorsichtshalber rechnet Herr Reich auch die späteren Kosten hoch. Im ersten Jahr seines Rentnerlebens benötigt er über 450.000 Euro! Schließlich lag sein Endgehalt mit 65 Jahren bei über 500.000 netto. Zwar beträgt die Rente stattliche 142.000 Euro im Jahr, aber die 1,65 Millionen reichen trotzdem nicht, um die Differenz lange auszugleichen. Sein Vermögen ist schon mit 70 Jahren aufgezehrt. Wenn es bis zum Ende des Lebens reichen soll, muss er die Kosten kräftig reduzieren. Am Ende kann er sich nur die Hälfte dessen leisten, was er mit 30 Jahren geplant hatte. Tatsächlich braucht Herr Reich über 5,5 Millionen Euro, um im Alter so zu leben, wie er es sich vorstellt.

Dem Beispiel liegt eine vergleichbare wirtschaftliche Entwicklung zugrunde, wie sie Deutschland in den Jahren von 1960 bis 1995 durchlaufen hat. Eine mehr als siebenfache Steigerung der Nominaleinkommen durch Geldentwertung und Wohlstandszuwachs, verbunden mit einer persönlichen Einkommenserhöhung von 30 Prozent, führt über die Jahre zu einer Verzehnfachung des Gehalts. Von 670 DM oder 343 Euro, 1960 das normale Einkommen einer vierköpfigen Familie, kann man heute nicht einmal mehr die Miete bezahlen. Was wird man dann in 40 Jahren noch davon kaufen können?

Das durchschnittliche Jahreseinkommen eines Arbeitnehmers, das der Rentenberechnung zugrunde liegt, betrug 1960 nach Angaben des Bundesministeriums für Arbeit und Sozialordnung 6.101 DM. Im Jahr 2000 lag dieses Einkommen bereits bei 54.513 DM bzw. 27.872 Euro. In 40 Jahren ist es fast auf das Neunfache gestiegen. Bei gleich bleibender Entwicklung läge es im Jahr 2040 bei 249.000 Euro. Wer 45 Jahre lang durchschnittlich verdient hatte, bekam im Jahr 2000 eine Rente von 26.160

DM oder 13.375 Euro jährlich. Der entsprechende Wert müsste dann im Jahr 2040 bei 120.000 Euro im Jahr liegen. Würde die Rente 20 Prozent niedriger ausfallen, fehlten jedes Jahr 24.000 Euro. Um diese Lücke zu schließen, reichen Ersparnisse von 50.000 oder 100.000 Euro nicht aus.

Niemand weiß, was die Zukunft bringen wird, aber für die Altersversorgung sollte man vorsichtshalber mit großen Zahlen rechnen. Und mit großer Unsicherheit.

Die Unsicherheit steigt wieder

Die öffentliche Diskussion um die Sicherheit der Renten hat im Bewusstsein der zukünftigen Rentner eine tiefe Verunsicherung hinterlassen. Was angesichts des wirtschaftlichen Fortschritts der letzten 50 Jahre kaum vorstellbar erschien, ist für viele jüngere Menschen heute bittere Realität: Die gesetzliche Rente wird finanzielle Sicherheit im Alter nicht mehr so gewährleisten können wie für die heutigen Rentner.

Blickt man länger zurück, ist die Unsicherheit über das materielle Wohlergehen im Alter allerdings nichts Neues. Denn ausreichende öffentliche Vorsorge war in der menschlichen Geschichte selten. Durch die starken Rentensteigerungen, von denen die heutige Rentnergeneration profitiert hat, ist nur für einige Jahrzehnte der Gedanke verdrängt worden, dass jeder von uns auch selbst für sein Alter vorsorgen muss.

Vor Einführung der gesetzlichen Rentenversicherung waren alle Menschen bei ihrer Altersversorgung auf sich allein gestellt. Die normale Form der Absicherung bestand aus vielen Kindern, von denen hoffentlich einige überleben würden, um später für die Eltern zu sorgen. Wer ein Stück Land hatte, gab es irgendwann an seine Kinder weiter, die sich dafür verpflichteten, ihn von den Erträgen mit zu ernähren. Der Bauer schloss einen Generationenvertrag. Wirtschafteten die Kinder gut, war die Altersversorgung gesichert, ging es der nächsten Generation schlecht, traf es auch die Eltern.

Unsere heutigen Probleme mit der Alterversorgung sind genau die gleichen. Zwar hat der Staat für uns einen Generationenvertrag geschlossen, der unseren Lebensstandard im Alter sichern soll. Durch die gesetzliche Rentenversicherung sorgt die nächste Generation für uns. Aber wir haben nicht genug Kinder bekommen, so dass diese Generation den Vertrag nicht wirklich erfüllen kann. Die zukünftige Last verteilt sich auf zu wenige Schultern. Schon heute wird heftig über diesen Generationenvertrag diskutiert und von Rentenkrise zu Rentenkrise wird er neu verhandelt. Manche fordern sogar seine völlige Abschaffung.

Die Unsicherheit steigt also wieder. Die heutige junge Generation weiß, dass ihr die gesetzliche Rente nicht so viel bringen wird wie ihren Eltern. Die Versorgungslücke wird größer und damit die Notwendigkeit der privaten Vorsorge. Diese private Vorsorge stellt uns vor völlig neue Probleme. Wir müssen über ein halbes Lebensalter vorsorgen und heute Entscheidungen treffen, deren Konsequenzen wir in vierzig Jahren noch zu spüren bekommen. Die Unsicherheit dabei ist gewaltig und auch das Risiko, Fehler zu machen. Wir müssen sparen und investieren, um später ausreichend versorgt zu sein. Aber es fällt uns schwer, die richtige Balance zwischen heutigem und zukünftigem Konsum zu finden, denn zu viele Faktoren spielen eine Rolle, die wir kaum berechnen können. Lebenserwartung, Rendite und Inflation kann heute niemand seriös über Jahrzehnte voraussagen. Und eine regelmäßige Erwerbstätigkeit als festangestellter Arbeitnehmer, Grundlage der Rentenansprüche, wird nach Ansicht der Experten in Zukunft immer seltener werden.

Das Risiko wird privatisiert

Was sollen wir tun? Auf was können wir uns bei der Planung unserer Altersversorgung noch verlassen? Der Staat hilft uns nicht mehr weiter. „Die Rente ist sicher“ verkündete über Jahre immer wieder ein deutscher Minister. Ist sie auch, nur leider nicht ihre Höhe. Wie unsicher die ist, zeigt die jüngste Rentenreform. Das Rentenniveau wird erheblich gesenkt werden.

Das Problem ist im Grunde nicht neu. Seine Ursache, die Bevölkerungsentwicklung, ist seit Jahrzehnten bekannt. Bereits vor zwanzig Jahren war aufgrund der Trends der Geburtenzahlen und der Sterbeziffern klar, dass zukünftig immer mehr Rentner immer weniger Berufstätigen gegenüberstehen würden. Aber die Schwierigkeiten lagen noch in weiter Ferne, die Rentenversicherung hatte noch genug Geld und die Wähler waren noch nicht durch Rentenkürzungen und starke Beitragserhöhungen für das Thema sensibilisiert. Hätte man damals bereits vorsichtig die Weichen in die richtige Richtung gestellt und Wildwuchs bei den Ausgaben rechtzeitig beschnitten, wären die Probleme der öffentlichen Rentenversicherung heute zwar geringer, aber sie wären dennoch unumgänglich. Zu stark ist der Einfluss der zugrunde liegenden demografischen Trends.

Was also ist zu tun, um sich vor dem Verfall der öffentlichen Altersversorgung zu schützen? Die zukünftigen Rentner wissen längst, dass die Lösung nur in der privaten Altersvorsorge liegen kann. Inzwischen wird dieser Weg auch von der Regierung als Ausweg aus der Notlage der staatlichen Altersversorgung angepriesen. Parallel zur Senkung der Renten soll zukünftig jeder zunehmend privat vorsorgen.

Diese vermeintlich neue Lösung für die Schwierigkeiten der Altersversorgung verschiebt die Problematik jedoch nur auf eine andere Ebene. Zukünftig ist jeder verstärkt selbst für seine finanzielle Sicherheit im Alter zuständig. Geht es Rentnern später im Alter schlecht, können sie nicht mehr allein den Staat dafür verantwortlich machen und Forderungen an die öffentlichen Versorgungssysteme stellen. Vielmehr müssen sie sich fragen lassen, ob sie denn rechtzeitig und richtig und vor allem genug für die private Absicherung des Alters getan haben. Mit der Privatisierung der Altersvorsorge wird auch das Risiko privatisiert. Und mit diesem Risiko wird man zunehmend allein gelassen.

Dieses Buch soll helfen, Risiken besser einzuschätzen. Welche Überlegungen und Analysen sind notwendig, um das Risiko einzugrenzen und angemessen darauf zu reagieren? Ziel ist nicht die kurzfristige einzelne Anlageentscheidung, sondern die langfristige strategische Planung der Altersversorgung. Das Buch zeigt die häufig unterschätzten Risiken der einzelnen Anlagemedien und die Probleme, den zukünftigen Lebensstandard richtig vorauszusehen. Es erläutert, welche Konsequenzen die jüngsten Rentenkürzungen haben und welche Jahrgänge es am stärksten treffen wird. Es zeigt, wie groß Versorgungslücken wirklich sind und was dagegen unternommen werden kann. Und wie die demografische Entwicklung nicht nur die gesetzliche Rente reduziert, sondern auch die Rendite der privaten Altersversorgung beeinflusst. Es zeigt vor allem, dass die Risiken der privaten Altersvorsorge meist unterschätzt werden und trägt dazu bei, die finanzielle Situation als Rentner tatsächlich realistisch planen zu können.

Worauf müssen Anleger achten?

Bücher über Geldanlage gibt es genug. Am meisten verkauft werden solche, die behaupten, jeder könne reich werden, man müsse es nur wollen. Jeder Filmregisseur in Hollywood weiß, dass wir vor den Anstrengungen des Alltags gern ins Kino flüchten und keine großen Probleme auf der Leinwand sehen wollen. Wir möchten uns entspannen und erwarten ein glückliches Filmende. Unsere Unruhe und Sorgen sollen sich auflösen und wir wollen sehen, wie im Leben trotz mancher Schwierigkeiten mit Tatkraft und Glück schon alles gut geht. Und genau so helfen uns diese Ratgeber. Sie geben uns nicht nur Ratschläge zur Geldanlage, sie nehmen uns auch für einen Moment die Sorgen und Ängste vor der Zukunft und geben uns das Gefühl, wenn wir nur wollen, können wir reich und glücklich werden.

Dieses Buch ist anders. Es macht keine einfachen Versprechungen. Es zeigt, dass die Lücken in der individuellen Altersversorgung wahrscheinlich größer sind als gemeinhin angenommen. Und dass man es vielleicht schafft, ein Vermögen aufzubauen, aber dieses Vermögen weniger wert ist als man heute denkt. Es zeigt Risiken, mit denen man nicht rechnet und fordert dazu auf, lieb gewonnene Denkgewohnheiten zu überprüfen. Für diese unangenehme Anstrengung bietet das Buch aber auch eine Chance: die Möglichkeit, die Risiken der Altersversorgung realistischer einschätzen zu können. Die Einflussfaktoren, die über das zukünftige materielle Wohlergehen entscheiden, nicht nur zu kennen, sondern sie planvoll in Überlegungen einzubeziehen. Und damit die Gewissheit zu haben, wirklich das Richtige für die finanzielle Sicherheit im Alter getan zu haben. Wer dieses Buch gelesen hat, weiß

- warum Versorgungslücken größer sind als man denkt,
- wie Unterversorgung richtig berechnet werden kann,
- warum die staatlich geförderte private Altersvorsorge nicht ausreicht,
- auf wie viel Konsum man heute verzichten muss, um im Alter auch noch gut zu leben,
- wie der Lebensstandard insgesamt sogar verbessert wird,
- warum die Bevölkerungsentwicklung nicht nur die gesetzliche Rente mindert, sondern auch die Rendite privater Geldanlagen beeinträchtigt
- und wie man trotzdem schon heute finanzielle Sicherheit im Alter richtig planen und laufend überprüfen kann.

Altersvorsorge ist mehr als Geldanlage

Warum ein spezieller Ratgeber für die Altersversorgung? Sind die Anlageprobleme und Fragestellungen nicht die selben wie bei jeder Geldanlage, nur langfristiger? Was ist das Besondere an der Altersvorsorge?

Es gibt keine absolut richtige Geldanlage. Jede Anlageentscheidung wird vor dem Hintergrund einer Vielzahl von persönlichen Vorlieben, Einflüssen und Zielsetzungen getroffen und erst deren Kenntnis erlaubt ein Urteil, wie sinnvoll eine Geldanlage ist. Wer für den Kauf eines Autos in zwei Jahren spart, muss anders vorgehen als eine Familie, die in acht Jahren ein Haus bauen will. Besitzt ein Anleger bereits Vermögen, kann er andere Risiken eingehen als jemand ohne Notgroschen. Gerade die Altersvorsorge stellt hohe Anforderungen an die Sicherheit und Planbarkeit und gleichzeitig wird sie aufgrund des langen Zeithorizonts besonders von Unsicherheiten und Risiken beeinträchtigt. Und so ist die Geldanlage zwar ein Mittel zur Altersvorsorge, aber die Probleme der Altersversorgung gehen weit über die reine Anlageentscheidung hinaus. Welche Schwierigkeiten sind es, die private Altersversorgung so viel komplizierter machen als reine Geldanlage?

Zunächst ist die Höhe der zukünftigen Versorgungslücke unklar. Die Frage ist heute nicht mehr, ob man etwas für die private Altersversorgung tun muss. Es geht zunächst auch nicht darum, was man tun sollte. Die erste Frage ist, wie viel man tun muss. Man kann leicht ausrechnen, wie hoch der Lebensstandard ist und welche Rente nach heutigem Stand ungefähr zu erwarten ist. Daraus ermittelt jeder Versicherungsvertreter sofort die Versorgungslücke und bietet als Lösung eine entsprechend hohe Lebensversicherung an. Tatsächlich ist das Problem jedoch komplizierter.

Wieviel Vermögen für das Alter angespart werden sollte, hängt von vielen nur schwer vorauszusagenden Faktoren ab. Wie hoch wird die gesetzliche Rente tatsächlich ausfallen, wenn man die zukünftig zu erwartenden Kürzungen berücksichtigt? Wie wird sich das gesamte Einkommensniveau in den nächsten Jahrzehnten entwickeln und wie das eigene Einkommen? Welchen Lebensstandard will man für sich im Alter zugrunde legen? Welche altersbedingten Sonderkosten muss man berücksichtigen, mit denen man möglicherweise heute noch nicht rechnet? Und wie beeinflusst die Inflationsrate diese Berechnungen?

Hat man eine Vorstellung über die mögliche Größe der Versorgungslücke gewonnen, stellt sich als nächstes die Frage, wie hoch die regelmäßige Vermögensbildung sein muss, um diese Lücke zu schließen. Auf wieviel heutigen Konsum muss man zugunsten des zukünftigen Konsums im Alter verzichten? Diese Frage kann nicht ohne eine Betrachtung der verschiedenen Geldanlagen und ihrer Erträge beantwortet werden. Tatsächlich sind die Renditen jedoch schwer vorherzusagen, auch wenn die Werbung täglich das Gegenteil suggeriert. Jede Fondsgesellschaft wirbt mit ihren großartigen Ergebnissen der vergangenen Jahre und ganz unten im Kleingedruckten steht der Hinweis, dass die Erträge der Vergangenheit keine Aussagekraft für die Zukunft besitzen. Jede Versicherungsgesellschaft rechnet für Kapitallebensversicherungen auf Jahrzehnte im voraus auf den Euro genau aus, wie sich monatliche Beiträge in Vermögen verwandeln. Und am Ende der Berechnung steht in einer Anmerkung, dass die Überschüsse für die Zukunft nicht garantiert werden können. Die vergangenen Renditen sagen nichts über die zukünftigen Erträge aus. Außerdem werden langfristig auch die Erträge einiger klassischer Anlagen zur Altersvorsorge von der selben Bevölkerungsentwicklung beeinträchtigt, die auch die gesetzliche Rente schmälert.

Eine nachhaltige Altersvorsorge kann man im Normalfall nur über einen längeren Zeitraum aufbauen. Gerade wer als Angestellter regelmäßige Einkünfte hat, kann nicht kurz vor dem Rentenbeginn noch schnell größere Beträge anlegen, sondern muss langfristig für den Vermögensaufbau sparen. Wer heute 40 Jahre alt ist, hat eine Lebenserwartung von noch circa weiteren 40 Jahren. Über einen so langen Zeitraum können viele Faktoren eine wichtige Rolle für die finanzielle Sicherheit im Alter spielen. Der Lebensstandard kann sich stärker als erwartet verändern. Die Inflationsrate ist schwer vorherzusagen. Sonderkosten können entstehen, mit denen man nicht gerechnet hat, oder die Anlage des Geldes ist nicht so erfolgreich wie geplant. Kleine Unterschiede bei einzelnen Einflussgrößen können über vierzig Jahre zu erheblichen Fehlentwicklungen führen. Ein Geldbetrag von 100.000 Euro, heute angelegt mit einer Rendite von 8 Prozent, ergibt nach vierzig Jahren über zwei Millionen Euro. Bei einer jährlichen Inflationsrate von 2 Prozent beträgt der Wert nach heutiger Kaufkraft aber nur knapp eine Million Euro. Vermindert sich die Rendite von 8 auf 6 Prozent und steigt die Inflationsrate von 2 auf 3 Prozent, sinkt der Wert des Vermögens auf nur noch ein Drittel, etwas über 300.000 Euro nach heutigem Wert. Kleine Unterschiede können also über die Jahrzehnte zu erheblichen Fehlbeträgen bei der Rente führen.

Dieses Buch hilft, die Probleme Schritt für Schritt zu analysieren. Am Ende wird deutlich, warum jeder viel mehr Aufmerksamkeit auf die Ermittlung der Versorgungslücken richten sollte. Und warum diese Lücken möglicherweise viel größer sind, als viele denken. Gleichzeitig werden die Risiken der traditionellen Anlageformen für die Altersversorgung in ein neues Licht gestellt.

1.2 Wie stark trifft es den Anleger?

Die Privatisierung der Risiken im Zusammenhang mit der Altersvorsorge trifft uns alle, aber nicht alle in gleicher Stärke. Einzelne Gruppen in unserer Gesellschaft sind mehr betroffen als andere. Selbstständige sind in einer anderen Situation als Angestellte. Wer ein hohes Gehalt hat, kann und muss stärker vorsorgen als jemand im unteren Einkommensbereich. Jüngere sind mehr betroffen als Ältere, können sich andererseits aber auch noch besser gegen die Risiken absichern.

Die Selbstständigen waren schon immer auf ihre eigene Altersversorgung angewiesen. Wenn sie nicht freiwillig Mitglied in der öffentlichen Rentenversicherung waren, trugen sie das Risiko ihrer Altersversorgung selbst. Viele, die ihren Betrieb als Alterssicherung betrachtet haben und diesen am Ende ihres Arbeitslebens nicht so gut verkaufen konnten wie sie es erhofft hatten, haben dies am eigenen Lebensstandard im Alter zu spüren bekommen. Für Selbstständige ist der Trend zur privaten Altersversorgung nichts Neues. Auch die staatlich geförderte private Altersvorsorge, die „Riester-Rente" gilt nicht für sie. Ihr Lebensstandard ist zu hundert Prozent von ihrer eigenen Zukunftsplanung abhängig. Wenn ihre Rechnung nicht aufgeht, haben sie im Extremfall nicht die gesetzliche Rente als Untergrenze, sondern die Sozialhilfe. Für Selbstständige hängt alles an der systematischen Planung ihrer privaten Altersversorgung.

Für Angestellte wird die Veränderung am größten sein, denn ihre traditionelle Absicherung verliert im Vergleich zum gewohnten Lebensstandard immer mehr an Wert. Die große Gruppe der abhängig Beschäftigten mit mittlerem und gehobenem Einkommen ist von den Problemen der Rentenversicherung am stärksten betroffen. Sie zahlt heute die meisten Beiträge und würde für die Zukunft auch die größten Rentenansprüche erwerben. An ihr lässt sich am besten sparen und es gibt auch keine sozialen Einwände, warum diese Gruppe vor Kürzungen geschont werden sollte. Schon jetzt öffnet sich bei vielen Angestellten eine mehr oder minder große Lücke zwischen dem gewohnten Lebensstandard und den zu erwartenden Rentenzahlungen. Private Altersvorsorge musste zwar schon immer betrieben werden, um diese Lücke zu schließen, aber nicht so dringend wie heute. Jedem, der Monat für Monat seine Rentenbeiträge leistet, sollte klar sein, dass diese für die Altersversorgung nicht annähernd ausreichen werden. Deshalb sollte jeder konsequent seine Versorgungsrisiken ermitteln.

Für eine weitere Bevölkerungsgruppe wird die Verschiebung zur privaten Altersvorsorge wenig bringen. Ihr geht es finanziell schon heute so schlecht, dass sie nichts sparen kann. Auch staatliche Förderung wird wenig daran ändern. Wer heute bereits mit dem Existenzminimum auskommen muss und froh ist, wenn er mit den Ratenzahlungen nicht zu sehr ins Hintertreffen gerät, kann nicht auch noch langfristig Geld für das Alter beiseite legen. Mit der Verlagerung von der öffentlichen zur privaten Vorsorge werden diese Menschen im Alter eher noch weniger Rente haben ohne etwas dagegen unternehmen zu können.

Auch altersmäßig lassen sich verschiedene Bevölkerungsgruppen erkennen, die besonders betroffen sind. Die Bevölkerungsentwicklung ist die Hauptursache für die zukünftigen Probleme der gesetzlichen Rentenversicherung. Was wir heute erleben, ist aber erst der Anfang der Schwierigkeiten. Das Verhältnis der berufstätigen Beitragszahler zu den Rentnern wird immer schlechter. Diese negative Entwicklung wird sich in den nächsten Jahrzehnten fortsetzen. Ihren ersten Höhepunkt erreicht sie in den Jahren 2030 bis 2035. Im Jahr 2030 sind die heute 50-Jährigen fast achtzig und die dann 65-Jährigen sind heute knapp über fünfunddreißig. Zu dieser Altersgruppe, den heute 35- bis 50-Jährigen, zählen rund 20 Millionen Menschen in Deutschland. Sie umfasst auch die geburtenstarken Jahrgänge aus der Zeit des deutschen Wirtschaftswunders. Diese Menschen sind die ökonomisch aktivsten mit den höchsten Einkommen und leisten heute den größten Anteil an Zahlungen für die Rentenversicherung. Gleichzeitig sind sie aber auch von den zukünftigen Verschlechterungen der Rentenleistungen am stärksten betroffen. Die heute 50-Jährigen werden am Ende ihres Rentnerlebens den Höhepunkt der Krise erleben und die 35-Jährigen werden gerade dann ins Rentenalter kommen, wenn die Probleme der Rentenversicherung am größten sind. Wer zu dieser Altersgruppe zählt, ist am stärksten gefährdet und am meisten gefordert, seine Altersversorgung privat richtig abzusichern.

Warum jetzt schon vorsorgen?

Aufgrund der Bevölkerungsentwicklung wird es also diejenigen besonders treffen, die sich heute im mittleren Alter befinden. Das Ende des Erwerbslebens liegt noch ungefähr 15 bis 30 Jahre vor ihnen. Wer älter ist, wird auch unter der negativen Entwicklung zu leiden haben, aber nicht so stark – und kann auch nicht mehr viel daran ändern. Kurz vor dem Rentenbeginn lässt sich meist kein großes Vermögen mehr aufhäufen.

Diese Menschen haben also noch 15 bis 30 Jahre Zeit, die Weichen in Richtung auf eine ausreichende private Altersversorgung zu stellen. Je früher sie damit beginnen, desto mehr können sie erreichen. Einer der wichtigsten Helfer beim Aufbau der privaten Alterversorgung ist der Zinseszinseffekt. So wie die Inflation über die Jahre den Wert des Vermögens schmälert, baut der Zinseszinseffekt das Vermögen immer weiter auf.

Fängt man rechtzeitig an und hat noch dreißig Jahre Zeit, so wird bei 7 Prozent Zinsen im Jahr aus gesparten 250 Euro im Monat eine Summe von 283.000 Euro. Hat man dagegen nur noch zehn Jahre Zeit, ergeben sich nur 41.000 Euro. Wer einen Betrag von 250.000 Euro für seine Altersversorgung zusätzlich zur Verfügung haben möchte, braucht bei 7 Prozent Zins im Jahr nur 221 Euro monatlich beiseite zu legen, wenn er noch 30 Jahre Zeit hat. Verbleiben ihm nur noch zehn Jahre, müssten es dagegen 1.508 Euro im Monat sein.

Die Beispielrechnungen zeigen, wie dringend es ist, sich rechtzeitig über die private Altersversorgung Gedanken zu machen. Wer frühzeitig anfängt, hat noch genug Zeit, ohne zu großen Konsumverzicht heute für die Zukunft vorzusorgen. Wird die Zeit knapp, kann man meist nur noch unter erheblichen Anstrengungen etwas erreichen, selbst wenn es beruflich bergauf geht.

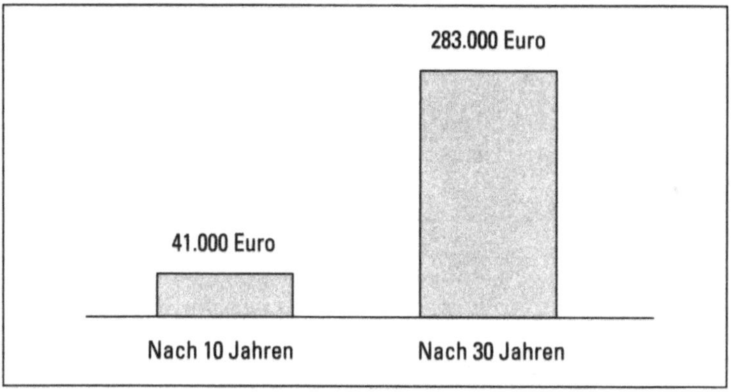

Abbildung 1: Aus einer Ersparnis von 250 Euro im Monat werden bei 7 Prozent Verzinsung...

Zahlt die Karriere die Altersversorgung?

Wessen Karriere noch nicht am Ende ist, wer also noch weitere Beförderungen erwartet, die ein höheres Einkommen bringen, hat finanziell mehr Luft und kann größere Beträge für das Alter beiseite legen. Sollte man sich darauf wirklich verlassen? Ein Blick in die Statistik belegt die Erfahrung, dass die Arbeitseinkommen mit zunehmendem Alter steigen. Dabei gibt es aber erhebliche Unterschiede nach Ausbildung, Altersstufe und Geschlecht.

Vom Berufsbeginn bis in die zweite Hälfte der dreißiger Jahre steigen die Arbeitseinkommen stark an. Bis Mitte 40 erfolgt dann eine weitere aber leichtere Steigerung. Danach bleiben die Einkommen konstant und ab 50 fallen sie langsam.

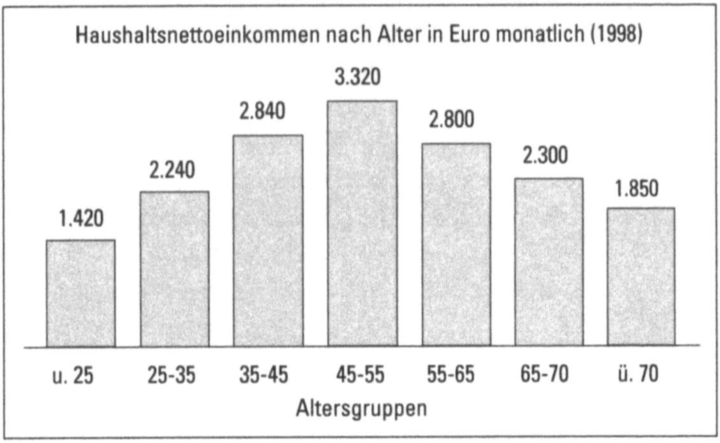

Abbildung 2: In den mittleren Jahren ist das Einkommen am höchsten

Dabei gibt es erhebliche Unterschiede nach Ausbildung und Geschlecht. Wer eine gute Ausbildung, zum Beispiel einen Hochschulabschluss hat, kann mit einer steileren und längeren Steigerung seines Einkommens rechnen. Bei niedriger Ausbildung ist dagegen die Einkommenserhöhung mit fortschreitendem Lebensalter nur gering und der Höhepunkt früher erreicht. Bei Frauen steigt das Einkommen später nicht so stark wie bei Männern.

Die Jahre mit dem besten Einkommen liegen im Durchschnitt also zwischen ungefähr 35 und 50. Dies ist die entscheidende Phase für den Aufbau der Altersversorgung. Das Einkommen ist am höchsten, die Sparquote auch und das Geld hat noch genug Zeit, bis zum Rentenbeginn zu arbeiten. Ein Vergleich der durchschnittlichen Sparquoten in diesem Zeitraum belegt die Bedeutung dieser Jahre für das Vermögen im Alter.

Untersuchungen des Statistischen Bundesamtes über die Einnahmen und Ausgaben der Haushalte zeigen, dass die unter 35-Jährigen nicht nur weniger verdienen, sondern mit rund 13 Prozent ihres Nettoeinkommens auch weniger sparen. Bei den 35- bis 45-Jähri-

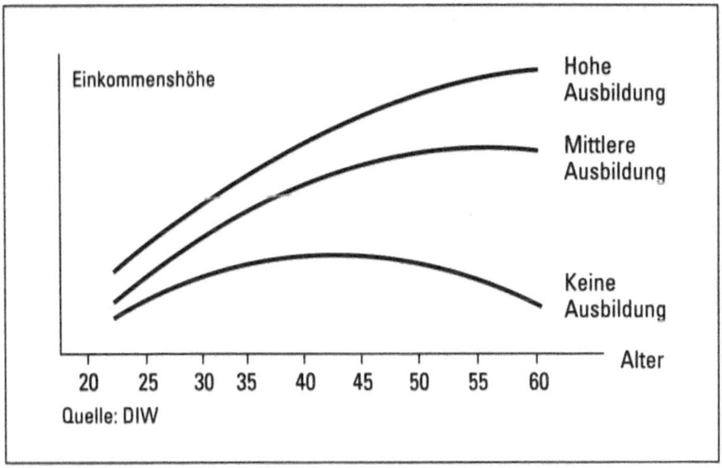

Abbildung 3: Nur bei hoher Ausbildung steigt das Einkommen im Alter weiter

gen steigt die Sparquote auf knapp unter 13,6 Prozent, bei den 45- bis 55-Jährigen sogar auf 14,5 Prozent. Danach sinkt das Einkommen wieder und auch die Sparquote. 55- bis 65-Jährige sparen unter 9 Prozent. Nur bei den Haushalten mit sehr hohen Nettoeinkommen um die 100.000 Euro pro Jahr steigt die Sparquote auf bis zu 25 Prozent und bleibt bis ans Ende des Arbeitslebens hoch.

Mit zunehmendem Alter kann man tatsächlich mehr für seine Altersversorgung tun. Höhere Verdienste ermöglichen zusätzliche Sparleistungen. Aber die Phase mit dem höchsten Einkommen liegt eher in der Mitte des Arbeitslebens als am Ende. Außerdem wächst mit dem beruflichen Erfolg nicht nur der Verdienst, sondern auch der Lebensstandard. Entsprechend mehr muss im Alter finanziert werden. Auch hier gilt wieder die Regel, dass früh gespartes Geld mehr bringt.

Wer heute mit 30 Jahren 30.000 Euro im Jahr verdient und davon 8 Prozent spart, kann im Jahr 2.400 Euro anlegen. Wenn sein Einkommen bis zum 50. Geburtstag durch beruflichen Erfolg, In-

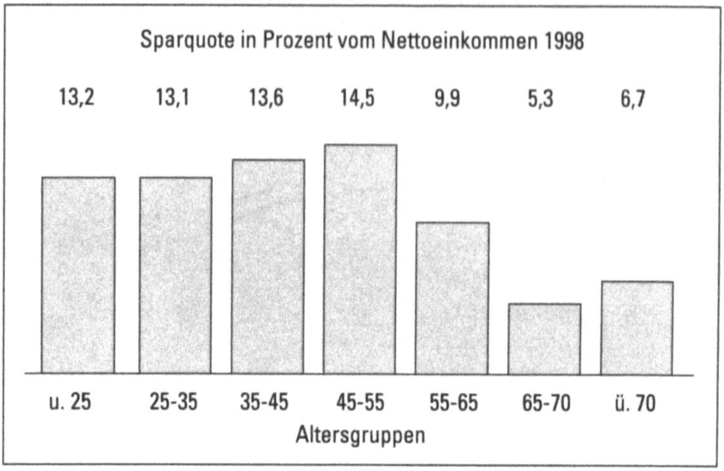

Abbildung 4: In den mittleren Jahren wird auch am meisten gespart

flation und Produktivitätssteigerung auf 115.000 Euro steigt und er dann 12 Prozent davon spart, sind das immerhin 13.800 Euro, fast das Sechsfache. Aber der Zinseszinseffekt relativiert dies wieder. Mit 6 Prozent Zins pro Jahr werden aus den ersten 2.400 Euro bis zum 65. Geburtstag 18.500 Euro, aus den 13.800 Euro, die er als 50-Jähriger anlegt, aufgrund der kürzeren Laufzeit nur noch 33.000 Euro. Am Ende hat er das Sechsfache gespart, aber nicht einmal das Doppelte erreicht.

Es gilt also, rechtzeitig anzufangen, wenn man ohne zu große Anstrengung seine private Altersvorsorge aufbauen möchte. Man sollte sich nicht darauf verlassen, dass schon alles nicht so schlimm kommen wird. Niemand weiß sicher, ob die jüngste Rentenreform wirklich ausreicht und die nächste Generation den Vertrag zu diesen Konditionen einhält. Denn die gesetzliche Rente ist nur ein Teil des Problems. Krankenversicherung, Pflegeversicherung und sogar die privaten Geldanlagen werden genauso durch die Bevölkerungsentwicklung beeinträchtigt.

1.3 Es wird schlimmer als man denkt

Experten haben schon vor 20 Jahren die künftigen Probleme der Rentenversicherung vorausgesehen. Immer öfter gingen danach Berichte durch die Presse, die vor den katastrophalen Folgen der älter werdenden Bevölkerung warnten. Auch die Politiker reagierten, allerdings weniger mit grundsätzlichen Taten. Vielmehr setzte der Deutsche Bundestag 1992 eine eigene Kommission ein, welche die Folgen des demografischen Wandels in den Jahren danach gründlich analysierte. Parallel dazu gab es eine Reihe von kleineren Änderungen bei der Rente. Dabei gilt für die gesamte Gesellschaft dasselbe wie für den Einzelnen: Je früher auf die Probleme reagiert wird, desto besser lassen sie sich bewältigen.

Die jüngste Rentenreform mit ihren Rentenkürzungen zeigt deutlich, was die Zukunft bringen wird. Aber trotz der anders lautenden Beteuerungen der Politiker reicht sie nicht aus. Die eigentlichen Probleme, welche die Bevölkerungsentwicklung verursacht, stehen uns erst noch bevor. Sie betreffen auch nicht nur die Rentenversicherung, die Krankenversicherung ist genauso gefährdet. Immer mehr alte Menschen verursachen immer höhere Kosten im Gesundheitssystem. Dasselbe gilt für die Pflegeversicherung. Parallel zu den Rentenbeiträgen müssen auch die Kranken- und Pflegeversicherungsbeiträge in Zukunft steigen, soll das Leistungsniveau gehalten werden. Oder aber die Gesundheitsdienste werden reduziert. Wer dann im Alter die vollen Leistungen genießen möchte, muss auch dafür zusätzlich privat vorsorgen. Aber dies wird immer schwieriger. Denn man muss durch vermehrtes Sparen bereits die Defizite der gesetzlichen Altersversorgung ausgleichen. Und die Gelder, die angelegt werden, bringen weniger Rendite, denn die Alterung der Bevölkerung wirkt eher negativ auf die Erträge der Vermögensanlagen. Obendrein steigt die Lebenserwartung und die Menschen werden wahrscheinlich älter als sie heute denken. Diese Entwicklung führt dazu, dass ein noch längerer Zeitraum ohne Arbeitseinkünfte zu finanzieren ist, oder aber die vorhandenen Mittel gestreckt werden müssen und die monatliche private Abdeckung der Versorgungslücke geringer ausfällt.

Bisher ist nur die zukünftige Belastung des staatlichen Rentensystems in das öffentliche Bewusstsein vorgedrungen. Dabei wird die Größe des Problems den Betroffenen erst jetzt durch das politische Tauziehen um die Höhe der Rentenkürzungen bekannt. Die zukünftigen Schwierigkeiten der Kranken- und Pflegeversicherung durch die Alterung der Bevölkerung werden erst im Ansatz diskutiert und die Beeinträchtigung der privaten Vermögensbildung durch die Überalterung ist den meisten Menschen völlig unbekannt. Die nächsten Abschnitte zeigen im Detail, warum es schlimmer kommen wird als viele heute denken.

Bevölkerungsentwicklung

Jeder weiß, dass die Rentenversicherung durch die demografische Entwicklung überlastet ist. Was ist daran eigentlich neu? Stei-

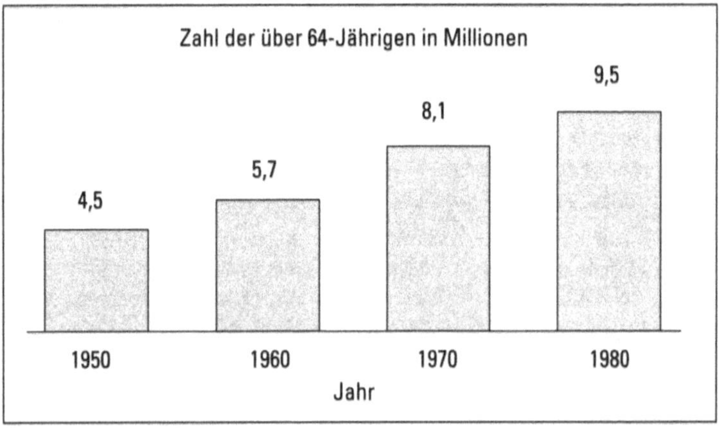

Abbildung 5: Die Zahl der Rentner stieg schon früher massiv

gende Lebenserwartung und sinkende Geburtenzahlen sind schon seit Gründung der Rentenversicherung im vorletzten Jahrhundert zu beobachten. Immer mehr Rentner leben immer länger und die Zahl der neugeborenen zukünftigen Beschäftigten steigt nicht im gleichen Maß.

Während zu Bismarcks Zeiten nur wenige überhaupt das Rentenalter erreichten und dann meist nur kurze Zeit ihre Rente genießen konnten, wurden 1960 bereits rund 8 Millionen Renten ausbezahlt. Bis 1995 hat sich ihre Zahl auf über 16 Millionen verdoppelt.

Die Zeit nach dem Zweiten Weltkrieg ist geprägt durch stetig steigende Rentnerzahlen. 1950 lebten rund 4,5 Millionen Menschen in Deutschland, die 65 oder älter waren. 1960 waren es bereits 5,7 Millionen. Bis 1970 stieg ihre Zahl auf 8,1 Millionen an. Das entspricht einer Steigerung um 42 Prozent innerhalb von nur zehn Jahren. Bis 1980 erhöhte sich ihre Zahl weiter auf 9,5 Millionen. Warum waren die Probleme für die Rentenversicherung damals noch nicht so groß? Hätte es nicht bereits in den sechziger Jahren zu Protesten der Beitragszahler und erheblichen Rentenkürzungen kommen müssen? Und wenn das Problem damals schon so klar war, warum ist in den Jahren danach so wenig unternommen worden, um das Problem zu lösen?

Die Antworten auf diese Fragen liegen in den Besonderheiten der deutschen Geschichte und gehen zurück bis zum Ersten Weltkrieg. Tatsächlich ist die Zahl der alten Menschen in der Zeit nach dem Zweiten Weltkrieg prozentual viel stärker gestiegen als das in den nächsten vierzig Jahren der Fall sein wird. Aber gleichzeitig wuchs auch die arbeitende nachrückende Generation, so dass sich das Verhältnis von Jüngeren zu Älteren nicht so dramatisch veränderte. Gleichzeitig boomte in den ersten Jahrzehnten nach dem Krieg die Wirtschaft und bei stark steigenden Einkommen fielen wachsende Rentenbeiträge nicht ins Gewicht. Das deutsche Wirtschaftswunder machte auch die Rentner immer wohlhabender.

Warum hat es aber nicht wenigstens in der Zeit seit 1980 erhebliche Einschnitte bei den Altersbezügen gegeben? Schließlich waren die Zeiten des großen Wirtschaftswachstums vorbei und die Reallöhne stiegen kaum noch. Alle Experten wussten, dass das Problem langfristig immer größer werden würde. Kurzfristig hatte jedoch die deutsche Bevölkerungsentwicklung Politikern und Betroffenen noch einen Aufschub gewährt. Denn mit dem Wirtschaftswunder kam der Babyboom, und der erreichte Anfang der sechziger Jahre seinen Höhepunkt. Wurden 1950 ungefähr eine halbe Million Kinder geboren, so waren es in den frühen Sechzigern über eine Million. Erst einige Jahre später fielen die Geburtenzahlen wieder steil ab, es kam der so genannte „Pillenknick". Mitte der siebziger Jahre hatten sich die Geburtenzahlen wieder bei um 600.000 pro Jahr eingependelt. Diese geburtenstarken Jahrgänge drängten etwa ab 1980 auf den Arbeitsmarkt und füllten so die Ränge der Beitragszahler. Gleichzeitig stieg die Zahl der Älteren kaum noch, sondern sank sogar für einige Jahre. Denn während des Ersten Weltkriegs war die Zahl der Geburten stark gefallen und die Neugeborenen von damals erreichten nun das Rentenalter. Tatsächlich führte dies dazu, dass das zahlenmäßige Verhältnis der über 64-Jährigen zu den 20- bis 64-Jährigen in den achtziger Jahren sogar niedriger wurde. 1984 erreichte es mit 24 Prozent seinen Tiefpunkt und erst im Jahr 2001 wieder den bisherigen Höchststand von 1979. Die Besonderheiten der deutschen Geschichte haben uns also 20 Jahre Schonzeit beschert.

Wenn die Probleme schon in der Vergangenheit bestanden und damals auch nicht zu großen Schwierigkeiten geführt haben, müssen wir uns dann wirklich Sorgen um die Zukunft machen? Oder wird es auch in den nächsten Jahrzehnten schon alles nicht so schlimm werden? Schließlich steigt die Zahl der über 64-Jährigen vom Jahr 2000 bis zum Jahr 2040 nur um 54 Prozent. In den 30 Jahren von 1950 bis 1980 waren es dagegen 110 Prozent, ohne dass die Altersversorgung deshalb verringert wurde.

Tatsächlich ist die Ausgangslage heute aber völlig anders. Die zukünftige wirtschaftliche Entwicklung ist schwer prognostizierbar, aber Wachstumsraten wie in den Nachkriegsjahren hatten wir schon lange nicht mehr und sie werden von den meisten Wirtschaftsforschern auch nicht erwartet. Die wirtschaftliche Entwicklung wird uns also voraussichtlich nicht aus der Klemme helfen. Gleichzeitig arbeitet auch noch die Geburtenzahl gegen uns. Es werden nicht nur die Alten immer mehr, die Jungen werden immer weniger. Die Jahrgänge, die jetzt ins Berufsleben eintreten, sind bereits die geburtenschwachen Jahrgänge aus der Zeit nach dem Pillenknick. Die geburtenstarken Jahrgänge des Babybooms dagegen befinden sich jetzt in der Mitte ihres Berufslebens und scheiden in den Jahren ab 2025 vermehrt aus dem Arbeitsleben aus.

So fällt die Zahl der 20- bis unter 64-Jährigen vom Jahr 2000 bis zum Jahr 2040 um 26 Prozent. Bei den parallel steigenden Rentnerzahlen führt das zu einer dramatischen Verschlechterung des Verhältnisses von Alten zu Jungen.

Die Quote der über 64-Jährigen zu den 20- bis 64-Jährigen steigt im Jahr 2010 schon auf 33 Prozent, 20 Jahre später sind es bereits 49 Prozent und für das Jahr 2040 wird eine Quote von 56 Prozent vorausgesagt.

Kamen 1950 auf jeden Deutschen im Rentenalter sechs jüngere zwischen 20 und 64, sind es heute schon unter vier und zukünftig sogar weniger als zwei. Da kein Wirtschaftswunder und kein Ba-

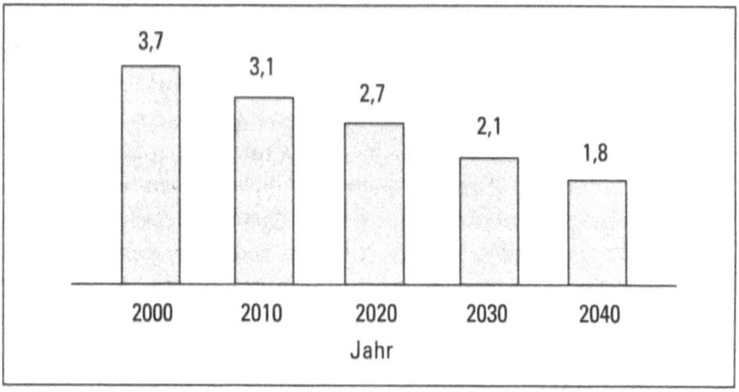

Abbildung 6: Auf einen älteren Menschen kommen so viele im berufstätigen Alter...

byboom absehbar sind, die dieses Problem für uns lösen, können wir von außen diesmal keine Hilfe erwarten. Nur jeder Einzelne kann etwas tun. Doch selbst das wird durch die Bevölkerungsentwicklung schwerer.

Die Bevölkerungsentwicklung beeinträchtigt die Renditen

Wir alle wissen, dass die Bevölkerungsentwicklung unsere Renten schmälern wird. Darum brauchen wir mehr private Vorsorge. Aber auch der Aufbau unserer privaten Altersversorgung wird durch die demografische Entwicklung beeinträchtigt.

Die meisten unserer klassischen Geldanlagen wie Immobilien, private Rentenversicherungen und sogar Aktien sind betroffen. Ihre zukünftige Rendite wird durch die Alterung der Gesellschaft auf vielfältige Weise beeinflusst. Auf den ersten Blick ist dies nicht sichtbar. Was hat die Alterung der Bevölkerung mit der Rendite der Kapitalanlagen zu tun? Tatsächlich wird die Wertentwicklung der Kapitalanlagen sehr stark von Angebot und Nachfrage bestimmt. Das bewährte Altersvorsorgemedium Immobilie hatte in den Jahrzehnten nach dem Zweiten Weltkrieg unter anderem deshalb so starke Wertsteigerungen zu verzeichnen, weil die Nachfrage nach mehr, neuem und besserem Wohnraum das Angebot weit überstieg. Auch der Aktienboom der neunziger Jahre beruhte zum Teil auf einer gewaltigen Nachfragesteigerung. Diese Nachfrageüberhänge sind aber kein Naturgesetz, sondern sie wurden durch bestimmte wirtschaftliche Umstände verursacht, deren Fortbestehen in der Zukunft nicht gewährleistet ist. So wird die Nachfrage nach Immobilien in den nächsten Jahrzehnten durch die Bevölkerungsentwicklung erheblich verändert werden. Auch die Nachfrage nach Aktien wird durch das Altern der Anleger vermindert. Und selbst die private Rentenversicherung ist davon betroffen. Kapitel 3 zeigt, wieso die Renditen durch die Bevölkerungsentwicklung beeinträchtigt werden.

Kosten steigen

Nicht nur werden Renditen auf Kapitalanlagen wahrscheinlich niedriger ausfallen, als viele hoffen, auch die Kosten für das Alter werden stärker steigen. Die meisten Menschen gehen davon aus, dass ihre Kosten im Alter sinken. Die Anschaffungen sind gemacht, das Haus ist abbezahlt, die Kinder sind erwachsen, viele große Kostenblöcke fallen einfach weg. Gleichzeitig entstehen aber auch neue Kosten, mit denen wir noch wenig Erfahrung haben. Die Gesundheitsvorsorge bekommt eine immer größere Bedeutung. Der demografische Trend, der die Rentenhöhe gefährdet, treibt aber auch die Gesundheitskosten in die Höhe. Das gleiche gilt für die Pflegeversicherung. Ältere Menschen sind nicht nur bei der Gesundheitsvorsorge, sondern überhaupt mehr auf Hilfe durch andere angewiesen. Sie konsumieren mehr Dienstleistungen und weniger materielle Güter. Diese Dienstleistungen aber müssen alle von anderen, jungen Menschen erbracht werden. Durch die Bevölkerungsentwicklung werden junge Menschen aber immer weniger. Entsprechend begehrt werden sie auf dem Arbeitsmarkt sein und diese Nachfrage führt bei Rückgang des Angebots zu steigenden Arbeitskosten. Es ist davon auszugehen, dass die Preise für Dienstleistungen im Alter generell stark steigen werden und so die Budgets der Rentner noch zusätzlich beanspruchen. Und das länger, als sie denken, denn ihre Lebenserwartung steigt weiter.

Höhere Lebenserwartung vergrößert den Vorsorgebedarf

Als die gesetzliche Rentenversicherung vor über 100 Jahren eingeführt wurde, starben viele Arbeiter vor Erreichen der Altersgrenze. Wer es schaffte, so alt zu werden, kam dann nur noch wenige Jahre in den Genuss der Rente. Heute erleben die meisten Menschen zum Glück ihren 65. Geburtstag bei guter Gesundheit und die restliche Lebenserwartung eines Mannes beträgt noch 15 Jahre, die einer Frau sogar 19 Jahre. Und die Aussichten für die Zukunft sind noch besser. In den Jahren von 1970 bis 1996 hat sich die Restlebensdauer eines 65-Jährigen um drei Jahre verlängert. Setzt sich dieser Trend fort, wird sie im Jahr 2030 um weitere vier Jahre höher liegen. Und niemand weiß, wie sich die moderne Medizintechnik auf das erreichbare Lebensalter auswirken wird. Irgendwann wird eine biologische Grenze die Entwicklung stoppen, aber die meisten Experten sind der Ansicht, dass wir in den kommenden Jahrzehnten noch nicht an sie stoßen werden.

So positiv diese Entwicklung für die Menschen ist, so problematisch ist sie für die Altersversorgung. Nicht nur das gesetzliche Rentensystem wird dadurch belastet, auch privat muss mehr vorgesorgt werden. Steigt die zu finanzierende Restlebenszeit für einen 65-Jährigen von 15 auf 19 Jahre, bedeutet dies eine Verlängerung um 27 Prozent, also mehr als ein Viertel. Die Rente fällt noch niedriger aus, die Geldanlage bringt wahrscheinlich nicht die erhoffte Rendite und die Kosten im Alter steigen stärker als erwartet. Die Lösung für diese Probleme ist immer die gleiche: Systematische Planung der Altersversorgung ist unabdingbar. Die nächsten Kapitel zeigen, welche Schritte dafür zu unternehmen sind.

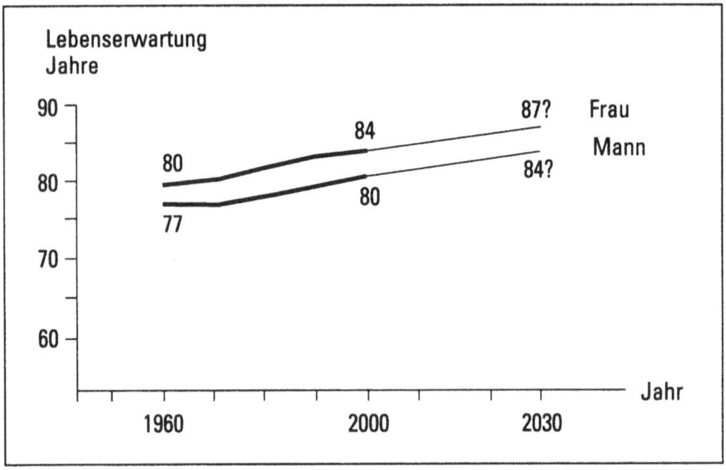

Abbildung 7: Die Lebenserwartung mit 65 Jahren ist in den letzten Jahrzehnten kontinuierlich gestiegen

2. Wege zur richtigen Altersvorsorge

Es gibt keine Alternative zur privaten Altersvorsorge. Die gesetzliche Rente wird immer weniger, die arbeitsfreie Zeit im Alter dank gestiegener Lebenserwartung immer länger und die Kosten steigen. Wenn man bereit ist, selbst für seine finanzielle Sicherheit im Alter zu sorgen, wo sollte man anfangen? Am besten bei sich selbst. Denn die menschliche Psyche macht es uns schwer, systematisch für unsere Vorsorge zu planen.

2.1 Warum ist Altersvorsorge so schwer?

Vielen alten Menschen in Deutschland geht es finanziell schlecht. Obwohl die heutige Rentnergeneration von den großen Rentensteigerungen der letzten Jahrzehnte profitiert und erhebliche Summen für ihr Alter beiseite gelegt hat, reicht es für sie trotzdem nicht. Dass sie zu wenig für ihr Alter vorgesorgt haben, ist überhaupt nicht erstaunlich. Im Gegenteil, denn der Mensch hat aufgrund seiner begrenzten mentalen Fähigkeiten vielfältige Schwierigkeiten, mit diesem Thema vernünftig umzugehen. Daher grenzt es fast an ein Wunder, dass so viele Menschen es trotzdem geschafft haben. Welche menschlichen Eigenarten sind es, die gegen eine sinnvolle Planung der Altersversorgung arbeiten?

Welchen Nutzen hat die Altersvorsorge?

Zunächst stellt sich die Frage, welchen Nutzen die Vorsorge für die Rentenzeit eigentlich hat. Vordergründig liegt dieser Nutzen auf der Hand. Sie soll den Lebensstandard im Alter garantieren. Neben diesem materiellen Nutzen gibt es aber auch noch einen immateriellen. Wie das Wort Altersvorsorge schon andeutet, hat man die Sorge, dass es im Alter finanziell nicht reicht. Die mit dieser Sorge einhergehenden Ängste versucht man durch das Sparen für das Alter zu mindern. Die Motivation, die uns zur Altersvorsorge treibt, ist die Angst. Und eine solche Emotion hat eine viel größere Bedeutung für unser Handeln als vernünftige Argumente.

In der ökonomischen Theorie benimmt sich der Mensch stets vernünftig und versucht, seinen Nutzen zu vergrößern. Wenn der Nutzen des Sparens die Verringerung von Angst ist, wie sollte er sich verhalten? Je größer die Angst, desto höher sollte die Bereitschaft zum Sparen sein. Die Angst vor Unterversorgung im Alter wächst, je näher das Alter rückt. Für die späten Jahre kann man aber am besten vorsorgen, wenn man frühzeitig damit anfängt. Mit 30 ist die Frage der Rente jedoch ein weit entferntes Problem und entsprechend gering ist auch die Angst. In jungen Jahren hat man noch keine Erfahrung mit der Minderung der Leistungsfähigkeit und dem Gefühl, irgendwann im Wettbewerb mit den Jüngeren nicht mehr mithalten zu können. Das Nachlassen der Arbeitskraft, der Gedanke, sich irgendwann durch eigene Arbeit nicht mehr ernähren zu können und die damit verbundenen Sorgen sind einem 30-Jährigen fremd. Daher wird der Nutzen der Vorsorge in diesem Alter gering geschätzt. Warum jetzt schon damit anfangen? Natürlich weiß man, dass man vorsorgen müsste, aber wer möchte dafür heute auf Konsum verzichten? Schließlich wird es in den nächsten Jahrzehnten noch genug Gelegenheit geben, etwas für das Alter beiseite zu legen. Die Erfüllung eines konkreten Konsumwunsches wie der Kauf eines lang erträumten Sportwagens motiviert weit besser zum Sparen. Wenn das Thema Rente in dieser Altersgruppe eine Emotion auslöst, dann vor allem Ärger. Durch die ständige Diskussion in den Medien sind fast alle jüngeren Beitragszahler davon überzeugt, dass ihre Rentenbeiträge schlecht angelegt sind und sie viel mehr davon hätten, wenn sie diese Summe privat investieren könnten. Mit jeder monatlichen Gehaltsabrechnung wird man an dieses schlechte Investment erinnert.

Wir unterschätzen das Risiko

Ein weiteres Problem ist die unterschiedliche Risikoeinstellung der Menschen. Wer bereit ist, größere Risiken in Kauf zu nehmen, wird seine Ersparnisse eher in Anlagen mit hoher Renditechance, aber auch hohem Risiko investieren. Wenn dieses Risiko kurz vor Rentenbeginn eintritt, zum Beispiel ein hoher Anteil in Aktien investiert ist und die Kurse gefallen sind, lässt sich der Schaden häufig nicht mehr korrigieren. Wie schätzt man das Risiko richtig ein? Aufgrund einer Eigenart der menschlichen Natur kann es leicht passieren, zu riskant zu investieren. Versuche haben gezeigt, dass die Risikoscheu der Anleger mit zunehmender Höhe der Beträge steigt, die auf dem Spiel stehen. 1.000 Euro investiert man nicht so vorsichtig wie 100.000. Bei der Altersvorsorge geht es um hohe Summen, die sich nach jahrzehntelangem Ansparen ergeben. Die einzelnen Summen, die jeden Monat beiseite gelegt werden, sind jedoch relativ gering. Daher wird leicht riskanter investiert als es der eigenen Risikohaltung entspricht. Wir neigen dazu, das Risiko nach den 125 Euro zu beurteilen, die jeden Monat automatisch vom Konto abgebucht werden und nicht nach dem sechsstelligen Betrag, den wir in 30 Jahren erwarten. Angenommen, man würde nicht kontinuierlich über die Jahre sein Vermögen aufbauen, sondern müsste den gesamten Betrag der zukünftigen Ersparnisse heute in einer Summe anlegen. Würde man nicht noch gründlicher darüber nachdenken, welche Risiken man eingehen sollte?

Die Komplexität überfordert uns

Selbst wenn man sich all dieser Dinge bewusst ist und sich nun entschlossen hat, ab sofort selbstkritisch und vernünftig mit dem Thema Altersversorgung umzugehen, macht es einem die Psyche nicht leicht. Wer sich planvoll mit dem Aufbau oder Ausbau seiner Altersversorgung beschäftigen möchte, muss zunächst den Versorgungsbedarf ermitteln. Nicht nur zu wenig Absicherung im Alter ist ein Problem. Rein ökonomisch macht es auch wenig Sinn, im Alter überversorgt zu sein und dafür jetzt auf zu viel zu verzichten. Um diesen Kompromiss zwischen heutigem Konsum und zukünftigen Konsumchancen vornehmen zu können, muss man möglichst genau den Betrag kennen, der die zukünftige Versorgungslücke schließt. Diese Summe aber hängt von einer Vielzahl von Faktoren ab. Man muss die Inflationsrate richtig abschätzen, die zukünftige Entwicklung der Produktivität, die späteren Bedürfnisse im Alter, die Entwicklung der gesetzlichen Rentenversicherung, die Einkommensentwicklung in den nächsten Jahrzehnten und die damit verbundenen Sparmöglichkeiten, die Kursentwicklung der Aktienmärkte, die zukünftigen Zinsen am Rentenmarkt, die Renditen von Lebensversicherungen und das Ganze noch über einen Zeitraum von 30 bis 40 Jahren. Das ist unmöglich und unser Gehirn reagiert darauf, indem es diese Komplexität auf ein verständliches Niveau reduziert.

Wie Menschen sich in komplexen Entscheidungssituationen verhalten, ist von Psychologen in vielfältiger Form untersucht worden. Seit einigen Jahren finden die Ergebnisse dieser Forschung auch in der Anlagetheorie ihren Niederschlag, denn mehr und mehr Wissenschaftler haben eingesehen, dass der Mensch nicht immer so handelt, wie die reine ökonomische Theorie es erwarten lässt. Dieser Forschungszweig, in den USA „Behavioral Finance" genannt, stößt auch in Deutschland auf immer mehr Interesse. Die Wissenschaftler Joachim Goldberg und Rüdiger von Nitzsch haben in ihrem Buch „Behavioral Finance" eine Reihe typischer Verhaltensweisen von Investoren zusammengestellt, die mit komplexen finanziellen Entscheidungen konfrontiert sind. Sie verheißen nichts Gutes für unsere Fähigkeit, mit der Altersversorgungsproblematik umzugehen.

Zunächst unsere Unfähigkeit, alle Informationen in einer komplexen Situation zu beachten. Mehr als sieben verschiedene Einflussgrößen kann das menschliche Gehirn kaum berücksichtigen. Es behilft sich mit Vereinfachungen. Die Entscheidungssituation wird auf das reduziert, was man für wesentlich hält. Wichtige Informationen bleiben dabei häufig unberücksichtigt. Unsere Altersversorgung wird aber von so vielen Faktoren beeinflusst, dass zwangsläufig einige nur mangelhaft berücksichtigt werden können. So ist sich fast jeder über die grundsätzliche Bedeutung der Inflation im Klaren, aber die Berücksichtigung der Produktivitätsentwicklung wird häufig versäumt.

Die meisten der benötigten Informationen beziehen sich auf die Zukunft. Also müssen Prognosen und Annahmen für die Planung herangezogen werden. Dabei unterlaufen uns häufig weitere typische Fehler. So können wir nur schwer exponentielle Entwicklungen einschätzen. Uns geht es nicht besser als dem König, zu dem der Sage nach der Erfinder des Schachspiels kam und sich für jedes Feld auf dem Brett eine Verdoppelung der Reiskörner versprechen ließ. Inflationsraten und Renditen wachsen aber langfristig durch den Zinseszinseffekt exponentiell. Ein kleiner Unterschied im Zinssatz führt über die Jahrzehnte zu erheblichen Unterschieden im Anlageergebnis. Wenn man 100.000 Euro zu drei Prozent anlegt, werden daraus nach 30 Jahren 243.000 Euro. Verdoppelt sich der Zins auf sechs Prozent, ergeben sich 574.000 Euro. Verdoppelt sich der Zins noch mal auf zwölf Prozent, sind es fast 3.000.000 Euro. Eine Vervierfachung des Zinssatzes führt zu einem zwölfmal höheren Ergebnis. Exponentielle Entwicklungen werden vom menschlichen Hirn meist unterschätzt. Leider gilt das nicht nur für die Zinsen, sondern auch für die Geldentwertung. Was heute wie eine fürstliche Rente erscheint, reicht in 40 Jahren vielleicht nur noch für einen mäßigen Lebensstandard.

Selbst wer sich die Mühe macht, diesen Fehler durch genaue Berechnung zu vermeiden, hat immer noch das Problem, die zukünftigen Bestimmungsgrößen überhaupt in ihrer Höhe richtig zu schätzen. Niemand weiß, wie sich die Inflationsrate und die Aktienmärkte in der Zukunft entwickeln werden, nicht über drei Jahre und erst recht nicht über 30. Es gibt Erfahrungswerte aus der Vergangenheit. Mit diesen Erfahrungen geht unser Gehirn jedoch auf eine ganz bestimmte Art um. Es bildet zum Beispiel keinen langfristigen Durchschnitt aus einer Zeitreihe, sondern bewertet die aktuellen Informationen viel stärker. Jüngste Ereignisse bilden so die Grundlage für langfristige Zukunftsschätzungen. Zu welchen Risiken das zum Beispiel bei der Einschätzung von langfristigen Kurssteigerungen an der Börse führen kann, werden wir in Kapitel 3 sehen.

Außerdem wird die Bedeutung von Zeitverschiebungen in großer zeitlicher Entfernung nicht erkannt. Wer heute erfährt, dass er im nächsten Jahr kein Einkommen haben wird, dem ist die Bedeutung sofort klar. Wer dagegen liest, dass er voraussichtlich in 40 Jahren ein Jahr länger leben wird als angenommen, wird viel weniger über die finanziellen Konsequenzen nachdenken.

Wenn wir uns diese mentalen Schwierigkeiten immer wieder bewusst machen, haben wir sehr viel bessere Chancen, unsere Altersversorgung objektiv zu planen. Und können unser Ziel über die Jahre viel sicherer ansteuern. Was aber ist eigentlich genau unser Ziel?

2.2 Was ist systematische private Altersvorsorge?

Das System der gesetzlichen Rentenversicherung macht es uns einfach. Der Prozentsatz der Rentenbeiträge ist festgelegt, die Bemessungsgrenze ebenfalls, alle Arbeitnehmer müssen einzahlen und die Rentenhöhe ergibt sich aus einem Berechnungsschema, das wir nicht beeinflussen können. Die beiden typischen eigenen Handlungen des normalen Arbeitnehmers in Bezug auf seine Rente sind, irgendwann zu überprüfen, ob auch alle Beitragszeiten richtig dokumentiert sind und zu entscheiden, wann er sein Rentnerleben beginnen will. Man kann seine Rentenhöhe in der Regel nicht beeinflussen und auch nicht freiwillig aus dem System ausscheiden – man muss die Rente einfach nehmen, wie sie kommt.

Private Altersvorsorge ist genau das Gegenteil. Hier entscheidet der zukünftige Rentner allein. Angebote, zwischen denen er wählen kann, gibt es reichlich. Unzählige Lebensversicherer buhlen um seine Gunst, Investmentgesellschaften bieten spezielle Altersvorsorgeprodukte an, die meisten Familien träumen von der eigenen Immobilie und die Finanzzeitschriften präsentieren wöchentlich unzählige Tipps und Tricks für Geldanlage und Altersvorsorge. Und jeder vernünftige Mensch wählt irgendeine oder mehrere dieser Anlageformen für seine Ersparnisse. So wird hier erst einmal ein Bausparvertrag abgeschlossen, dort dann eine Lebensversicherung, und wenn gerade Geld frei ist, werden Aktien gekauft.

Diese Geldanlagen dienen auch alle der Versorgung im Alter, wenn sie bis dahin noch nicht wieder verkonsumiert worden sind. Aber mit systematischer Altersvorsorge haben sie so viel zu tun wie ein Eichhörnchen, das Nüsse sammelt. Diese Sparer verhalten sich instinktiv richtig und legen hier ein Versteck an und dort, aber ob es für den Winter reicht, wissen sie nicht. Viel eher besteht die Gefahr, dass man als verunsicherter Anleger zwar guten Willens ist, aber angesichts der Überinformation durch Anlageberater, Bank und Versicherungsvertreter den Wald vor lauter Bäumen nicht sieht. Ob das Geld im Alter dann reicht, kann heute kaum jemand absehen. Wahrscheinlich ist es zu wenig, vielleicht auch zu viel, wie soll man es beurteilen, wenn es noch 30 Jahre bis zur Rente sind?

Vor der Entscheidung für eine Anlageform sollte ein Anlageziel formuliert werden. Die einzelnen Geldanlagen sind nur das Mittel zum Erreichen dieses Ziels. Niemand weiß heute, wieviel Geld er genau in 20, 30 oder 40 Jahren benötigt. Aber man kann entscheiden, welchen Lebensstandard man haben möchte. Nicht in der absoluten Höhe, sondern im Verhältnis zum aktuellen Lebensstandard als berufstätiger Mensch. Man kann darüber entscheiden, ob man das Niveau seiner Ausgaben im Alter halten oder einschränken möchte. In den nächsten Kapiteln wird deutlich, dass diese allgemeine Formulierung für die Planung der Altersversorgung reicht. Die gesetzliche Rente arbeitet übrigens nicht anders. Auch sie verspricht keine absolute Summe, sondern ein bestimmtes Versorgungsniveau im Verhältnis zu einem bestimmten Lebensstandard, an dessen Steigerung die Rentner automatisch prozentual teilnehmen.

Ziel der privaten Altersvorsorge ist also nicht direkt ein bestimmtes Vermögen, sondern die Absicherung eines Lebensstandards. Welches Vermögen diesem Ziel entspricht, ergibt sich erst im Laufe der Jahre.

Systematische private Altersvorsorge ist also nicht planloses und gut gemeintes „Drauflossparen“, sondern der zielgerichtete Ausgleich zwischen Konsum in der Arbeitsphase und in der Ruhestandsphase. Vermögensbildung ist das Mittel zu diesem Zweck. Um diesen Ausgleich effizient zu gestalten, ist weder Unterversorgung im Alter sinnvoll, noch Überversorgung. Eine Vermögensbildung um jeden Preis mit dem Ergebnis der Überversorgung erhöht zwar das Sicherheitsgefühl im Alter, ist bei genauer Betrachtung aber nicht nur Altersversorgung, sondern auch Erbenversorgung. Sicherlich kann man dieses Ziel anstreben, aber mit effizienter Altersversorgung hat es nur zum Teil zu tun, denn man vermindert damit den eigenen Lebensstandard, um den seiner Kinder zu erhöhen.

Wenn in diesem Buch von systematischer privater Altersvorsorge die Rede ist, geht es also um die effiziente Sicherung eines bestimmten Lebensstandards im Alter. Im Idealfall reicht das dazu aufgebaute Vermögen gerade bis zum letzten Lebenstag. Es geht nicht darum, von den Zinsen zu leben und das Vermögen unangetastet zu lassen. Die Vermögenssubstanz wird Jahr für Jahr verbraucht.

Welchen Lebensstandard will man im Alter erreichen? Die meisten Veränderungen im Ausgabenniveau hängen nicht an der Berufstätigkeit, sondern werden durch andere Ereignisse verursacht. Ein eigener Hausstand wird gegründet, Kinder kommen auf die Welt, studieren später vielleicht, ein Haus wird gebaut oder ist abbezahlt. Selten fallen diese Ereignisse genau mit dem 60. oder 65. Geburtstag zusammen. Die meisten Kosten bleiben, und wenn einige wegfallen, kommen dafür andere hinzu. Vielleicht braucht man keinen Zweitwagen mehr für den Weg zur Arbeit, vielleicht spart man aber auch nur die Fahrkarte für den Bus. Dafür gibt es mehr Zeit zum Reisen und für andere Freizeitaktivitäten, die Geld kosten. Im Normalfall sollte der Rentenbeginn also nicht zu einem Bruch im Ausgabeverhalten führen. Wenn es dennoch so ist, liegt es in der Regel nicht am Wunsch der Beteiligten, sondern an einer unzureichenden Altersversorgung.

Ziel der systematischen Altersversorgung ist es also, im Alter den Lebensstandard aufrecht erhalten zu können, den man sich vor der Rentnerzeit leisten konnte. Wie dieses Ziel erreichbar ist, zeigen die nächsten Kapitel.

2.3 Wie groß ist die Versorgungslücke?

Nach Definition des Lebensstandards ist im nächsten Schritt die Größe der Versorgungslücke festzustellen. Ausgangspunkt ist die gesetzliche Rente. Was ist hier zukünftig zu erwarten? Welche Sicherheit bietet sie noch?

Die gesetzliche Rente: Sicherheit oder Fehlanlage?

Die OECD hat die Rentensysteme der wichtigsten Industrienationen verglichen. Deutsche Rentner beziehen über 80 Prozent ihrer Nettoeinkünfte aus der Rente. Dieser Wert liegt höher als in den meisten anderen Industrieländern. Die gesetzliche Rentenversicherung ist die tragende Säule der deutschen Alterssicherung. Aber von Rentenreform zu Rentenreform wird diese Säule dünner. Welche Sicherheit bietet sie noch?

Die gesetzliche Rente bietet nicht die Sicherheit einer in der Höhe genau im Voraus zu berechnenden Zahlung. Sie bietet auch nicht die Sicherheit einer festen Verzinsung. Die Sicherheit, die sie bietet, ist anderer Art. Wer durch Zahlung der Rentenbeiträge als Arbeitnehmer die ältere Generation unterstützt, erwirbt das Anrecht, selbst von der nächsten Generation versorgt zu werden. Die absolute Höhe dieser Versorgung steht nicht fest, nur die relative. Wer viele Jahre lang hohe Beiträge entrichtet hat, wird später mehr Rente erhalten als diejenigen, die nur kürzere Zeit oder niedrigere Beiträge einbezahlt haben. In den unruhigen Zeiten während der ersten Hälfte des letzten Jahrhunderts hat sich diese Sicherheit für viele als ein Segen herausgestellt. Während Vermögen durch Kriege, Inflation und Währungsreform verloren gingen, hielten die Rentenansprüche allen Wirren der Geschichte stand.

Die zweite Hälfte des letzten Jahrhunderts verlief ruhiger und die Rentner nahmen an der steil aufwärts gerichteten Wirtschaftsentwicklung teil. Ihre Rente war nicht nur unter Sicherheitsgesichtspunkten eine gute Anlage, auch die Verzinsung stimmte. Das Deutsche Institut für Altersvorsorge hat die Verzinsung der Rentenbeiträge untersuchen lassen. Danach hat ein heute 70-jähriger Rentner mit seinen Beiträgen nach Abzug der Inflation eine Rendite um drei Prozent erzielt. Dieses Ergebnis ist durchaus mit einer Anlage auf dem Kapitalmarkt oder in einer Lebensversicherung vergleichbar. Da in den heutigen ruhigen Zeiten der Sicherheitsgedanke mehr in den Hintergrund tritt, wird die Rente immer stärker unter Renditegesichtspunkten betrachtet. Den jungen Beitragszahlern ist klar, dass sie eine Verzinsung wie ihre Eltern nicht mehr erreichen werden. Auch im Vergleich zu vielen anderen Anlageformen fällt die Rendite schlecht aus. Viele halten daher die Beiträge, die sie in das gesetzliche Rentenversicherungssystem einzahlen müssen, für schlecht angelegt. Tatsächlich hätte ein 30 Jahre alter Beitragszahler vor der Rentenreform nur noch eine Rendite nach Abzug der Geldentwertung von unter einem Prozent erreicht. Für unverheiratete Männer ergab sich sogar eine negative Verzinsung.

Allerdings sind die Renditen der gesetzlichen Rentenversicherung mit Kapitalanlagen nur bedingt vergleichbar, denn die gesetzliche Rente ist etwas völlig anderes als eine private Geldanlage. Sie versorgt auch Witwen und Waisen und deckt gleichzeitig Erwerbs- und Berufsunfähigkeit ab. Man erwirbt nicht den Anspruch auf eine bestimmte Verzinsung oder auf eine vorbestimmte Zahlungshöhe, sondern das Recht auf Unterstützung durch die nächste arbeitende Generation. Diese Art von Sicherheit kann keine Kapitalanlage bieten. Daher ist auch ein Renditevergleich wenig sinnvoll, denn bei dem Vergleich verschiedener Anlageformen und Renditen muss auch immer die Sicherheit berücksichtigt wer-

Rentenbeiträge und Renten in der gesetzlichen Rentenversicherung (in Tausend Euro)				
Geburtsjahrgang	**1930**	**1960**	**1970**	**1980**
Alleinstehender Mann:				
Gesamtbeitrag	96	202	255	317
Gesamtrente	167	197	218	245
Differenz	71	–5	–37	–72
Verheirateter Mann:				
Gesamtbeitrag	92	198	251	312
Gesamtrente	256	300	334	375
Differenz	164	102	83	63
Annahme: Beiträge vom 25. bis zum 61. Lebensjahr, Lebenserwartung 80 Jahre, keine Hinterbliebenen, mittlerer Beitrag, vor der Rentenreform				

Tabelle 1: Für jüngere Beitragszahler rentiert sich die Rente immer weniger

Quelle: Schnabel, Deutsches Institut für Altersvorsorge

den. Die Sicherheit der gesetzlichen Rente bietet aber keine andere Anlageform.

Die Rente ist also sicher. Doch welche Höhe sie zukünftig haben wird, weiß niemand genau. Die jüngste Reform senkt das Rentenniveau und verspricht der heutigen jungen Generation eine Berechnungsgrundlage für die Zukunft. Die Frage ist allerdings, ob diese Rentenreform die letzte bleiben wird. So wurde bereits Anfang der neunziger Jahre in Gutachten festgestellt, dass ohne Änderungen des Rentensystems bis zum Jahr 2030 die Beiträge auf über 30 Prozent steigen würden. Die folgende Gesetzesänderung führte zu dem Erfolg, dass der Rentenanstieg gebremst wurde und die Rentenbeiträge nur noch auf ungefähr 25 Prozent steigen sollten. Genau diese bekannten und bereits reduzierten 25 Prozent stellten aber bald das neue Schreckensszenario dar. Sie galten als unakzeptabel, und das Rentenniveau wurde weiter reduziert. Die neue Beitragsobergrenze, die noch als tragbar gilt, liegt heute bei 22 Prozent. Wo wird sie in zehn Jahren liegen?

Das Prinzip ist dabei stets dasselbe: Möglichst schonend mit den gegenwärtigen Rentenempfängern umgehen, die Kürzungen in die Zukunft verlegen und von denen bezahlen lassen, die heute noch weit von ihrem Rentenalter entfernt sind. Da Beitragserhöhungen heute politisch schwer durchsetzbar erscheinen, kann das öffentliche Rentensystem auch keine Vorsorge für die zukünftigen schwierigen Jahre ab dem Jahr 2030 schaffen. Dabei sind sich die Experten einig, dass ohne Beitragserhöhungen viele Renten langfristig unter das Sozialhilfeniveau gedrückt werden. Im Klartext bedeutet dies, dass der Rentenzahler, der später allein auf eine geringe gesetzliche Rente angewiesen ist und nicht privat vorsorgen kann, besser dastünde, wenn er heute seine Rentenbeiträge konsumieren würde. Auch wenn er sie bezahlt, geht es ihm im Alter nicht besser, denn über das Sozialhilfeniveau gelangt er dadurch nicht. Schon vor der Rentenreform verkündete selbst der Arbeitsminister öffentlich, dass sogar ohne Rentenkürzung ein Arbeitnehmer mit Durchschnittseinkommen 25 Jahre lang Beiträge leisten müsse, um überhaupt eine Rente in Höhe der Sozialhilfe zu bekommen.

In 30 Jahren wird es sicherlich nicht tragbar sein, dass der Großteil der Renten auf Sozialhilfeniveau liegt. Wie lässt sich das Problem lösen? Um dies zu verhindern und doch zukünftig höhere Renten ermöglichen zu können, müssten höhere Beiträge gezahlt werden. Diese Beitragssätze erscheinen jedoch politisch kaum durchsetzbar. Was passiert, wenn zukünftige Generationen den Vertrag, den ihre Eltern für sie ohne ihre Zustimmung geschlossen haben, einfach nicht mehr einhalten? Schon heute ist klar, dass ihre Eltern ihnen viel mehr zumuten als sich selbst. Was kann man also tun, um dieses Problem dennoch zu lösen? Die Zauberformel lautet: Staatlich verordnete private Vorsorge. Statt die Rentenbeiträge zu erhöhen, soll jeder für sich ein paar Prozent seines Einkommens für die Zukunft beiseite legen.

Dieses Verfahren hat aus der Sicht der Politiker viele Vorteile. Die offiziellen Rentenbeiträge steigen nicht, so dass man auf stabile Sozialabgaben verweisen kann. Gleichzeitig müssen die Arbeitgeber nicht die Hälfte beisteuern, die Arbeitskosten werden also nicht verteuert. Um die Arbeitnehmer nicht alles Geld allein aufbringen zu lassen, wird das Sparen steuerlich gefördert. So zahlt statt der Arbeitgeber die Gemeinschaft aller einen Zuschuss, also auch Freiberufler und Beamte. Und die Beitragszahler betrachten es als Vorteil, dass das Geld nicht an die gegenwärtigen Rentner fließt, sondern in der Zukunft wirklich ihnen selbst zugute kommt.

In der Praxis müssen die Arbeitnehmer dafür heute auf Konsum verzichten. Ihr Geld wird allerdings nicht gleich von anderen verbraucht, sondern sie können es später selbst ausgeben. Vor Rentenbeginn haben sie nichts davon, dann aber wird es ihre Rente erhöhen. Wirtschaftlich betrachtet sieht es für die heutigen Beitragszahler folgendermaßen aus: Würde der offizielle Rentenbeitrag erhöht, so hätten sie jetzt mehr Konsumverzicht zu leisten und zukünftig eine höhere gesetzliche Rente. Mit privater Vorsorge haben sie ebenfalls heute den Konsumverzicht und zukünftig höhere Bezüge im Alter. Ob dieses Verfahren in der Zukunft weniger Wohlstand im Alter bringt oder genauso viel, kann heute niemand voraussagen. Sicher ist nur, dass es risikoreicher ist.

Rentenkürzung

Die Zukunft der Rentenversicherung sieht also folgendermaßen aus: erheblich niedrigere Renten und etwas höhere Beiträge, vielleicht verbunden mit einem späteren Renteneintrittsalter. Zum Ausgleich muss privat mehr gespart werden, und wer früher aufhören möchte zu arbeiten, muss weitere Rentenabschläge in Kauf nehmen. Welche Konsequenzen hat das für die Altersvorsorge?

Wenn die staatliche Rente Haupteinkunftsquelle im Alter sein soll, wird es erheblich enger. Stammen 80 Prozent der Altersbezüge aus der gesetzlichen Rente, vermindern jede 10 Prozent Rentenkürzung die Altersversorgung um 8 Prozent. Werden dann noch für einen früheren Rentenbeginn Abschläge vorgenommen, wird die Situation kritisch. Tatsächlich würden aber die meisten Berufstätigen gern vor dem offiziellen Rentenalter ihr Arbeitsleben beenden. Zwar mögen manche es als unangenehm empfinden, wenn ihre Firma ihnen den vorzeitigen Ruhestand nahelegt, die meisten aber wollen von sich aus früher mit dem Arbeiten aufhören. Nach einer Umfrage des Deutschen Instituts für Altersvorsorge geht der deutsche Arbeitnehmer am liebsten kurz vor seinem 60. Geburtstag in die Rente. Das wird er sich in Zukunft möglicherweise nicht mehr leisten können. Daran wird auch eine staatlich verordnete private Zusatzversorgung wenig ändern. Er kann froh sein, wenn diese die Kürzung der gesetzlichen Rente wenigstens ausgleicht. Ein früherer Rentenbeginn wird sich damit nur selten finanzieren lassen, denn die Auszahlung des zum 65. Geburtstag angesparten Kapitals müsste dann über viel mehr Jahre verteilt werden. Entsprechend geringer fielen die monatlichen Zahlungen aus. Wenn die Rente nur 40 Prozent des geplanten Alterseinkommens ausmacht, trifft eine Kürzung nur halb so stark. Sinkt das Rentenniveau um 10 Prozent, fehlen nur 4 Prozent des Gesamteinkommens. Zusammen mit einem früheren Rentenbeginn kann der Ausfall aber immer noch spürbar werden.

Verschärft wird das Problem noch dadurch, dass viele Menschen ihre Ansprüche an die gesetzliche Rentenversicherung ohnehin schon überschätzen. Das Deutsche Institut für Altersvorsorge hat in seiner Umfrage ermittelt, wie hoch die Deutschen ihre Rentenversicherungsansprüche schätzen und wie die Wirklichkeit aussieht. Fast die Hälfte aller Berufstätigen glaubt, im Alter mehr Rente zu bekommen als nach den bisherigen Einzahlungen realistisch ist. Dabei sind zukünftige Verringerungen der Rente durch Arbeitslosigkeit oder niedrigere Einkünfte noch gar nicht berücksichtigt. Jeder Siebte meint sogar, später über 50 Prozent mehr aus der gesetzlichen Altersversorgung zu bekommen, als ihm tatsächlich zusteht.

Die Überschätzung des eigenen Rentenanspruchs in Verbindung mit der zwangsläufigen Kürzung der Renten und einem späteren Rentenbeginn zeigt schon heute die Probleme der zukünftigen Rentnergeneration. Viele werden im Alter nicht die finanziellen Mittel zur Verfügung haben, die sie sich heute wünschen. Manchen, die schon während ihrer Arbeitsjahre wenig verdient haben, wird es nicht viel besser gehen als Sozialhilfeempfängern. Und ein früher Ruhestand wird das Privileg derer werden, die genug gespart haben, um die ersten Jahre ihres Rentnerlebens aus privatem Vermögen überbrücken zu können. Alle werden prozentual weniger Rente bekommen als die heutige Rentnergeneration und die Lösung kann nur in verstärkten Sparanstrengungen während der Berufstätigkeit liegen.

Wie verschafft man sich Klarheit über Rentenansprüche? Seit kurzem erhalten alle Versicherten jährlich Informationen über den Stand ihrer Rentenanwartschaft. Genauere Auskünfte gibt eine Beratung bei der Bundesversicherungsanstalt oder bei einem Rentenberater. Doch was nützt das für die Zukunft, wenn die Rente von Reform zu Reform weiter gekürzt wird?

Was Sie wirklich erwartet, lässt sich anhand der Bevölkerungsprognosen für die nächsten Jahrzehnte errechnen. Professor Bernd Raffelhüschen von der Universität Freiburg hat es vor der jüngsten Rentenreform zusammen mit anderen Wissenschaftlern geprüft. Um den Leistungsumfang und das Rentenniveau vom Anfang des Jahres 2000 zu halten, hätten die Beitragssätze bis zum Jahr 2020 auf 24,3 Prozent steigen müssen, bis 2040 sogar auf 31 Prozent (siehe Tabelle 2). Will man die Beitragssätze nicht so stark erhöhen, muss man die Renten entsprechend senken. Dieser Logik kann sich kein Arbeitsminister entziehen, wie auch immer er die Berechnungsmethoden wählen und die Reform verpacken mag.

Anhand der Tabelle 2 lässt sich abschätzen, um wie viel sich eine zukünftige Rente bei unterschiedlichen Beitragserhöhungen verringern dürfte. Wer zum Beispiel im Jahr 2030 aus dem Arbeitsleben ausscheidet, dessen Rente müsste (wenn die Rentenbeiträge bei 22 Prozent eingefroren werden) 25 Prozent niedriger ausfallen als vor der letzten Reform. Hätte die Rente also bisher 68 Prozent des Nettoeinkommens betragen, blieben dann nur noch 51 Prozent übrig. Wer bisher nach rund 40 Arbeitsjahren ungefähr 61 Prozent vom Nettoeinkommen als Rente zu erwarten hatte, muss sich dann mit 46 Prozent zufrieden geben. Stei-

Rentenbeiträge und Rentenminderung in der gesetzlichen Rentenversicherung			
Bei folgenden Beitragssätzen:			
Beitragssatz:	wie heute*	22 %	24 %
Dürfte das Rentenniveau wegen der Bevölkerungsentwicklung so viel Prozent niedriger liegen: Im Jahr...	um...		
2010	6 %	0 %	0 %
2020	16 %	9 %	1 %
2030	30 %	25 %	18 %
2040	34 %	29 %	23 %

* Beitragssatz zu Beginn des Jahres 2000
Eigene Berechnung auf Basis der Prognose von Raffelhüschen, Bonin und Besendorfer, Universität Freiburg, Diskussionsbeiträge 87/00. Variante der Bevölkerungsprognose gemäß H. Birg. Ausgangssituation wie Anfang des Jahres 2000

Tabelle 2: So vermindert sich die Rente

gen die Beiträge auf bis zu 24 Prozent, beträgt der Abschlag immer noch 18 Prozent und die Rente macht dann die Hälfte des Nettoeinkommens aus.

Wenn heute ein höheres Rentenniveau in Aussicht gestellt wird, kann die Rechnung also nur aufgehen, wenn andere Leistungen gekürzt werden, das Renteneintrittsalter erhöht oder der Bundeszuschuss an die Rentenversicherung heraufgesetzt wird.

Wie der Kompromiss zwischen den Generationen und damit die Höhe der Beitragssätze am Ende aussehen wird, lässt sich heute nicht voraussagen. Wahrscheinlich ist, dass er von Rentenreform zu Rentenreform neu ausgehandelt wird. Anhand der Tabelle 2 lässt sich heute schon ablesen, wie die unterschiedlichen Ergebnisse die Renten schmälern würden.

2.4 Geldentwertung und Wohlstandswachstum

Wie lassen sich verbleibende Versorgungslücken schließen? Lässt sich berechnen, wie viel Geld in 40 Jahren benötigt wird, um das Loch zwischen Rente und Lebensstandard abzudecken?

Betrachten wir noch einmal das Ehepaar Alt, das 1960 seine Altersvorsorge plante. Was hat es falsch gemacht? Lag es an dem Abschlag von 20 Prozent, den es vorgenommen hatte, weil es meinte, im Alter würden einige Ausgaben wegfallen? Hat es sich bei der Inflationsrate verschätzt? Oder etwas ganz anderes übersehen? Beide haben fleißig gespart und sind doch arm geworden. Auch wenn sie keinen Abschlag wegen geringerer Kosten im Alter vorgenommen hätten, wären sie nur auf 770 Euro gekommen. Arm gemacht haben sie die Inflation und der Produktivitätszuwachs. Denn tatsächlich betrug die Inflationsrate im Zeitraum von 1960 bis heute durchschnittlich fast 3,0 Prozent pro Jahr für einen Haushalt mit ihrer Ausgabenstruktur. Der Erfahrungswert der letzten zehn Jahre (1951 bis 1960) hat sie die Inflationsgefahr unterschätzen lassen. Aber auch wenn sie die Preisentwicklung genau richtig vorausgesehen hätten, wären sie nur auf einen Betrag von 1.150 Euro gekommen, immer noch viel zu wenig aus heutiger Sicht. Denn der allgemeine Lebensstandard hat sich in den letzten Jahrzehnten erheblich erhöht.

Dies ist auf die Steigerung der Produktivität zurückzuführen. Durch Investitionen in leistungsfähigere Maschinen, bessere Ausbildung und moderneres Management können die Beschäftigten immer effizienter produzieren. Pro Arbeitskraft werden jedes Jahr mehr Güter hergestellt und mehr Dienstleistungen erbracht. Diese Produktivitätsverbesserung schlägt sich in größeren Unternehmensgewinnen und in höheren Gehältern nieder. Die jährlichen Lohn- und Gehaltszuwächse der letzten Jahrzehnte orientierten sich nicht nur an der Inflationsrate, sondern auch am Fortschritt der Produktivität. Allein durch die Produktivitätssteigerung ist die gewaltige Verbesserung unseres Lebensstandards zustande gekommen.

Dieses Wachstum der Produktivität hat das Ehepaar bei der Planung seiner Altersversorgung völlig außer Acht gelassen. So hat es seinen Lebensstandard auf dem Niveau von 1960 eingefroren und ist dabei verarmt, weil die anderen inzwischen reicher geworden sind.

Wie lässt sich diesem Schicksal vorbeugen? Inflation und Produktivitätssteigerung sind die beiden wichtigsten volkswirtschaftlichen Einflussgrößen, die den Wohlstand im Alter beeinflussen, ohne dass diese individuell beeinflussbar sind. Sie möglichst realistisch einzuschätzen ist von zentraler Bedeutung für die Planung der privaten Altersvorsorge.

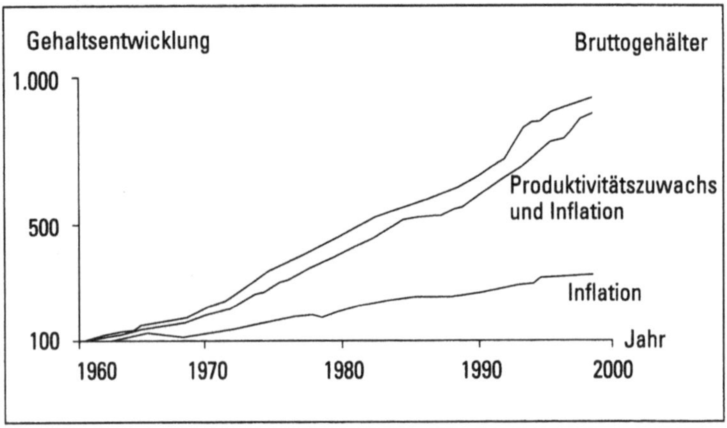

Abbildung 8: Produktivitätszuwachs und Inflation erhöhen die Einkommen

So bekommt man die Inflation in den Griff

Wir alle kennen die Geschichten von der Inflation nach dem Ersten Weltkrieg, als die Ehefrauen vor den Fabriktoren auf ihre Männer warteten, um mit dem Waschkorb den Wochenlohn abzuholen. Das Geld musste umgehend ausgegeben werden, denn schon ein paar Tage später war es noch weniger wert. Die Ältesten unter uns haben diese Zeiten noch bewusst miterlebt, für die meisten sind sie nur Geschichte. Diese Geschichte hat ihren Niederschlag in der Philosophie der Deutschen Bundesbank gefunden, deren Ziel es war, eine Inflation in Deutschland auf keinen Fall wieder zuzulassen. Eine der größten Ängste der Bundesbürger war und ist, dass die Europäische Zentralbank die Inflation nicht so konsequent im Keim ersticken wird und der Euro zukünftig schneller an Wert verliert als die Deutsche Mark in der Vergangenheit.

Aufgrund der erfolgreichen Antiinflationspolitik der Bundesbank ist unsere Erfahrung mit der Geldentwertung gering. Zumal in den letzten Jahren die Inflationsraten auf einen Tiefstand gefallen sind.

Ein Blick auf Abbildung 9 zeigt, dass wir es tatsächlich mit sehr unterschiedlichen Inflationsraten zu tun hatten. Die geringe Geldentwertung der letzten Jahre ist keineswegs typisch für die Vergangenheit. Von 1960 bis heute lag die durchschnittliche Inflationsrate bei 3,0 Prozent.

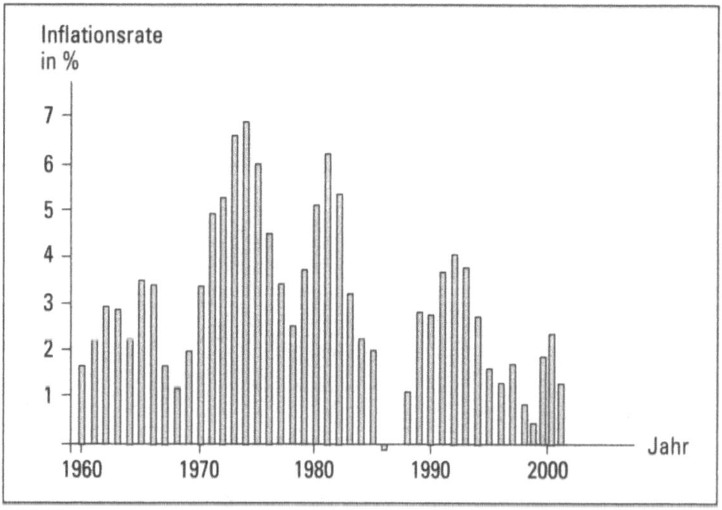

Abbildung 9: Die Inflationsraten waren in der Vergangenheit sehr unterschiedlich

Können wir diese Zahlen aus den letzten Jahrzehnten überhaupt für unsere Zukunftsplanung heranziehen? Unser politisches Umfeld hat sich völlig geändert. Der Euro repräsentiert nicht mehr die Deutsche Mark, sondern einen ganzen Korb von europäischen Währungen. Für den Euro haben sich alle Länder in den vergangenen Jahren angestrengt, eine niedrige Inflationsrate zu präsentieren. Aber werden sie das auch zukünftig durchhalten? Zwar können sie nicht mehr individuell darüber entscheiden, aber der politische Druck auf die Europäische Zentralbank kann jederzeit steigen. Welchen Widerstand sie den politischen Einflüssen in Zukunft entgegensetzen wird, weiß heute niemand. Wenn wir die Vergangenheit heranziehen, um uns über die zukünftige Inflation Gedanken zu machen, müssen wir also auch die anderen Euro-Mitgliedsländer betrachten. Ein Blick auf unsere größten Nachbarn Frankreich und Italien zeigt, dass die Inflationsraten in beiden Ländern in der Vergangenheit erheblich höher lagen als bei uns. In Frankreich betrug sie von 1980 bis 1995 im Durchschnitt 4,9 Prozent, in Italien sogar 8,1 Prozent im Jahr.

Es besteht die Hoffnung, dass solche Zeiten nicht wieder kommen. Ein Blick zurück zeigt aber auch, wie schnell sich das wirt-

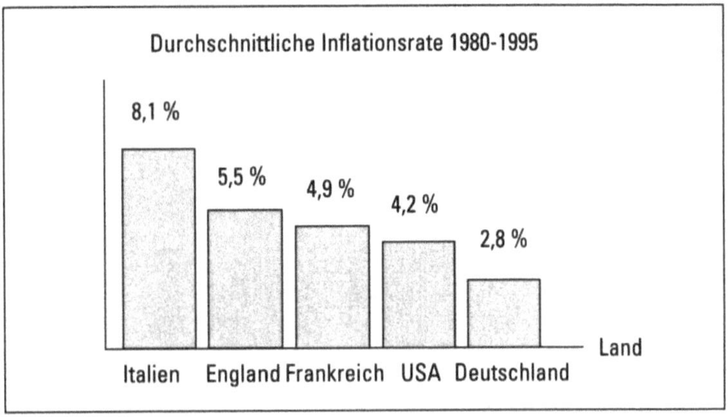

Abbildung 10: In vielen Industrieländern lagen die Inflationsraten höher als in Deutschland

schaftliche und politische Umfeld ändern kann. Von 1950 bis 1970 betrug die Geldentwertung in Deutschland jährlich 2,2 Prozent im Durchschnitt. Voraussagen zu diesem Zeitpunkt hätten wahrscheinlich bei 2,0 bis 2,5 Prozent gelegen. Doch dann trat plötzlich eine schwerwiegende Änderung in unserem wirtschaftlichen Umfeld ein, mit der auch die Fachleute nicht gerechnet hatten. Das Kartell der Erdölstaaten trieb die Ölpreise in ungekannte Höhen. Dies bescherte uns nicht nur autofreie Sonntage, sondern auch eine sprunghaft steigende Inflation. In den Jahren von 1970 bis 1980 lag die durchschnittliche Rate plötzlich bei 4,9 Prozent, also mehr als doppelt so hoch wie davor. Und ein deutscher Bundeskanzler vertrat die Ansicht „lieber 5 Prozent Inflation als 5 Prozent Arbeitslosigkeit".

Auf Politiker kann man also bei der konsequenten Bekämpfung der Geldentwertung nicht unbedingt setzen. Aber ist die Inflation zukünftig aus anderen Gründen kein Problem mehr? Einige Experten vertreten die Ansicht, die Inflation sei besiegt. Die technologische Entwicklung und die Globalisierung führen nach ihrer Meinung dazu, dass Preiserhöhungen von den Produzenten der Waren zukünftig nicht mehr so leicht durchsetzbar sein werden wie in der Vergangenheit. Tatsächlich lieferte der Rückgang der Inflationsraten gegen Ende der neunziger Jahre Unterstützung für diese These. In einigen asiatischen Ländern war sogar von Deflation, also Zunahme des Geldwertes die Rede. Inzwischen stiegen aber in vielen westlichen Ländern die Inflationsraten langsam wieder an und es gibt keinen Beweis, dass die Inflation dauerhaft besiegt ist.

Es spricht also alles dafür, dass die Geldentwertung auch zukünftig einen Teil der Vermögensbildung wieder vernichtet. Unsicher ist nur, wie hoch die Inflation ausfallen wird. Warum ist die möglichst genaue Vorausschätzung so wichtig? Der Grund liegt darin, dass auch geringe Änderungen der Inflationsrate eine große Wirkung auf Vermögen haben. Die folgenden Modellrechnungen zeigen, warum.

Wir hatten im Kapitel 2.1 festgestellt, dass das menschliche Gehirn Schwierigkeiten hat, exponentielle Entwicklungen richtig einzu-

schätzen. Die Wirkung der Inflation ist dafür ein Musterbeispiel. Denn wenn die Inflationsrate zum Beispiel 4 Prozent pro Jahr beträgt, dann ergibt das über 10 Jahre eine Steigerung von 48 Prozent und nicht nur von 40. Über 30 Jahre sind es bereits 224 Prozent und über 50 Jahre sogar 611 Prozent. Wie beim Zinseszins geht die Inflationsrate des Vorjahres immer als Grundlage in die Berechnung des nächsten Jahres mit ein. Je höher der Prozentsatz und je länger der Zeitraum, desto stärker die Steigerung. Ist bei einer Inflation von 2 Prozent der Euro in 50 Jahren noch 37 Cent wert, beträgt die Kaufkraft bei einer Geldentwertungsrate von 8 Prozent gerade noch 2 Cent. Einen Überblick über die Entwicklung des Geldwerts bei verschiedenen Inflationsraten gibt Tabelle 3.

1.000 Euro heute entsprechen bei einer Inflationsrate von...					
	2 %	4 %	6 %	8 %	
in 10 Jahren	1.219	1.480	1.791	2.159	Euro
in 30 Jahren	1.811	3.243	5.743	10.063	Euro
in 50 Jahren	2.692	7.107	18.420	46.902	Euro

Tabelle 3: So viel Geld braucht man in Jahrzehnten, um die Wirkung der Inflation auszugleichen

Welche Wirkung die Inflation auf die private Altersvorsorge hat, zeigt auch das folgende Beispiel. Ein 30-Jähriger entscheidet sich, dass er ab seinem 60. Geburtstag 30 Prozent seines heutigen Lebensstandards durch eine private Altersversorgung abdecken will. Zur Zeit gibt er 2.500 Euro im Monat aus. Er beachtet die Inflation nicht und legt sein Geld sehr vorsichtig mit einem Zins von 3 Prozent pro Jahr an. Jeden Monat spart er 250 Euro. Nach 30 Jahren hat er ungefähr 145.000 Euro zusammen. Bleibt das Geld weiterhin zu 3 Prozent angelegt, kann er von dem Vermögen jeden Monat 750 Euro verbrauchen und es reicht, bis er 81 Jahre alt ist.

Durch die Inflation, die er nicht berücksichtigt hat, decken die 750 Euro aber nicht mehr 30 Prozent seines Lebensstandards. Mit 60 Jahren betragen seine monatlichen Kosten bei einer Infla-

tionsrate von 3 Prozent über 6.000 Euro. Er muss dann im Monat bereits 1.820 Euro entnehmen, als 81-Jähriger sogar 3.387 Euro. Solange reicht sein Vermögen aber gar nicht, durch die erhöhten Entnahmen hat er schon mit 66 Jahren kein Geld mehr.

Beispiel: Ein 30-Jähriger gibt 2.500 Euro im Monat aus. Er spart 250 Euro im Monat, um aus dem angesammelten Vermögen ab 60 Jahren 30 Prozent seiner Lebenshaltungskosten zu decken.		
Bis zu diesem Alter reicht das Vermögen bei...		
0 % Inflation 3 % Zins Alter: 81 Jahre	3 % Inflation 6 % Zins Alter: 73 Jahre	6 % Inflation 9 % Zins Alter: 69 Jahre

Tabelle 4: So vermindert die Inflation den Wert des Vermögens im Alter

Tatsächlich würde er aber auch sein Geld besser anlegen können als zu 3 Prozent. Rechnen wir mit einer Rendite von 6 Prozent jährlich, so ergibt sich aus der Ersparnis von 250 Euro monatlich nach 30 Jahren ein Vermögen von 245.000 Euro. Mit diesem Geld könnte er ein paar Jahre mehr finanzieren, aber mit 73 Jahren wäre es endgültig verbraucht. Der Realzins, der Unterschied zwischen Inflationsrate und Zins, beträgt in beiden Beispielen 3 Prozent. Obwohl er jedes Jahr 3 Prozent mehr Rendite erzielt als er durch die Inflation an Vermögen verliert, kann er die nachteilige Wirkung der Geldentwertung nicht ausgleichen. Bei einer Inflationsrate von 10 Prozent und einer Rendite von 13 Prozent wäre das Geld sogar schon wieder im Alter von 66 Jahren verbraucht.

Die Inflationsrate langfristig richtig einzuschätzen ist also von zentraler Bedeutung für die richtige Planung der privaten Altersversorgung. Gleichzeitig ist es praktisch unmöglich. Nicht einmal die Experten können sie auch nur für ein Jahr richtig voraussagen. Jedes Jahr veröffentlichen die Wirtschaftsforschungsinstitute Prognosen für die wirtschaftliche Entwicklung des nächsten Jahres. Dabei versuchen sie auch, die Inflationsrate vorauszusagen. Selten liegt ein Institut dabei genau richtig, manche sogar ziemlich weit daneben. Langfristige Prognosen über 10 oder sogar 30 Jahre gibt kein Experte ab. Wie sollen es Laien dann richtig machen?

Die Erfahrung rät, sich an der Vergangenheit zu orientieren. Die in Kapitel 2.1 gezeigten Fehler sollten allerdings vermieden werden. Man sollte seinen Blick über die letzten Jahre hinaus richten und sich auch die Entwicklung in den anderen Euro-Mitgliedsländern ansehen. Aber selbst das gibt keine Sicherheit, was die Zukunft bringen wird. Einzige Lösung: Die Vorsorge immer wieder der aktuellen Entwicklung anpassen. Ratsam ist ein Denken in Prozentsätzen, nicht in festen Beträgen. Nach Ermittlung des zukünftigen Bedarfs und Berechnung des monatlich erforderlichen Sparbetrages ist dieser stets anzuheben, wenn die Inflationsrate steigt. Zu achten ist nicht nur auf den festen Betrag der Ersparnis, sondern darauf, wieviel Prozent des Einkommens das ist. Mit der Inflation steigt auch das Gehalt und so lässt sich auch die Sparsumme erhöhen. Wie in der gesetzlichen Rentenversicherung regelmäßig die Bemessungsgrenze den gestiegenen Einkommen angepasst wird, muss auch die Sparsumme erhöht werden. Die folgende Änderung unseres obigen Beispiels zeigt den Erfolg.

In dem Beispiel hatte der 30-Jährige 250 Euro monatlich angelegt. Das waren genau 10 Prozent seiner Ausgaben. Nun steigert er diese Summe jedes Jahr so, dass er mit der Inflation Schritt hält. Bei drei Prozent Inflation spart er im zweiten Jahr bereits 258 Euro monatlich, im dritten 262 Euro, im vierten 273 Euro und so fort. Da sein Gehalt auch steigt, bleibt seine Sparquote konstant. Bei einer Rendite von 6 Prozent ergibt sich nach 30 Jahren ein Vermögen von 340.000 Euro. Hätte er die Sparsumme konstant bei 250 Euro im Monat gelassen, wären es nur 245.000 Euro geworden. Aus diesen 340.000 Euro kann er nun 30 Prozent seiner Lebenshaltungskosten decken und es reicht wieder aus, bis er 81 Jahre alt ist.

Beispiel: Ein 30-Jähriger gibt 2.500 Euro im Monat aus. Er spart 250 Euro im Monat, um aus dem angesammelten Vermögen ab 60 Jahren 30 Prozent seiner Lebenshaltungskosten zu decken. Jedes Jahr steigert er seine Ersparnis um die Inflationsrate.		
Bis zu diesem Alter reicht das Vermögen bei...		
0 % Inflation 3 % Zins Alter: 81 Jahre	3 % Inflation 6 % Zins Alter: 81 Jahre	6 % Inflation 9 % Zins Alter: 80 Jahre

Tabelle 5: So schützt man sich gegen die Wirkung der Inflation

Entscheidend für die Altersvorsorge ist also die Sparquote. Mit jeder Einkommensverbesserung sollten die Ersparnisse erhöht werden, so dass die Sparquote konstant bleibt. Auch dieses Verfahren sichert aber nur zum Teil ab. Denn die Inflationsrate wird sich über die Jahrzehnte ändern. Was passiert, wenn sie im Laufe der Zeit immer stärker ansteigt?

Der Wert des Vermögens sinkt dann wieder. Steigt die Inflation nach 10 Jahren auf 4 Prozent und nach 20 Jahren auf 5 Prozent, reicht das Geld gerade bis zum 73. Lebensjahr, obwohl fast 20.000 Euro mehr gespart wurden. Nur wenn es gelingt, auch die Verzinsung der Geldanlagen im selben Maß zu steigern, kann man sich schützen. Steigt die Nettorendite nach 10 Jahren auf 7 Prozent und nach 20 Jahren auf 8 Prozent, wächst das Vermögen auf über 450.000 Euro und reicht wieder für 21 Jahre.

Zum Glück ist man dem Wechsel der zukünftigen Inflationsraten nicht hilflos ausgeliefert. Einen gewissen Schutz bietet die Zinsentwicklung. Wenn die Inflationsraten ansteigen, erhöhen sich in der Regel auch die Zinsen. Die Investoren sind sich über den Einfluss der Geldentwertung im Klaren und verlangen einen höheren Zins, wenn ihre Inflationserwartung steigt. Dieser Zusammenhang lässt sich in der Vergangenheit zeigen und dürfte auch für die Zukunft weiter gelten.

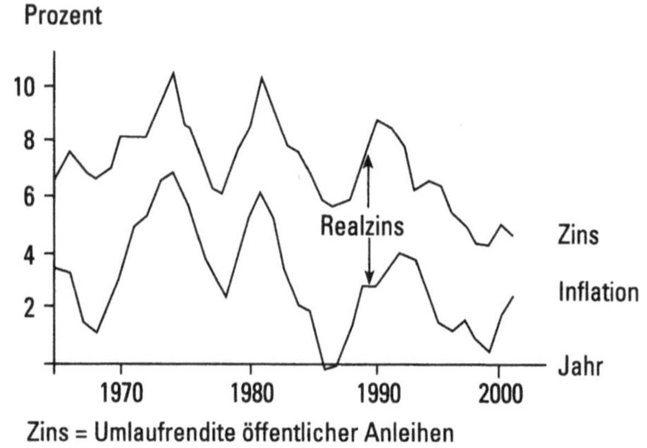

Abbildung 11: Die Zinsen steigen mit der Inflation

Wenn die Inflationsrate steigt, erhöht sich also auch die Rendite. Je nach Anlageform nicht sofort und nicht unbedingt in gleicher Höhe, aber doch so, dass man der Geldentwertung langfristig nicht hilflos gegenüber steht. Entscheidend für den Anlageerfolg ist nicht die Inflationsrate, sondern um wieviel die Verzinsung der Geldanlage über der Inflationsrate liegt. Dieser so genannte „Realzins" ist die entscheidende Größe. Sinkt der Realzins, muss die Sparquote erhöht werden, steigt er, braucht man weniger zu sparen. Bei einer Inflationsrate von 1 Prozent und einem Zinssatz von 4 Prozent steht man real genau so gut da wie bei einer Geldentwertungsrate von 3 Prozent und einer Rendite von 6 Prozent. Der Realzins beträgt immer 3 Prozent.

Müssen auf die Zinsen allerdings noch Steuern gezahlt werden, verschlechtert sich das Bild wieder. Der Zinsvorsprung gegenüber der Inflationsrate wird immer kleiner, je mehr sich Inflation und Zins nach oben verschieben.

Ohne Geldentwertung verbleiben bei einem Steuersatz von 30 Prozent von 3 Prozent Zins immerhin noch 2,1 Prozent netto. Was passiert, wenn die Inflation 3 Prozent beträgt, die Rendite

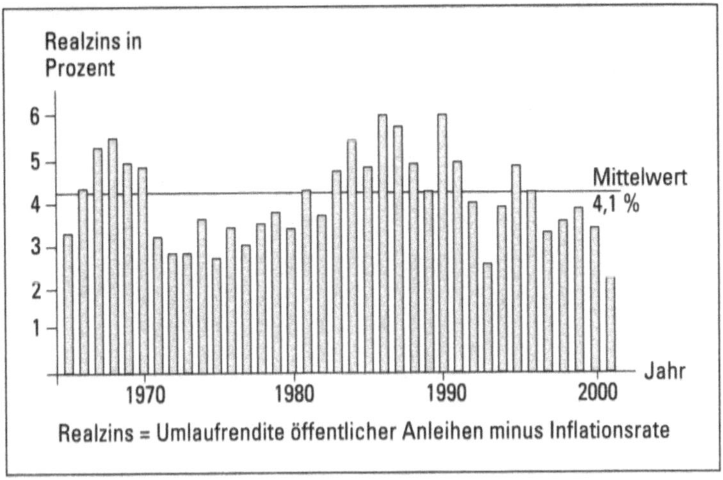

Abbildung 12: Der Realzins lag in der Vergangenheit meist zwischen 3 und 5 Prozent

dafür aber 6 Prozent? Durch die Steuer verbleiben von den 6 Prozent nur 4,2 Prozent netto. Der Realzins nach Steuern hat sich also von 2,1 Prozent auf 1,2 Prozent fast halbiert. Mit steigender Inflationsrate wird es also immer schwieriger, den realen Zinsvorsprung nach Abzug der Steuern zu halten. Bei einer Inflation von 6 Prozent, einem Zins von 10 Prozent und einem Steuersatz von 40 Prozent bleibt bereits netto keine Rendite mehr übrig. Der jährliche Verdienst aus der Geldanlage wird durch die Inflation und die Steuer vollständig wieder aufgefressen. Der Bereich rechts unten in Tabelle 6 zeigt, dass der Nettorealzins sogar negativ werden kann.

Es gilt also, die Inflation im Auge zu behalten. Kapitel 3 zeigt, welche Geldanlagen vor der Inflation schützen. Durch eine vernünftige Anlagepolitik lässt sich meist ein Zinsvorsprung vor der Inflation sichern. Für die zweite gesamtwirtschaftliche Einflussgröße, die den Lebensstandard beeinflusst, das Produktivitätswachstum, gilt dies leider nicht.

Inflationsrate in %	Von einem Realzins von 4 Prozent verbleiben bei einem Steuersatz von			
	20 %	25 %	30 %	40 %
0	3,2 %	3,0 %	2,8 %	2,4 %
1	3,0 %	2,8 %	2,5 %	2,0 %
2	2,8 %	2,5 %	2,2 %	1,6 %
3	2,6 %	2,3 %	1,9 %	1,2 %
4	2,4 %	2,0 %	1,6 %	0,8 %
5	2,2 %	1,8 %	1,3 %	0,4 %
6	2,0 %	1,5 %	1,0 %	0,0 %
7	1,8 %	1,3 %	0,7 %	–0,4 %
8	1,6 %	1,0 %	0,4 %	–0,8 %

Tabelle 6: So vermindert sich der Realzins durch die Steuer

Ständig steigender Lebensstandard

Vor der Industrialisierung arbeiteten die meisten Menschen in der Landwirtschaft. Die ganze Familie half auf dem Feld mit, um das tägliche Brot zu erarbeiten. Trotzdem kam es immer wieder zu Unterernährung und Hungersnöten. Viele Menschen wurden krank und starben früh, weil sie sich nicht ausreichend ernähren konnten. Heute arbeitet kaum noch jemand in der Landwirtschaft. Kunstdünger, Traktoren und computergesteuerte Fütterung haben die einstigen Bauernhöfe in moderne Agrarbetriebe verwandelt, die viel weniger Arbeitskräfte benötigen. Dafür gibt es bei uns Nahrungsmittel im Überfluss, und was wir nicht selbst verbrauchen können, wird exportiert oder vernichtet. Die Landwirte bekommen Prämien dafür, nichts zu produzieren. Dank besserer Kenntnisse, modernerer Maschinen und effektiverer Steuerung der Arbeitsabläufe kann mit viel weniger Arbeitskraft viel mehr produziert werden. Dieser gewaltige Produktivitätszuwachs hat dazu geführt, dass es den Bauern heutzutage viel besser geht als vor 200 Jahren.

Was in der Landwirtschaft offensichtlich ist, betrifft auch alle anderen Wirtschaftsbereiche. Durch den Einsatz immer modernerer

Maschinen und Computer kann jeder Einzelne an seinem Arbeitsplatz viel mehr leisten. Die Investition in Maschinen und Ausbildung steigert die Effektivität unserer Arbeit. Die Volkswirte messen diesen Produktivitätszuwachs genauso wie die Inflation und andere wichtige Daten. Können die Beschäftigten in einem Jahr 100 Autos herstellen, im nächsten bei gleicher Arbeitszeit aber 102, ist die Produktivität um 2 Prozent gestiegen. Der Produktivitätszuwachs ist es, der unseren Wohlstand erhöht. Wenn mehr produziert wird, kann auch mehr verteilt werden, und so ist bei den regelmäßigen Lohnverhandlungen für die Gewerkschaften die erste Orientierungsgröße der Produktivitätszuwachs zuzüglich Inflationsausgleich.

Was hat das alles mit der Altersversorgung zu tun? Rentner nehmen am Produktivitätszuwachs teil. Die Renten aus der gesetzlichen Rentenversicherung orientieren sich am Zuwachs der Arbeitsverdienste. Den erheblichen Steigerungen der Produktivität in den Jahrzehnten des Wirtschaftswunders und danach verdanken die heutigen Rentner ihre hohen Altersbezüge. Nur durch das starke Produktivitätswachstum konnten die Beitragszahler prozentual immer höhere Sozialabgaben verkraften und trotzdem noch ihren eigenen Lebensstandard verbessern. Über die gesetzli-

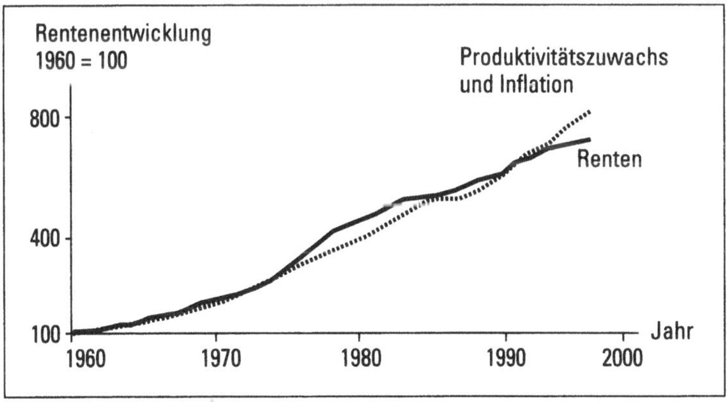

Abbildung 13: Die Renten stiegen bisher mit der Inflation und dem Produktivitätszuwachs

che Rente nimmt man an der Produktivitätssteigerung teil, auch wenn man selbst schon lange nicht mehr produktiv ist. Für die private Altersversorgung gilt dies leider nicht.

Bei der Planung des zukünftigen Bedarfs geht man von den heutigen Kosten aus und überlegt, was davon im Alter bleibt oder dazu kommen mag. Das Ergebnis wird dann unter Berücksichtigung der Inflation hochgerechnet. So wird der aktuelle Lebensstandard gesichert. Die Steigerung der Einkommen durch die Produktivität bleibt auf diese Weise unberücksichtigt. Ein großer Teil der Einkommenssteigerungen seit 1960 ist aber auf die Produktivitätsverbesserung zurückzuführen. Wenn dies nicht in der Planung berücksichtigt wird, fällt man gegenüber den anderen zurück. Am Beispiel des Ehepaares Alt vom Beginn haben wir gesehen, dass es ohne Berücksichtigung von Inflation und Produktivitätszuwachs zum Sozialfall geworden wäre. Auch wenn es die Inflation richtig berücksichtigt hätte und nur die Produktivitätssteigerung vernachlässigt, wäre es immer noch arm. Hätte unser Ehepaar vom Beginn des Buches 1960 so geplant, würde es heute noch sein Schwarz-Weiß-Fernsehgerät als Luxus betrachten müssen, ein Videorecorder wäre unvorstellbar und der Flug nach Mallorca unerschwinglich. Wer kein Einsiedler ist, kann sich dem Produktivitätsfortschritt nicht entziehen.

Wie wird die Steigerung der Produktivität am besten berücksichtigt? Genau wie die Inflation wirkt auch der jährliche Zuwachs der Produktivität exponentiell. Eine kleine Fehleinschätzung führt also wieder zu großen Zielabweichungen in der Zukunft. Was sagt die Vergangenheit über die Entwicklung der Produktivität? Abbildung 14 zeigt, dass die Produktivität in den letzten zwanzig Jahren viel weniger gestiegen ist als in den Jahrzehnten davor. Und dies nicht nur in Deutschland, auch in den USA und Japan sank der Produktivitätszuwachs.

Ein Blick noch weiter zurück zeigt allerdings, dass es in den Jahrzehnten vor 1945 in den westlichen Industriegesellschaften auch nur ein geringeres Produktivitätswachstum gegeben hat. Über Generationen stieg die Produktivität im Durchschnitt nicht mehr als

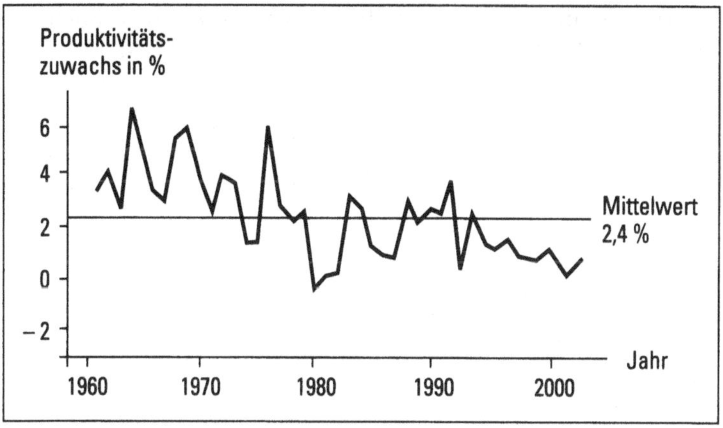

Abbildung 14: Der Produktivitätszuwachs ist in den letzten Jahrzehnten gesunken

ein bis zwei Prozent pro Jahr. In der ersten Hälfte des letzten Jahrhunderts war dies der Normalzustand. Die Phase des Produktivitätsfortschritts nach Ende des Zweiten Weltkrieges mit jährlichen Steigerungsraten von vier Prozent und mehr ist in der jüngeren Wirtschaftsgeschichte ohne Beispiel.

Aus kurzfristiger Sicht scheinen die Produktivitätszuwächse also niedrig, langfristig betrachtet haben sie sich wieder auf ihr Durchschnittsniveau eingependelt. Was hat zu diesem Rückgang des Produktivitätswachstums geführt? Von Wissenschaftlern, Politikern und Journalisten werden verschiedene Thesen vertreten. Von zu niedrigen Investitionen über zu wenig Innovation bis hin zu langfristigen Wachstumsschwankungen der Wirtschaft wird eine Vielzahl von echten und vermeintlichen Ursachen angeführt, welche die Produktivität und ihre Wachstumsgeschwindigkeit beeinflussen. Tatsache ist, dass es keine einheitliche Meinung über die Gründe für das langsamere Produktivitätswachstum gibt und somit auch kein Patentrezept, um den Trend der letzten Jahre umzukehren.

Neuerdings steigt das Produktivitätswachstum in den USA wieder an. Manche Wissenschaftler sehen darin die Ergebnisse der Computerrevolution, die nun endlich auch zu einem schnelleren Wachstum der Produktivität führt. Für die Zukunft sehen sie noch erhebliche Wachstumschancen, wenn unsere Art zu arbeiten und einzukaufen durch das Internet immer effektiver wird. Ob es wirklich so kommen wird, weiß niemand, aber es gibt jedenfalls keine Sicherheit, dass das Produktivitätswachstum so niedrig bleibt.

Das Paradox der Produktivität

Es gibt nicht nur keine Sicherheit, es ist auch nicht in unserem Interesse, dass der Produktivitätszuwachs gering ausfällt. Im Gegenteil, wir alle profitieren davon, wenn wir effizienter arbeiten, nur die Geldanlagen nicht direkt. So wird der Abstand der Vermögenseinkünfte zu den Arbeitseinkommen immer größer. Verstärkt wird dieses Problem noch dadurch, dass Inflation und Produktivitätswachstum zusammen den Wert des Vermögens schmälern. Die Inflation verringert die Kaufkraft des Geldes. Sie schmälert den absoluten Wert des Vermögens. Die Produktivitätssteigerung lässt den absoluten Wert der Ersparnisse unberührt,

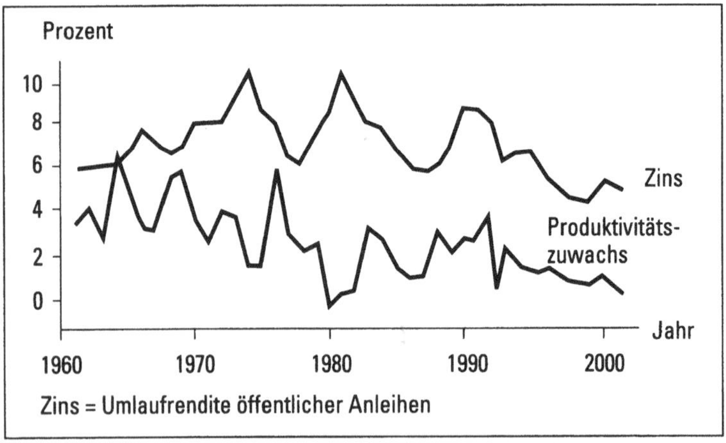

Abbildung 15: Der Zins steigt nicht mit dem Produktivitätszuwachs

schmälert aber ihre Bedeutung im Verhältnis zu den Arbeitseinkünften der noch Berufstätigen. Denn deren Wohlstand steigt durch das Produktivitätswachstum. Auch die gesetzliche Rente steigt. Allen geht es besser, nur nicht denen, die von ihrem Vermögen leben müssen. Denn mit der Produktivität steigt nicht automatisch auch die Rendite der Geldanlagen. Abbildung 15 gibt einen Überblick, wie sich Produktivitätszuwachs und Zins in Deutschland seit 1961 entwickelt haben.

Eine Verbindung wie bei der Inflation ist nicht zu erkennen. Die Produktivitätssteigerung hat also eine paradoxe Wirkung. Sie steigert den absoluten Lebensstandard während man arbeitet und die gesetzliche Rente. Aber sie schmälert die relative Bedeutung der Vermögenseinkünfte im Verhältnis zu den Arbeitseinkommen und Renten. Man kann sich deshalb von seinem Vermögen nicht weniger leisten, aber alle anderen können sich im Laufe der Jahre immer mehr leisten.

Kommen wir zurück zu unserem Beispiel. Ein Anleger spart 250 Euro monatlich zu einem Zins von 6 Prozent. Diese 250 Euro erhöht er jedes Jahr so, wie auch sein Einkommen steigt. Die Inflationsrate beträgt 3 Prozent pro Jahr. Nun kommt aber auch noch ein Produktivitätswachstum von 3 Prozent jährlich hinzu. Zwar erhöht das seine Einkommenssteigerungen und somit auch seine Ersparnis. Aber er passt auch seinen Lebensstandard Jahr für Jahr seinem neuen Gehalt an. Das geschieht fast unmerklich und erst, wenn er nach 30 Jahren zurückblickt, erkennt er den Unterschied. Jetzt hört er auf zu arbeiten und möchte wieder 30 Prozent seiner Kosten aus dem angesparten Vermögen decken. Dabei möchte er aber am allgemeinen Wachstum des Lebensstandards teilhaben und nicht hinter die anderen zurückfallen. Also muss er auch in den arbeitsfreien Jahren seine Ausgaben in Höhe des Produktivitätszuwachses erhöhen. Zusätzlich ist noch jedes Jahr die Inflationsrate auszugleichen. Leider hat er sich aber verkalkuliert. Durch den Produktivitätszuwachs reicht sein Vermögen nicht mehr, bis er 81 Jahre alt ist. Mit 69 ist sein Geld verbraucht, es sei denn, er gibt weniger aus als geplant.

Dies ist der Punkt, an dem sich Millionen alter Menschen heute befinden. Sie haben fleißig gespart und Vermögen gebildet, und doch reicht es nicht, um mit dem Lebensstil der anderen mitzuhalten. Die Wirkung der Inflation und vor allem des Produktivitätszuwachses wurde unterschätzt. Und so werden die Ausgaben gestreckt, das Auto länger gefahren, das Haus nicht mehr renoviert und keine neuen Möbel mehr angeschafft.

Armut ist relativ

Dabei kann heute ein Rentnerpaar, das 1.200 Euro im Monat zur Verfügung hat, genau so viel kaufen wie 1960 eine ganze vierköpfige Durchschnittsfamilie. Und dennoch geht es ihm schlecht, nicht absolut, aber im Vergleich, der sich am heutigen Lebensniveau orientiert. Nicht umsonst ist die offizielle Definition von Armut eine relative. Nach den Standards der OECD gilt als arm, wer weniger als die Hälfte des Durchschnittseinkommens zur Verfügung hat. Wer in 40 Jahren nicht arm sein will, darf also nicht nur die Inflationsrate berücksichtigen und damit seinen heutigen Lebensstandard festschreiben. Er muss auch den Produktivitätszuwachs beachten.

Wie aber soll er heute wissen, welchen Lebensstandard er in 30, 40 oder 50 Jahren genießen möchte? Wer soll die Bedürfnisse und Möglichkeiten so weit vorhersagen können? Ein Blick zurück zeigt, dass diese Aufgabe unsere Phantasie weit überfordert. Viele Haushalte hatten vor 40 Jahren noch nicht einmal ein Telefon, wer hätte damals gedacht, dass sich die Menschen heute Mobiltelefone zu Weihnachten schenken? Elektronische Rechenmaschinen füllten ganze Räume aus, ein Gerät mit der Leistungsfähigkeit eines modernen Personalcomputers kostete Millionen. Hätte jemand damals behauptet, in 40 Jahren würden die Kinder damit spielen, um am Bildschirm kleine Monster zu verfolgen, wäre er ausgelacht worden. Das Faxgerät war noch nicht erfunden, Texte wurden per Post übermittelt oder, wenn es schnell gehen sollte, per Telex geschickt. Nur Science-Fiction-Schriftsteller hätten Briefe als E-Mail per Knopfdruck in Sekundenschnelle durch das Internet geschickt. Aber auch, wenn es nicht um technische Neuerungen geht, unterschätzt man leicht die zukünftigen Bedürfnisse. 1960 waren die meisten stolz auf ihr erstes neues Auto. Kaum jemand machte sich Gedanken über einen Zweitwagen. Der Verbrauch an Wohnfläche pro Kopf war viel geringer als heute. Und zum Essen in ein Restaurant zu gehen war für viele ein Luxus, den man sich nur selten gönnte.

Wer heute seinen zukünftigen Lebensstandard plant und von seinen gegenwärtigen Kosten ausgeht, wird sich auch künftig Videorecorder, Handy und PC leisten können, wenn es die in 40 Jahren noch geben sollte. Aber die Bedürfnisse der Zukunft hat er nicht berücksichtigt. Niemand kennt diese Bedürfnisse heute schon genau, aber sie werden kommen und ihre Befriedigung wird Geld kosten. Der Produktivitätsfortschritt, der den Wohlstand wachsen lässt, wird diese Bedürfnisse bezahlbar machen. Welche Summen dabei zu finanzieren sind, zeigt Abbildung 16.

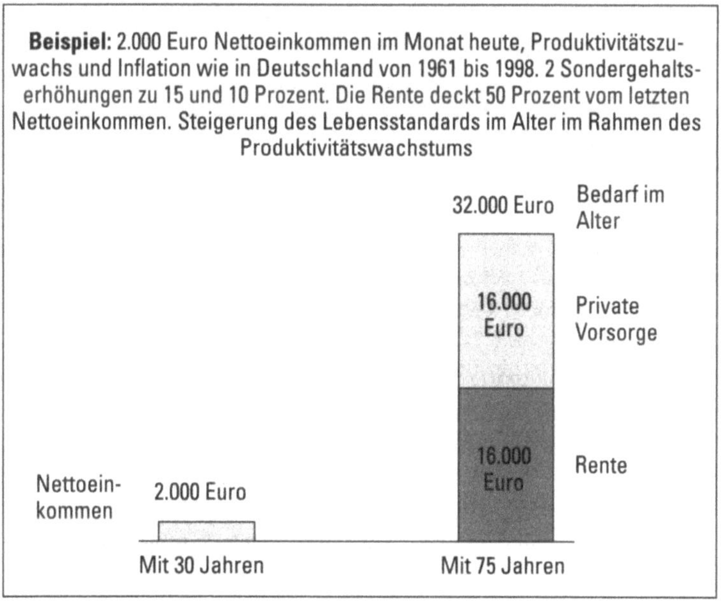

Abbildung 16: Wieviel Geld braucht man im Alter?

Die gesetzliche Rente steigt nicht nur mit der Inflationsrate, sondern auch mit dem Produktivitätsfortschritt. Sie orientiert sich an den Einkommenszuwächsen der jungen Generation, die dieses Wachstum erarbeitet. Wenn unser Lebensstandard im Alter zu 100 Prozent von der Rente gedeckt wäre, gäbe es kein Problem. Automatisch würde unser Wohlstand mit dem der anderen steigen. Bei einem Rentenniveau von 70 Prozent muss schon ein Teil der Lebenshaltungskosten durch eigenes Vermögen bestritten werden. Deckt die Rente nur noch 64 Prozent ab, nähert es sich schon der Hälfte. Viele werden in der Zukunft aber nicht einmal diesen Prozentsatz erreichen, weil ihnen die nötigen Beitragsjahre fehlen und das Rentenniveau vielleicht noch weiter fällt. Ihr Risiko, im Alter zu verarmen, wird damit immer größer. Denn ihre private Altersversorgung nimmt am Produktivitätsfortschritt nicht teil.

Abbildung 16 zeigt, dass durch die Steigerung von Inflation und Produktivität in einigen Jahrzehnten jeden Monat viele Tausend Euro zusätzlich aus privater Altersvorsorge zur Verfügung stehen müssen, um nicht zu verarmen. Um das dafür nötige Vermögen aufzubauen, sind erhebliche Sparanstrengungen unumgänglich. Lohnt es überhaupt, sich heute mehr einzuschränken, um dafür im Alter besser leben zu können? Tatsächlich kann man durch zusätzliches Sparen nicht nur später mehr ausgeben, sondern seinen Lebensstandard sogar insgesamt verbessern. Solange Ersparnisse mehr Rendite abwerfen als die Inflation wieder vernichtet, wird man sich in seinem Leben insgesamt mehr leisten können, wenn man heute spart und das Geld mit Zinsen erst später ausgibt. Wer sein Einkommen jeden Monat bis auf den letzten Pfennig ausgibt, genießt jetzt den für ihn bestmöglichen Lebensstandard. Im Alter hat er dafür nur noch das, was der Staat ihm bietet. Wer dagegen von seinem 30. bis zu seinem 65. Geburtstag 10 Prozent seines Einkommens spart, erhöht damit nicht nur seinen Lebensstandard im Alter, sondern auch die Konsummöglichkeiten über sein ganzes Leben. Zwar hat er heute weniger, dafür zukünftig um so mehr, so dass die Summe seiner Einkünfte über die gesamte Lebenszeit steigt und er deshalb auch mehr ausgeben kann. In unserem Beispiel zeigt Tabelle 7, dass bei den angenommenen Rahmenbedingungen sein Lebensstandard bis zum 65. Geburtstag um 9 Prozent steigen kann, wenn er 10 Prozent seines Nettogehalts spart. Bei 30 Prozent Ersparnis kann er sich sogar um mehr als ein Viertel verbessern.

Warum sparen wir dann nicht alle, soviel es geht? Will nicht jeder gern seinen Lebensstandard erhöhen? Tatsächlich macht unsere Psyche es uns schwer, den Konsum aufzuschieben. Den Ereignissen in ferner Zukunft wird viel weniger Wert beigemessen als den heutigen. Dies ist keineswegs irrational, denn die Zukunft ist unsicher, wir wissen nicht einmal, ob wir sie überhaupt noch erleben. Zurecht ist uns die aktuelle Bedürfnisbefriedigung wichtiger als die in 30 Jahren. Allerdings müssen wir uns fragen, ob wir dabei immer zwischen heutigem Genuss und späterer Absicherung richtig abwägen. Denn wer heute 30 Jahre alt ist, wird als Mann mit einer Wahrscheinlichkeit von 81 Prozent das 65. Lebensjahr erreichen, als Frau zu 90 Prozent. Es spricht also vieles dafür, dass man die Früchte seines Konsumverzichts im Alter noch genießen kann.

Vielleicht interessiert es Rentner gar nicht mehr, so viel zu konsumieren. Schließlich haben die meisten älteren Leute heute auch keinen PC und keinen Internetanschluss. Außerdem brauchen sie

Beispiel: Ein 30-Jähriger spart bis zu seinem 65. Geburtstag regelmäßig. Für das angelegte Geld bekommt er 7 Prozent Zinsen.			
Wenn er so viel Prozent seines Nettoarbeitseinkommens spart...			
0 %	10 %	20 %	30 %
kann er durch Zinsen und Zineszinsen in seinem Leben so viel mehr Geld ausgeben als er verdient hat:			
0 %	9 %	19 %	28 %
Annahmen: Inflation und Produktivitätszuwachs wie in Deutschland von 1961 bis 2002. Berechnung nach heutiger Kaufkraft.			

Tabelle 7: So verbessert Sparen die Konsumchancen

nicht unbedingt einen Zweitwagen, wenn die Kinder groß und sie nicht mehr berufstätig sind. Tatsächlich ändern sich die Bedürfnisse im Alter, allerdings nicht sofort mit 60 oder 65. Ob das bei der zukünftigen Rentnergeneration aber in gleicher Form geschieht wie bei der heutigen, weiß niemand. Sicher ist, dass man im Alter immer mehr Dienstleistungen benötigt. Am Anfang seines Ruhestandes will man vielleicht endlich mehr reisen. Später fehlt die Kraft, den Haushalt selbst zu führen und man benötigt eine Haushaltshilfe, noch später dann möglicherweise sogar eine Pflegekraft. Irgendwann ist man wahrscheinlich auf ein Altenheim angewiesen und die Krankenversorgung wird immer wichtiger und auch teurer. Auf die Reisen könnte man noch verzichten, die anderen Dienstleistungen benötigt man, ob man will oder nicht. Speziell die Kosten für diese Dienstleistungen werden in den nächsten Jahrzehnten aber überproportional steigen.

2.5 Wege zum richtigen Schutz

Niemand möchte zum Sozialfall werden. Der amerikanische Präsident Kennedy hat einmal über die Vorteile der wirtschaftlichen Entwicklung gesagt, dass „bei Flut alle Boote steigen". Genau so stiegen in der Vergangenheit auch die Renten. Wie die Inflationsraten sich auch änderten und die Produktivität zunahm, die Renten erhöhten sich automatisch im gleichen Maß. Die Zinsen haben für die Rente keine Bedeutung und der Anteil, der vom Einkommen abgezweigt wird, ist gesetzlich festgelegt.

Für die private Altersversorgung gilt dieser Automatismus nicht. Man muss alle Entscheidungen selbst treffen – und die zukünftige Entwicklung möglichst treffend einschätzen. Wenn aber schon die Wirtschaftsexperten keine zuverlässigen Voraussagen treffen können und die Politiker immer wieder die gesetzliche Rente schmälern, wie soll der Privatmensch dann sinnvoll planen?

Dieses Kapitel zeigt, wie sich trotzdem die private Altersvorsorge planmäßig aufbauen lässt. Wie ein Pilot sein Flugzeug mit Hilfe des Radars sicher durch den Nebel steuert, kann der Privatmann seine Altersvorsorge trotz aller Unwägbarkeiten zielsicher voran bringen. So wie der Flugzeugführer den Kurs regelmäßig anhand seiner Instrumente überprüft, kann er jetzt und in Zukunft immer wieder klären, ob er sich mit seiner privaten Altersvorsorge auf dem richtigen Weg befindet. Im Landeanflug leitet ein Radarstrahl das Flugzeug sicher zu Boden. Zeigen die Instrumente eine falsche Höhe an, muss der Pilot sofort gegensteuern. Genau so muss der künftige Rentner mit seiner privaten Altersvorsorge verfahren. Wenn er nicht ziellos durch den Nebel fliegen will, sondern mit 60 oder 65 eine sichere Punktlandung plant, muss er regelmäßig seine finanzielle Position bestimmen und sofort eingreifen, wenn er vom Kurs abkommt. Im gesetzlichen Rentensystem ist er wie ein Passagier. Er muss nur bezahlen, dann wird er geflogen. Wenn während des Fluges der Kurs geändert wird, kann er das nicht beeinflussen. Bei seiner privaten Altersversorgung sitzt er selbst am Steuerhebel. Wohin er fliegt und wie weich er landet hängt allein von ihm ab.

Versorgungsziele

Als erstes muss der Anleger sein Ziel bestimmen. Dabei sind zwei Entscheidungen notwendig. Zunächst muss er sich darüber im Klaren werden, mit welchem Alter er sich zur Ruhe setzen möchte. Das offizielle Rentenalter liegt bei 65 Jahren, die meisten Deutschen würden dagegen schon mit 60 Jahren gern aus dem Arbeitsleben aussteigen. Die frühere Struktur des gesetzlichen Rentensystems förderte diesen Wunsch dadurch, dass ein längeres Arbeiten über den 60. Geburtstag hinaus finanziell nicht sinnvoll war. Was ein Arbeitnehmer zwischen seinem 60. und 65. Geburtstag an Beiträgen zahlte und was er an Rentenbezugszeiten verlor, wurde durch die vergleichsweise geringe Rentenerhöhung ab 65 Jahren nicht ausgeglichen.

Ganz anders sieht es mit der privaten Altersversorgung aus. Für einen 40-Jährigen macht es einen gewaltigen Unterschied, ob er noch 25 Jahre Zeit zur Vermögensbildung hat, um damit 19 Jahre Ruhestand zu finanzieren, oder ob ihm nur noch 20 Jahre bleiben, mit deren Ersparnis er 24 Jahre finanzieren muss.

Wer sich für ein bestimmtes Alter entscheidet, dem kann es also durchaus passieren, dass schon die Planung seiner Altersversorgung zu einer unangenehmen Überraschung führt. Besonders wenn er nicht mehr ganz jung ist, kommt er vielleicht zu dem Ergebnis, dass ein früher Rentenbeginn für ihn unerreichbar ist. Der gewünschte Lebensstandard lässt sich so schnell nicht finanzieren oder aber die dafür in den nächsten Jahren nötige Sparanstrengung erscheint ihm zu groß. Eine alternative Rechnung für einen späteren Rentenbeginn zeigt, ob nicht ein niedriger gestecktes Ziel realistischer ist.

Die zweite Zielgröße ist der Lebensstandard im Alter. Die vorigen Kapitel haben gezeigt, dass sich das Konsumniveau und die Bedürfnisse im Alter nicht absolut voraussagen lassen. Niemand weiß, wie viel Geld man in 30, 40 oder 50 Jahren benötigen wird. Aber man kann seinen relativen Lebensstandard bestimmen. Man kann entscheiden, wie hoch das Ausgabenniveau als Rentner im Verhältnis zum Ausgabenniveau während des Arbeitslebens sein soll. Man kann wählen, ob es einem im Alter unter Berücksichtigung von Inflation und Produktivitätswachstum genauso gut gehen soll wie vorher oder ob man als Rentner zurückstecken möchte.

Im Normalfall gibt es meist nur einen Grund, warum mit dem Ende des Arbeitslebens auch der Lebensstandard sinkt. Das nötige Geld fehlt. Denn in der Regel fallen mit der Arbeit nur wenige Kosten weg. Manche können sogar steigen. Das verbilligte Essen in der Kantine fehlt ebenso wie der günstige Firmenwagen und der Arbeitgeberzuschuss zur privaten Krankenversicherung. Und viel mehr Freizeit bietet auch ungeahnte Möglichkeiten zum Geldausgeben. Wenn man also im Ruhestand den Lebensstandard halten will, den man vorher hatte, ist das nicht ein vermessener Wunsch, sondern der Normalfall.

Abbildung 17 zeigt die erforderlichen Einschränkungen bei unzureichender Vorsorge. Während des Arbeitslebens wurde zu wenig gespart, der Unterschied zwischen Nettoeinkommen und Ausgaben ist zu gering. Mit 60 reicht die Rente nicht aus, um den Lebensstandard weiter zu finanzieren. Die Ausgabenkurve knickt ab, aber liegt immer noch höher als die Rente. Der Unterschied wird aus den Ersparnissen bezahlt, aber der Vermögensverbrauch schreitet so schnell fort, dass die Reserven zu früh verbraucht sind. Im höheren Alter bleibt nur noch die Rente und der Unterschied zum erhofften Lebensstandard wird immer größer. Wie man sich dagegen durch den zielgerechten Auf- und Abbau seines Vermögens einen gleichmäßigen Lebensstandard bis ins hohe Alter sichert, stellt Abbildung 18 dar. Und die folgenden Abschnitte dieses Kapitels erklären, wie man das Ziel erreichen kann.

Orientierungspunkte

Nach der Zielbestimmung muss man sich auf den Weg machen. Die Zukunft ist unübersichtlich. Aber es gibt eine Reihe von

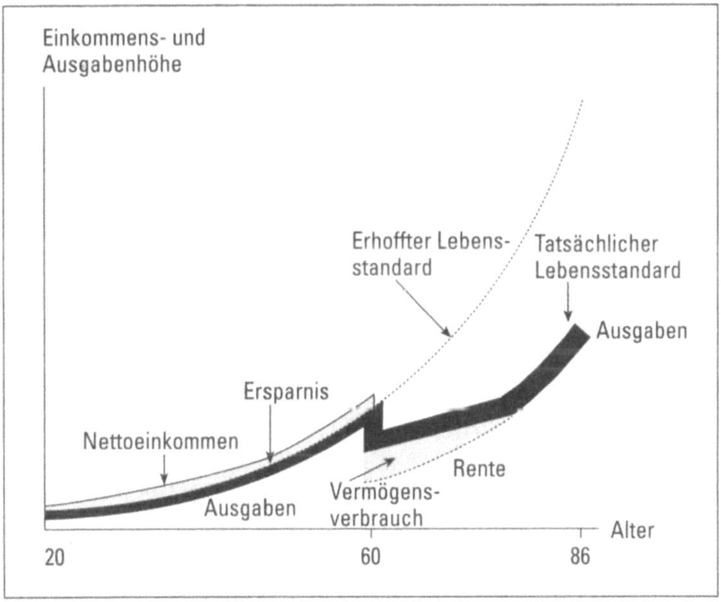

Abbildung 17: So entwickeln sich die Ausgaben, wenn man nicht genug vorsorgt

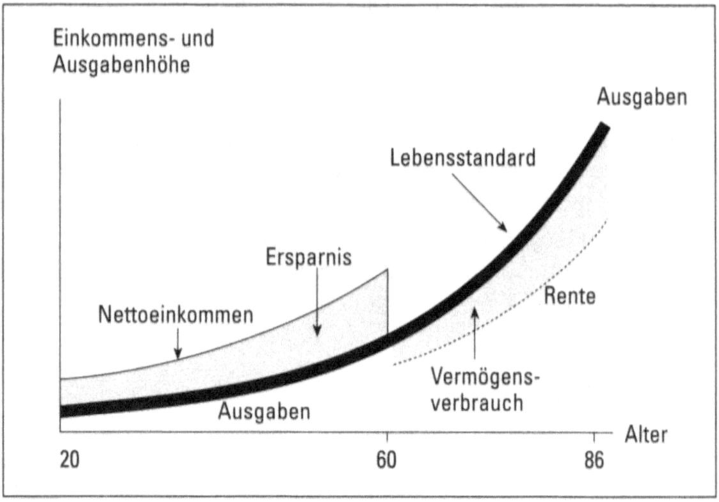

Abbildung 18: So gleichmäßig entwickeln sich die Ausgaben, wenn man richtig vorsorgt

Punkten, an denen man sich orientieren kann. Dies sind die Einflussgrößen, die dabei berücksichtigt werden müssen:

- die Höhe der gesetzlichen Rente,
- die Inflation,
- die Produktivitätssteigerung,
- bereits vorhandenes Vermögen,
- die Rendite der Kapitalanlagen,
- die Entwicklung des eigenen Einkommens,
- die persönliche Sparquote,
- die Anzahl der Jahre bis zum Rentenbeginn und
- die Anzahl der Jahre, die vom angesparten Kapital bestritten werden müssen.

Einige davon sind gesamtwirtschaftliche Daten, die vom Einzelnen nicht beeinflusst werden können. Dazu zählen die Inflationsrate und die Produktivitätssteigerung. Diese beiden Größen entscheiden mit über den Erfolg der privaten Vorsorgebemühungen.

Je höher die Inflationsrate, desto mehr Rendite muss mit dem eigenen Vermögen erwirtschaftet werden. Und je höher der Produktivitätszuwachs, desto mehr muss man sparen, um im Alter nicht gegenüber den anderen zurückzufallen.

Andere Faktoren sind persönlicher Natur, aber auch nicht zu beeinflussen. Das heutige private Vermögen, das sich aus der Ersparnis der Vergangenheit ergibt, steht fest, ebenso die Zahl der Jahre bis zum Beginn des Ruhestands. Wie viele Jahre man danach noch leben wird, ist zwar unsicher, aber auch nicht steuerbar.

Einige persönliche Einflussgrößen sind zum Teil vom individuellen Verhalten abhängig, aber deshalb trotzdem nicht sicher zu prognostizieren. Dazu zählen das Einkommen, die Rentenansprüche und die Rendite der Kapitalanlagen. Die Höhe des persönlichen Einkommens kennt niemand langfristig im Voraus. Für Beamte, die nicht mehr mit Beförderung rechnen, lässt sich die zukünftige Einkommensentwicklung noch am leichtesten vorhersagen. Ansonsten weiß niemand, ob die Zukunft noch große Karrieresprünge, Arbeitslosigkeit oder für Selbstständige sogar den Konkurs bringt. Man arbeitet hart dafür, sich sein Einkommen zu erhalten und es möglichst sogar zu verbessern, aber der Erfolg ist nicht planbar.

Ähnlich sieht es mit den Rentenansprüchen aus. Die Höhe der gesetzlichen Rente kennt niemand – um wie viel Inflation und Produktivitätsentwicklung die zukünftigen Renten steigern, weiß der Sparer ebenfalls nicht. Die absolute Rentensumme ist also nicht ermittelbar. Jeder Versicherte wird neuerdings jährlich über den Stand seiner Rentenanwartschaft informiert. Was er damit abschätzen kann, ist die Höhe seiner Rente im Verhältnis zum Einkommen. Diesen Wert, den Prozentsatz der Rente vom Nettogehalt, benötigt er für die weitere Planung.

Begrenzt steuerbar ist die Rendite, die man erzielen kann, wenn man sein Geld anlegt. Dabei ist sowohl die Art der Geldanlage als auch die Risikobereitschaft entscheidend. Niemand wird große Summen für die Altersversorgung auf dem Sparbuch liegen lassen, sondern eher in festverzinsliche Wertpapiere, Immobilien, Lebensversicherungen und Aktien investieren. Wer bereit ist, größere Risiken einzugehen, hat auch die Chance, größere Gewinne zu machen. Kapitel 3 zeigt daher die typischen Anlagemedien für die Altersversorgung und auch den Rahmen, in dem sich die zu erwartende Rendite bewegen kann. Allerdings sollte man seine Möglichkeiten auch nicht überschätzen. Die Zinsentwicklung hängt stark an der Inflationsrate, ebenso die Veränderung der Immobilienwerte. Aktien bieten zwar größere Chancen, aber auch größere Risiken. Selbst Profis können die Marktentwicklung nicht voraussehen. Außerdem darf man für seine Altersvorsorge keine zu großen Risiken eingehen.

Die einzige Größe, die der Einzelne wirklich beeinflussen kann, ist die Entwicklung seiner Ausgaben. Durch die Höhe seiner Ausgaben entscheidet er, wieviel Geld ihm für die Vermögensbildung bleibt. Durch den Konsumverzicht heute kann er sich einen höheren Lebensstandard im Alter leisten. Die Höhe der Ersparnis ist die einzige Einflussgröße, die man selbst steuern kann. Die Sparquote ist das entscheidende Instrument, das den Anleger sicher an sein Ziel bringt. Indem er seine Sparquote immer wieder an den übrigen Einflussgrößen orientiert, sichert er sich eine ausreichende Altersversorgung. So wie der Pilot den Steuerknüppel nach oben oder unten drückt, wenn er im Landeanflug zu tief oder zu hoch liegt, so steuert er über eine Erhöhung oder Senkung seiner Sparquote zielsicher das notwendige Vermögen für sein Alter an. Dabei dienen ihm die anderen Daten zur Orientierung. Bei Änderungen von Inflation, Produktivitätssteigerung oder Rendite prüft er, ob seine Sparquote noch stimmt. Wenn sein Einkommen sich erheblich verändert, passt er seine Sparquote an. Und wenn er weiß, dass seine Rente niedriger ausfällt als geplant, reagiert er ebenfalls mit einer Erhöhung der Sparquote. Weil niemand weiß, wie hoch die tatsächlichen Einkommen, Renten und Lebenshaltungskosten in Zukunft sein werden, orientiert er sich nicht an festen Beträgen, sondern an Prozentsätzen von seinem Einkommen. Die Sparquote ist der Prozentsatz seines verfügbaren Einkommens, den er spart. Wenn er 3000 Euro im Monat netto zur Verfügung hat und 300 Euro davon spart, beträgt seine Sparquote 10 Prozent. Steigt das Nettogehalt auf 4000 Euro und spart er weiter 300 Euro monatlich, fällt seine Sparquote auf 7,5 Prozent. Wenn er seine Sparquote halten will, muss er also seine Sparleistung auf 400 Euro monatlich heraufsetzen. Will er seinen erhöhten Lebensstandard im Alter halten, muss die Sparquote sogar weiter gesteigert werden. Ausgangsgröße für die Berechnung seiner Sparquote ist hier immer das verfügbare Einkommen ohne Vermögenseinkünfte. Denn die Erträge seiner Ersparnisse sollen für den weiteren Vermögensaufbau genutzt werden und nicht als Teil des Einkommens für Konsumzwecke zur Verfügung stehen.

Die meisten Menschen sparen zwar für ihr Alter, aber kaum einer behält gezielt seine Sparquote im Auge. Sie schließen hier einen Sparvertrag ab und dort eine Lebensversicherung, wenn es besser geht, bauen sie ein Haus und manche kaufen Aktien. Aber diese Spartätigkeit orientiert sich nicht gezielt an den Einkommensverhältnissen und dem gewünschten Lebensstandard im Alter, sondern mehr an den Zufälligkeiten des heutigen Lebens. Wenn einmal eine größere Summe auf dem Gehaltskonto aufgelaufen ist, werden davon Wertpapiere gekauft. Wenn ein Kind kommt, wird eine Lebensversicherung abgeschlossen. Wer aber kennt schon seine Sparquote? Und wer weiß, ob sie für die Altersversorgung ausreicht? Das folgende Beispiel zeigt, wie ein Paar laufend für das Alter spart, aber es am Ende doch nicht reicht. Die Entscheidungen werden mit gutem Willen, aber ohne Plan getroffen. Ein Haus wird gebaut, Lebensversicherungen abgeschlossen, Wertpapiere gekauft aber dennoch kann der Lebensstandard im Alter nicht gehalten werden. Die Geldanlagen sind nicht schlecht, aber das Paar hat keinen Überblick, wieviel es wirklich sparen müsste. Danach wird gezeigt, wie es sich richtig hätte verhalten müssen.

Familie Jung spart für das Alter

Herr und Frau Jung sind beide 30 Jahre alt, als sie sich kennen lernen. Er arbeitet als Produktmanager und verdient 40.000 Euro netto im Jahr. Sie ist Direktionsassistentin in einer Bank und ihr Einkommen beträgt 25.000 Euro netto jährlich. Herr Jung spart

400 Euro im Monat, 4.800 Euro pro Jahr. Auf diese Weise hat er in den letzten Jahren schon 20.000 Euro beiseite gelegt, die er zu 70 Prozent in Aktien angelegt hat und zu 30 Prozent in festverzinslichen Wertpapieren. 3.000 Euro pro Jahr investiert er weiter in den Ausbau seines Aktiendepots, für 1.800 Euro kauft er Rentenpapiere. Frau Jung legt jedes Jahr 2.400 Euro an. Bisher hat sie das Geld in einen gemischten Fonds gesteckt, der in deutsche Aktien und Renten investiert. Mittlerweile sind 10.000 Euro zusammengekommen. Jetzt, mit 30, hat Sie sich entschieden, eine Kapitallebensversicherung abzuschließen. 125 Euro monatlich fließen künftig nicht mehr in den Fonds, sondern gehen als Beitrag an die Versicherungsgesellschaft. Die restlichen 75 Euro investiert sie noch in den Investmentfonds. Beide wollen langfristig weiter sparen, denn sie haben geschätzt, dass ihre Rente nach heutigem Stand nur ungefähr 45 Prozent ihres Nettoeinkommens abdecken wird.

Nach zwei Jahren entschließen sich die beiden, zusammenzuziehen. Frau Jung gibt ihre Wohnung auf, die gesparte Miete in Höhe von 7.500 Euro im Jahr wird zusätzlich in den Fonds investiert. Mit 33 Jahren heiraten sie und bekommen ein Kind. Frau Jung hört vorübergehend auf zu arbeiten. Durch das fehlende Gehalt kann auch nichts mehr gespart werden, lediglich die Lebensversicherung mit 125 Euro monatlich lassen die Jungs weiter laufen. Mit 35 wechselt Herr Jung dann zu einer anderen Firma in eine bessere Position. Sein Nettogehalt steigt um mehr als ein Drittel. Durch die normalen jährlichen Steigerungen und diesen Sprung verdient Herr Jung jetzt 74.000 Euro netto. Gern würden sich die Jungs ein Haus kaufen und machen Kassensturz. Ihr Aktiendepot hat sich gut entwickelt, im Durchschnitt der letzten Jahre betrug die Rendite 9 Prozent jährlich nach Steuern. Die festverzinslichen Wertpapiere haben sich nach Abzug der Steuern mit 5 Prozent rentiert und der gemischte Fonds mit 6 Prozent. Insgesamt sind 72.000 Euro zusammengekommen.

Familie Jung entscheidet sich, das Haus zu kaufen. Es kostet 230.000 Euro. 20.000 Euro sind noch zusätzlich als Nebenkosten für Makler, Notar und Grunderwerbsteuer zu leisten. Zur Finanzierung wird eine Hypothek über 185.000 Euro aufgenom-

men mit 7 Prozent Zins und 2 Prozent Tilgung. Der Rest des Kaufpreises, 65.000 Euro, wird mit Eigenkapital finanziert. Von den Ersparnissen sind nun noch 7.000 Euro übrig, sie fließen in den Umzug und neue Einrichtungsgegenstände. Die Konten sind leer, aber Jungs besitzen ein eigenes Haus. Damit seine Frau nicht das Haus verkaufen muss, wenn ihm etwas passieren sollte, schließt Herr Jung eine Lebensversicherung ab. Der Beitrag beträgt 4.500 Euro im Jahr. Sie läuft bis zum 60. Lebensjahr und soll dann Teil der Altersversorgung sein, denn aufgrund der Einkommenserhöhung und der Ausfallzeiten von Frau Jung rechnen Jungs nur noch mit einer Rente in Höhe von 40 Prozent ihres Nettoeinkommens.

Ein Jahr später kommt die Tochter von Familie Jung in den Kindergarten und Frau Jung arbeitet wieder halbtags. Die Arbeit ist nicht so gut bezahlt wie ihre frühere Tätigkeit, aber bringt immerhin 10.000 Euro jährlich nach allen Abzügen. Mit 43 Jahren arbeitet Frau Jung dann wieder ganztags. Ihr Nettoeinkommen verdoppelt sich. Gleichzeitig wird Herr Jung befördert und erhält 20 Prozent netto mehr Gehalt. Familie Jung geht es jetzt richtig gut. Sie verdient mit ihrer gemeinsamen Arbeit 142.000 Euro im Jahr nach Abzug der Steuern. Denn die Gehälter sind nicht nur durch die Beförderungen gestiegen. Die Produktivitätssteigerung betrug in den vergangenen Jahren jeweils 2 Prozent jährlich und die Inflation bis zum vorletzten Jahr auch. Sie haben gemeinsam das Einkommensniveau zusätzlich erhöht. Die Inflation stieg im letzten Jahr allerdings auf 3 Prozent. Familie Jung beschließt, das zusätzliche Geld nicht nur auszugeben, sondern vermehrt für das Alter zu sparen. 500 Euro monatlich sollen zusätzlich zu den beiden Lebensversicherungen in einen gemischten Fonds investiert werden.

5 Jahre später erbt Herr Jung 125.000 Euro. Er ist der Ansicht, dass ihr Vermögen mit Haus, Lebensversicherungen und gemischtem Fonds breit gestreut ist und kauft für das Geld Anteile an einem riskanteren Aktienfonds. Nach zwei Jahren, die Jungs sind nun 50 Jahre alt, werden die Hypothekenkonditionen neu festgelegt. Die Zinsen sind gestiegen und sollen zukünftig 8,5 Prozent betragen. Jungs vergleichen das mit der Rendite des Aktienfonds und stellen fest, dass diese in den letzten 2 Jahren 8 Prozent netto betrug. Sie entscheiden sich, die Restschuld aus der Hausfinanzierung vorzeitig zu tilgen. Für 92.000 Euro werden Fondsanteile verkauft und das Haus ist schuldenfrei. Frau Jung freut sich auf ein sorgenfreies Leben im Alter und möchte gern mit ihrem Mann mit 60 Jahren aufhören zu arbeiten, um mehr zu reisen und das Leben zu genießen. Ihre Ersparnisse will sie dafür gern angreifen, nur das Haus soll in jedem Fall ihre Tochter erben. Jungs gehen zu einem Rentenberater. Der errechnet ihnen, dass nach der allgemeinen Absenkung des Rentenniveaus ihre zukünftige Rente nur 32 Prozent ihres Nettoeinkommens betragen wird. Daher beschließen sie, das Geld, das sie bisher jeden Monat für Zins und Tilgung benötigten, in ihre private Altersversorgung zu stecken. 1.500 Euro im Monat legen sie zusätzlich in dem Aktienfonds an. Nach 2 Jahren reduzieren sie diese Summe allerdings auf 500 Euro monatlich, da ihre Tochter in einer anderen Stadt ihr Studium beginnt. 6 Jahre später ist sie mit ihrer Ausbildung fertig und Jungs erhöhen die Anlagesumme wieder auf 1.500 Euro monatlich.

Im Jahr 2033 werden Herr und Frau Jung 60 Jahre alt. Frau Jung freut sich auf die schönen Jahre, die noch vor ihnen liegen und Herr Jung blickt stolz auf seine erfolgreiche berufliche Laufbahn zurück. Gemeinsam ziehen sie Bilanz. Die Lebensversicherungen werden jetzt zur Auszahlung fällig und haben eine Rendite von 6,5 Prozent jährlich ergeben. Der gemischte Fonds hat sich über die Jahre mit 6 Prozent verzinst und der Aktienfonds immerhin mit 8 Prozent netto. Und ihr Haus ist auch noch jedes Jahr um 2 Prozent im Wert gestiegen. Jungs machen die folgende Vermögensaufstellung:

Wert Haus	*377.000 Euro*
Auszahlung Lebensversicherung von Frau Jung	*130.000 Euro*
Auszahlung Lebensversicherung von Herrn Jung	*265.000 Euro*
Gemischter Fonds	*169.000 Euro*
Aktienfonds	*274.000 Euro*
Gesamtvermögen	***1.215.000 Euro***

Familie Jung hat viel erreicht im Leben. Das Haus ist abbezahlt, das Studium der Tochter finanziert, ein Vermögen von über einer Million Euro zusammen verdient und dabei haben sie noch gut gelebt. Kann das angenehme Leben jetzt ohne Arbeit weitergehen?

Herr und Frau Jung bekommen jeweils eine eigene Rente, zusammen sind es 107.000 Euro im Jahr, fast 9.000 Euro im Monat. Dazu kommen noch die Zinsen aus ihrem Vermögen. Sie haben ihr Geld sicher und ertragreich angelegt und erzielen eine Rendite von 7 Prozent jährlich nach Steuern. Das ergibt noch 59.000 Euro zusätzlich im Jahr. Monatlich haben Jungs also 14.000 Euro zur Verfügung. Allerdings ist in den letzten 30 Jahren auch ihr Lebensstandard erheblich gestiegen. Um ihn zu halten, braucht Familie Jung 298.000 Euro im Jahr, fast 25.000 Euro im Monat. Wie kommt diese hohe Summe zustande? Über die Jahre sind nicht nur die Einkommen, sondern auch die Ausgaben erheblich gestiegen. Allein die jährlichen Inflationsraten zwischen zwei und drei Prozent haben die Preise in den drei Jahrzehnten verdoppelt. Der Rest ist dem Produktivitätszuwachs zu verdanken.

Die hohen Lebenshaltungskosten von 25.000 Euro im Monat sind also für Familie Jung kein außergewöhnlicher Luxus, sondern ganz erklärlich. Diesen Lebensstandard wollten sie auch als Rentner gern behalten. Leider reichen Rente und Vermögenseinkünfte dafür aber nicht. Sie ergeben nur 14.000 Euro im Monat, 11.000 Euro fehlen also noch. Herr und Frau Jung rechnen aus, ob sie jeden Monat etwas von der Vermögenssubstanz entnehmen können. Schließlich haben sie das Vermögen für ihr Alter aufgebaut, warum sollen sie es nicht jetzt im Alter abbauen? Sie erwarten weiterhin 7 Prozent Zinsen, 3 Prozent Inflation und 2 Prozent Produktivitätssteigerung im Jahr. Zwischen ihren Einkünften und ihren Ausgaben klafft eine Lücke von 11.000 Euro im Monat. Sie müssten also zusätzlich 132.000 Euro im Jahr aus ihrem Vermögen entnehmen. Gleichzeitig werden dadurch aber die Zinsen im nächsten Jahr weniger. Und die Lebenshaltungskosten steigen jedes Jahr durch Inflation und Produktivitätszuwachs. Zwar wird die Rente jährlich im gleichen Maß angehoben, aber sie deckt lei der nur ein Drittel der monatlichen Kosten. Um die restlichen Mehrkosten zu decken, muss im nächsten Jahr noch mehr Geld entnommen werden. Das Ergebnis ihrer Berechnungen ist für Familie Jung ernüchternd. Wenn sie so weiterleben wollen wie bisher und an der allgemeinen Steigerung des Lebensstandards teilnehmen wollen, reicht ihr Geldvermögen gerade, bis sie 64 Jahre alt sind. Dann müssten sie ihr Haus verkaufen, um noch einen kurzen Aufschub zu bekommen oder gleich nur noch von ihrer Rente leben.

Das Haus wollen Jungs auf jeden Fall an ihre Tochter vererben, also überlegen sie, welchen Lebensstandard Sie langfristig finanzieren können. Die Berechnung ergibt 147.000 Euro im Jahr, rund 12.000 Euro monatlich. Sie müssten ihren Lebensstandard praktisch halbieren. Nach Abzug der Geldentwertung entspricht dies ungefähr 5.500 Euro in den Preisen des Jahres 2003. Mit Ausnahme des mietfreien Wohnens im eigenen Haus haben Jungs also kaum mehr Geld zur Verfügung als mit 30 Jahren. Damit geht es ihnen zwar absolut immer noch nicht schlecht, aber relativ sind sie zurückgefallen. Die 30-Jährigen im Jahr 2033 mit vergleichbaren Berufen verdienen inzwischen 21.000 Euro im Monat. Selbst wenn man davon 4.000 Euro monatlich für Miete abzieht und Ersparnisse für die Altersversorgung, geht es ihnen immer noch besser als Herrn und Frau Jung.

Familie Jung ist ratlos. Sie hat ihr Leben lang fleißig gearbeitet und ordentlich gespart, und doch kann sie ihren Lebensstandard im Alter nicht annähernd halten. So möchten Jungs nicht leben, also beschließen sie, doch bis zu ihrem 65. Geburtstag weiter zu arbeiten. Gleichzeitig wollen sie sich einschränken und noch mehr sparen. Sie lassen sich ihre Lebensversicherungen noch nicht auszahlen, sondern nutzen die Option, sie bis zum Endalter 65 weiterlaufen zu lassen. Gleichzeitig reduzieren sie ihre Kosten und sparen so zusätzlich jedes Jahr 30.000 Euro, die sie in den Aktienfonds investieren. Mit 65 ziehen sie erneut Bilanz:

Wert Haus	*417.000 Euro*
Auszahlung Lebensversicherung Frau Jung	*186.000 Euro*
Auszahlung Lebensversicherung Herr Jung	*389.000 Euro*
Gemischter Fonds	*260.000 Euro*
Aktienfonds	*685.000 Euro*
Gesamtvermögen	***1.937.000 Euro***

Jetzt geht es Jungs erheblich besser. Ihr Vermögen ist auf rund zwei Millionen Euro gestiegen. Ihre Rente beträgt jetzt 153.000 Euro im Jahr, also fast 13.000 Euro monatlich. Eine Rendite von 7 Prozent netto jährlich für ihr Geldvermögen bringt weitere 9.000 Euro im Monat. So haben sie immerhin 22.000 Euro regelmäßiges Einkommen. Allerdings sind ihre Ausgaben trotz der Einschränkungen auf 30.000 Euro im Monat gestiegen. Um ihren Lebensstandard zu halten, müssen Herr und Frau Jung also immer noch ihre Vermögenssubstanz angreifen. Sie rechnen noch einmal wie vor 5 Jahren und sind wieder enttäuscht. Kurz nach ihrem 73. Geburtstag wäre das Geld verbraucht. Jungs überlegen, wo sie noch sparen können und planen, ihre Ausgaben um wei-

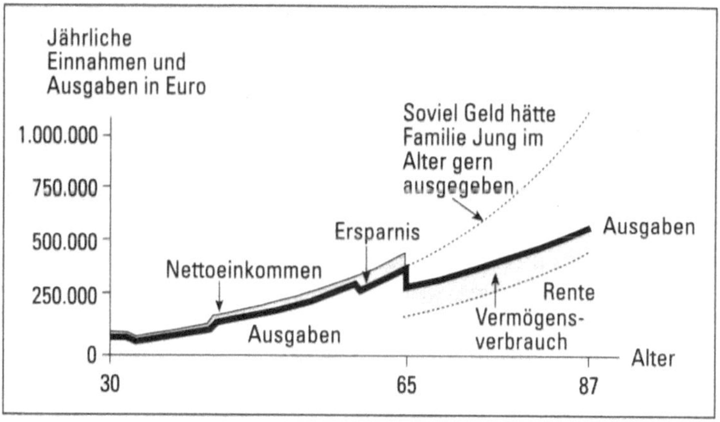

Abbildung 19: So entwickeln sich die Ausgaben von Familie Jung

tere 20 Prozent zu vermindern. Doch auch jetzt reicht das Geld nur, bis sie 78 sind. Die Lebenserwartung von Herrn Jung liegt aber bei 84 Jahren, die von Frau Jung bei 87. Resigniert erkennen sie, dass sie falsch geplant haben. Sie müssen sich nicht nur einschränken, auch an der Steigerung des Lebensstandards können sie nicht weiter teilnehmen. Erst wenn sie ihre Ausgaben um 20 Prozent reduzieren und jedes Jahr nur die Inflationsrate ausgleichen, reicht es bis zum Alter von 87 Jahren.

Jungs geht es damit nicht schlecht. Nach der Kaufkraft des Jahres 2003 entspricht ihr Lebensstandard einem Ausgabenniveau von 9.500 Euro im Monat. Damals, mit 30 Jahren, hatten sie ein Nettoeinkommen von 5.400 Euro monatlich, mussten davon noch etwas für ihr Alter sparen und die Miete bezahlen. Als Rentnern geht es ihnen also doppelt so gut. Doch im Vergleich zum allgemeinen Konsumniveau fallen sie immer mehr zurück. Vom Rentenbeginn bis zum 87. Geburtstag von Frau Jung steigt der allgemeine Lebensstandard noch einmal um die Hälfte. Daran können Jungs nicht mehr teilnehmen. Ein 30-jähriges Paar wie die Jungs damals verdient dann ungefähr 80.000 Euro im Monat. Das sind selbst nach Abzug von Mietkosten noch 75 Prozent mehr, als Jungs zur Verfügung haben. Und selbst diesen Lebensstandard verdankt Familie Jung fast ausschließlich ihrer gesetzlichen Rente. 82 Prozent der monatlichen Ausgaben werden durch die Überweisung der Bundesversicherungsanstalt gedeckt.

Herr und Frau Jung hätten es so also nicht geschafft. Sie würden zwar kein Sozialfall werden, aber es ginge ihnen im Alter nicht annähernd so gut wie geplant. Aber haben sie überhaupt geplant? Haben sie sich irgendwann in den 30 Jahren systematisch überlegt, wieviel Geld sie im Alter brauchen würden, um ihren Lebensstandard zu halten? Haben sie irgendwann errechnet, wieviel Vermögen sie benötigen würden, wenn sie mit 60 Jahren ihr Arbeitsleben beenden wollten? Sie haben zwar für ihr Alter gespart und das in allen klassischen Formen. Lebensversicherungen, Fonds, Aktien, Renten, Immobilie, Familie Jung hat ihr Vermögen breit gestreut und sich gegen plötzliche Vermögensverluste vernünftig abgesichert. Auch die erzielten Renditen waren nicht schlecht. Nur weder Herr noch Frau Jung haben je rechtzeitig errechnet, ob sie genug sparen. Ihre Sparvorgänge waren immer spontan motiviert. Der Wunsch nach dem Haus führte zwangsläufig zu Ersparnis durch die regelmäßige Tilgung. Die Lebensversicherung zur Absicherung der Familie war mehr an der Höhe der Hypothek orientiert als an den Bedürfnissen im Alter. Die zusätzliche Vermögensbildung nach der Gehaltserhöhung mit 43 Jahren entsprach der Tatsache, jetzt mehr sparen zu können und dem Umstand, dass in der Lebensphase schon mehr über die Altersversorgung nachgedacht wird. Aber die Höhe war nicht auf die Bedürfnisse im Alter ausgerichtet. Selbst nach dem Besuch bei dem Rentenberater wurde zwar vermehrt gespart, aber nicht genug. In der Zeit zwischen ihrem 30. und ihrem 60. Geburtstag haben sie circa 10 Prozent ihres verfügbaren Arbeitseinkommens zurückgelegt, in den 35 Jahren bis 65 sogar 12 Prozent. Dennoch hat es nicht gereicht.

Eine Stunde im Jahr

Konnten Jungs überhaupt planen? Hätten Sie diese Entwicklung vorhersehen können? Die Inflationsraten, die Produktivitätssteigerungen, die Renditen und die Gehaltserhöhungen? Wie hätten sie heute auch nur ahnen sollen, wie ihr Leben im Jahr 2033 und im Jahr 2060 aussieht?

Tatsächlich ist es nicht nur unmöglich, es ist auch nicht nötig, alle diese Entwicklungen im Voraus zu kennen. Herr und Frau Jung hätten nur regelmäßig ihre Vermögenssituation und ihre Sparquote überprüfen müssen. Sie hätten sich nur eine Stunde Zeit nehmen müssen, in bestimmten Abständen oder bei großen Veränderungen in ihren finanziellen Verhältnissen. Eine Stunde, um die Höhe der notwendigen Ersparnis für die nächsten Jahre zu berechnen. Mit dieser Berechnung hätten sie die Sparquote ihren aktuellen Lebensverhältnissen angepasst. Und rechtzeitig gegensteuern können, wenn abzusehen war, dass es nicht reichen würde. Durch die regelmäßige Überprüfung der Sparquote hätten Herr und Frau Jung von Anfang an gemerkt, dass sie zu wenig sparen. Und wenn sie richtig reagiert hätten, wären sie nicht nur im Alter ausreichend versorgt gewesen, sondern hätten ihr Konsumniveau über ihr gesamtes Leben sogar noch um 16 Prozent erhöht. Welche Sparquoten angemessen gewesen wären, zeigt die folgende Berechnung.

Mit 30 Jahren haben Jungs zusammen ein Nettoeinkommen von 65.000 Euro und ein Vermögen von 30.000 Euro. Die Inflationsrate beträgt 2 Prozent und die Produktivitätssteigerung ebenfalls 2 Prozent jährlich. Jungs wissen nicht, wie sich ihre Geldanlagen in Zukunft entwickeln werden, aber sie rechnen mit einer Rendite von 6 Prozent netto im Jahr. Ihre voraussichtliche gesetzliche Rente schätzen sie auf 45 Prozent ihres Nettoeinkommens. Wenn sie mit 60 Jahren aufhören wollen zu arbeiten, müssen sie unter diesen Umständen 18 Prozent ihres Nettoeinkommens sparen. Dann brauchen sie sich im Alter nicht einzuschränken, sondern können an der allgemeinen Steigerung des Lebensstandards teilnehmen.

Mit 35 Jahren überprüft Familie Jung neu, ob ihre Sparquote noch stimmt. Ihr gesamtes Vermögen steckt im Haus, das einmal die Tochter erben soll. Es gibt zusätzliche Sicherheit und ermöglicht später ein mietfreies Wohnen. Aber das darin gebundene Vermögen soll im Alter nicht verbraucht werden. Also müssen Jungs ihre Sparanstrengungen erhöhen. Außerdem bringt die Gehaltserhöhung nicht nur den Vorteil eines höheren Lebensstils mit sich, sondern macht auch erhöhte Spartätigkeit nötig, um diesen Lebensstil im Alter halten zu können. Gleichzeitig sinkt durch den besseren Verdienst auch noch die Bedeutung der Rente. Herr Jung schätzt, dass die Rente nur noch 40 Prozent ihres Nettoeinkommens ausmachen wird. Diese Umstände sorgen dafür, dass Jungs jetzt 24 Prozent ihres verfügbaren Arbeitseinkommens sparen müssten.

Mit 40 analysiert Familie Jung die Lage neu. Inflation, Produktivität und Rendite schätzen sie weiterhin so ein wie bisher. Durch ihre Spartätigkeit verfügen sie neben dem Haus noch über ein Vermögen von 123.000 Euro. Es haben sich keine entscheiden-

den Eckdaten verändert und daher lassen Jungs ihre Sparquote bei 24 Prozent.

Mit 45 erfolgt die nächste Überprüfung. Die Inflationsrate ist auf 3 Prozent gestiegen, vorsichtshalber gehen Jungs auch für die Zukunft von dieser Rate aus. Allerdings haben sie in den letzten Jahren auch eine höhere Rendite auf ihr Kapital erwirtschaftet. Sie erwarten zukünftig eine Nettorendite von 7 Prozent. Außerdem ist ihr Einkommen durch die Beförderung von Herrn Jung und Frau Jungs Vollzeittätigkeit inzwischen erheblich gestiegen. Unter Berücksichtigung ihres Vermögens, das sich ohne Haus auf 341.000 Euro beläuft, errechnen Jungs eine leicht erhöhte Sparquote von 26 Prozent ihres Nettogehalts.

Mit 50 Jahren rückt das Rentenalter schon näher. Jungs gehen zum Rentenberater und stellen fest, dass ihre zukünftige Rente nur 32 Prozent ihres Nettoeinkommens betragen wird. Wollen sie ihren Lebensstil im Alter halten, müssen sie noch mehr sparen. Gleichzeitig hat die Erbschaft allerdings ihre Vermögenssituation verbessert. Insgesamt besitzen sie jetzt nicht nur ein schuldenfreies

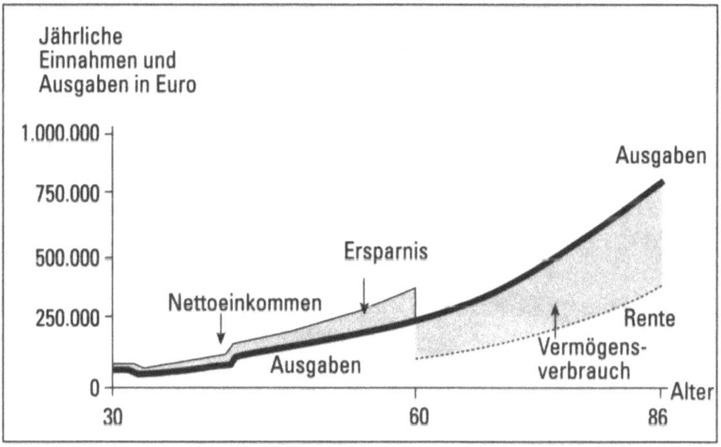

Abbildung 20: So gleichmäßig entwickeln sich die Ausgaben von Familie Jung jetzt

Haus, sondern zusätzlich noch 795.000 Euro. Das wirtschaftliche Umfeld hat sich nicht geändert. Um den derzeitigen hohen Lebensstandard zu halten ist eine Sparquote von 30 Prozent nötig.

Mit 55 Jahren machen Jungs eine letzte Analyse. Die Situation ist gleich geblieben. Sie sparen weiterhin 30 Prozent ihres Nettoarbeitseinkommens und freuen sich auf ein unbeschwertes Leben im Alter.

Mit 60 Jahren besitzen Jungs nicht nur ihr Haus, sondern zusätzlich ein Vermögen von 2.614.000 Euro. Ihre Ausgaben liegen bei 231.000 Euro im Jahr, also über 19.000 Euro im Monat. Die Rente deckt davon nur 9.000 Euro, den Rest müssen Jungs privat aufbringen. Aber bei einer Rendite von 7 Prozent netto haben sie Kapitaleinkünfte von 183.000 Euro jährlich. Sie müssen ihr Vermögen also gar nicht angreifen, es steigt sogar noch von Jahr zu Jahr. Herr und Frau Jung freuen sich, dass sie ihrer Tochter noch mehr hinterlassen können, als nur das Haus. Gleichzeitig fragen sie sich aber auch, ob sie sich verrechnet und zu viel gespart haben. Hätten sie nicht ruhig früher etwas mehr ausgeben können, statt sich mit der hohen Ersparnis zu belasten?

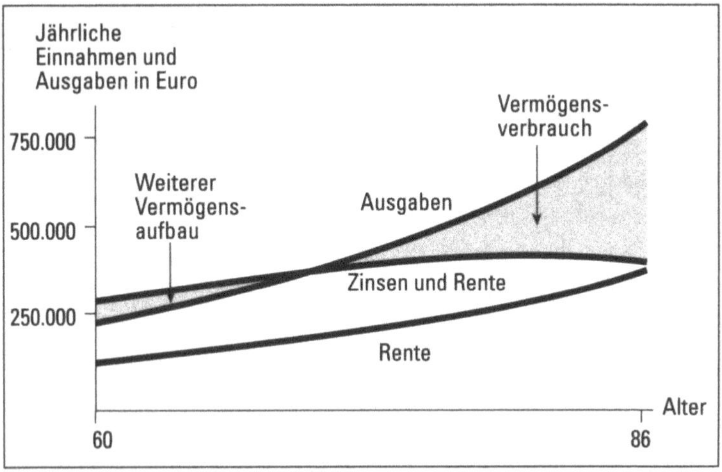

Abbildung 21: Mit 86 Jahren ist das Vermögen verbraucht

Tatsächlich werden Jungs ihr gesamtes Vermögen verbrauchen müssen. Sie haben wieder einmal die exponentielle Entwicklung ihrer Lebenshaltungskosten unterschätzt. Durch Inflation und Produktivitätszuwachs steigen ihre Ausgaben in 14 Jahren auf das Doppelte. Nach ein paar Jahren wächst ihr Vermögen nicht mehr, danach müssen sie sogar immer größere Summen entnehmen. Mit 86 Jahren ist es vollständig verbraucht. Abbildung 21 zeigt, wie sich Ausgaben und Vermögen von Familie Jung entwickeln.

Durch ihr konsequent hohes Sparen haben Jungs also ihren Lebensstandard im Alter halten können. Mit ihrem Vermögen konnten sie nicht nur die Geldentwertung ausgleichen, sondern auch noch mit dem allgemeinen Wachstum des Wohlstands durch die Produktivitätssteigerung mithalten. Allerdings haben sie dafür auch einen hohen Preis bezahlt. Bei Sparquoten bis zu 30 Prozent mussten sie in jungen Jahren auf erhebliche Konsumchancen verzichten. Mit 60 Jahren lag ihr Lebensstandard ursprünglich fast 30 Prozent höher. Lohnt das überhaupt? Wäre es nicht klüger gewesen, vorher besser zu leben, auch wenn man sich dafür im Alter etwas einschränken muss?

Um die Frage zu beantworten hilft ein Blick auf die gesamten Ausgaben über die Jahre. Wieviel Geld können Herr und Frau Jung bis zu ihrem Lebensende ausgeben? Bei ihrem anfänglichen Verhalten mit geringer Sparquote ergibt sich nach heutiger Kaufkraft eine Summe von 5,2 Millionen Euro. Mit der hohen Sparquote dagegen können Jungs etwas mehr als 6 Millionen Euro ausgeben. Sie haben insgesamt einen um 16 Prozent höheren Lebensstandard als vorher.

Richtiges Rechnen

Wie konnten Jungs die Sparquoten richtig berechnen? Am leichtesten geht es mit einem Computerprogramm, mit dem man für verschiedene Werte die Ergebnisse durchrechnen kann. Aber auch ohne Computer lässt sich die persönliche Sparquote bestimmen. Man benötigt lediglich einen Taschenrechner und einen Moment Zeit. Die Tabellen am Ende dieses Buchs helfen dabei, die Altersversorgung genau zu planen. Sie wurden speziell zu diesem Zweck entwickelt. Diese Tabellen können nicht alle möglichen Annahmen über das wirtschaftliche Umfeld berücksichtigen, deshalb sind hier vier typische Fälle aufgeführt.

Modell 1: Sehr vorsichtig

Das erste Modell basiert auf sehr vorsichtigen Annahmen. Es unterstellt eine wirtschaftliche Entwicklung, die zwar für die Beschäftigten positiv ist, für alle, die im Alter von ihren Ersparnissen leben müssen, aber nachteilig. Die Inflationsrate liegt hier bei 3 Prozent, also im Durchschnitt der letzten 40 Jahre. Für die Geldanlagen ist aber nur eine Rendite von 6 Prozent jährlich angesetzt worden. Warum dieser niedrige Wert? Angesichts der Zunahme der Vermögensbildung, auch infolge der privaten Altersvorsorge, gehen viele Experten von langfristig sinkenden Kapitalerträgen aus. Daher ist in diesem Modell eine Rendite nach Inflation gewählt worden, die sich im unteren Bereich der Realzinsen der letzten Jahrzehnte bewegt. Außerdem werden selbst diese Erträge weiter gekürzt. Für die zukünftigen Rentner wird nur noch von 5 Prozent Rendite ausgegangen. Der Grund liegt in der so genannten „nachgelagerten Besteuerung". Dies bedeutet, dass die Vermögensbildung für das Alter im Rahmen der neuen staatlich geförderten privaten Altersvorsorge während der Ansparphase steuerfrei ist, dafür aber im Alter während der Auszahlungsphase Steuern anfallen. Und diese Besteuerung vermindert die Rendite als Rentner.

Während die Erträge also niedrig angesetzt wurden, ist der Produktivitätszuwachs in diesem Modell hoch. Mit 3 Prozent liegt er über dem langfristigen Mittelwert der letzten Jahrzehnte von 2,4 Prozent. Ist ein so starkes Wohlstandswachstum realistisch? Durch die Bevölkerungsentwicklung werden in den nächsten Jahrzehnten die Arbeitskräfte knapp. Um die dadurch steigenden Personalkosten aufzufangen, lohnt es sich, viel zu investieren, um die Produktivität der Beschäftigten zu steigern. Und das für die Investitionen notwendige Kapital ist aufgrund der erhöhten Ver-

mögensbildung billig. Es gibt also gute Gründe, in diesem Modell einen hohen Produktivitätsfortschritt zu unterstellen. Die Kombination aus niedriger Rendite und schnellem Wachstum ist jedoch für die private Altersversorgung sehr ungünstig.

Modell 2: *vorsichtig*

In diesem Modell sind die wirtschaftlichen Rahmenbedingungen so gewählt, dass sie für die private Altersversorgung nicht besonders günstig sind. Die Inflationsrate ist mit 3,5 Prozent jährlich im historischen Vergleich hoch angesetzt. Tatsächlich lag sie von 1960 bis 2002 im Durchschnitt bei 3,0 Prozent. Gleichzeitig wurde als Ertrag der Geldanlagen eine Rendite nach Steuern von 6,5 Prozent im Jahr angenommen. Je nach Steuerabzug und Anlageform liegt die Bruttorendite also entsprechend höher. Als Produktivitätsfortschritt wird von 2,5 Prozent jährlich ausgegangen. Dieser Wert entspricht fast dem langfristigen Mittelwert von 2,4 Prozent für den Zeitraum 1961 bis 2002. Im Vergleich zu den letzten Jahren ist er hoch. Hoher Produktivitätszuwachs bedeutet eine stärkere Steigerung des Wohlstands und verlangt eine höhere Vermögensbildung, um im Alter mithalten zu können.

Modell 3: *Zwischen vorsichtig und optimistisch*

Hier wird für die Inflationsrate 3,0 Prozent angenommen, für die Nettorendite der Geldanlagen 7,0 Prozent. Die Produktivitätssteigerung beträgt 2,0 Prozent im Jahr. Die wirtschaftlichen Bedingungen für die private Altersversorgung liegen damit etwas günstiger als sie in Deutschland in den letzten 40 Jahren waren.

Modell 4: *Optimistisch*

In diesem Modell wird eine langfristige Inflationsrate von nur 2,5 Prozent unterstellt, gleichzeitig eine Rendite von 7,5 Prozent nach Steuern. Als Produktivitätszuwachs wird nur 1,5 Prozent angenommen. Diese Annahmen sind sehr positiv für die private Altersversorgung. Ein so günstiges Umfeld gab es in Deutschland nur während der achtziger Jahre, als die Produktivität niedrig war und die Zinsen hoch lagen.

Im Anhang des Buches finden sich die verschiedenen Modelle mit allen Angaben. Je nach Art der Planung – eher vorsichtig oder eher optimistisch – kann man leicht aus den Tabellen die nötige Sparquote ablesen. Dabei ist eine präzise Einschätzung der Zukunft nicht erforderlich, solange man die Altersvorsorge regelmäßig überprüft. Man braucht sich nur an der Gegenwart zu orientieren und von Mal zu Mal auf Änderungen in der wirtschaftlichen Entwicklung oder in den persönlichen Einkommensverhältnissen zu reagieren. Wie dies geschieht, zeigt das folgende Beispiel.

Herr und Frau Groß sind seit 8 Jahren verheiratet. Er ist 35 Jahre alt, sie 30. Frau Groß hat früher als Sekretärin gearbeitet, als das erste Kind auf die Welt gekommen ist, hat sie ihren Beruf aufgegeben. Inzwischen ist der Sohn gerade in die Schule gekommen, die kleine Tochter ein Jahr alt. Herr Groß ist als gelernter Industriekaufmann in der Verwaltung eines größeren Chemieunternehmens tätig und verdient nach allen Abzügen und Kindergeld 30.000 Euro netto im Jahr.

Familie Groß ist durch die anhaltende Diskussion um die Renten verunsichert und entschließt sich, privat mehr vorzusorgen und die Vermögensbildung für das Alter gründlich zu planen. In 30 Jahren wollen sie sich zur Ruhe setzen, Herr Groß ist dann 65, seine Frau 60. Sie rechnen damit, dass die Rente dann ungefähr 60 Prozent ihres Nettoeinkommens abdecken wird. Wie können sie die verbleibende Versorgungslücke am besten schließen?

Familie Groß nimmt die Tabellen am Ende des Buches zur Hand. Zur wirtschaftlichen Entwicklung passt am besten das Modell 3 mit einer Inflationsrate von 3 Prozent, einer Produktivitätssteigerung von 2 Prozent und 7 Prozent Rendite. Herr Groß sieht in Tabelle 5 nach. Wenn er in 30 Jahren aufhört zu arbeiten, hat ein 65-jähriger Mann wahrscheinlich noch eine Restlebenserwartung von 19 Jahren. In der Spalte der zu erwartenden Rente findet er bei „60 Prozent" unter dem Alter „35" die Zahl 11,81. So viel Prozent vom Nettoeinkommen müssten sie sparen, um im Alter keine Einbuße in ihrem Lebensstandard hinnehmen zu müssen. Allerdings hatten Herr und Frau Groß in der Zeit, als die Kinder noch nicht auf der Welt waren, schon etwas gespart. Herr Groß besitzt eine Lebensversicherung, die heute 10.000 Euro wert ist, außerdem verfügen sie noch über 25.000 Euro, die in einem gemischten Renten- und Aktienfonds angelegt sind. Diese 35.000 Euro werden sich in den nächsten 30 Jahren mit Zinsen und Zinseszinsen weiter vermehren, daher muss Familie Groß etwas weniger sparen. Sie teilen ihr Vermögen von 35.000 Euro durch ihr Nettoeinkommen von 30.000 Euro. Das Resultat ist 1,17. Dann entnehmen sie der Tabelle 5 für das Alter 35 den Vermögensfaktor von 3,1271. Mit 1,17 multipliziert ergibt er 3,66. Um 3,66 Prozent kann Familie Groß ihre Sparquote verringern, weil sie schon etwas Vermögen besitzt. Von 11,81 Prozent abgezogen bleiben noch 8,15 Prozent übrig. Wenn sie so viel von ihrem Nettoeinkommen sparen, können Herr und Frau Groß im Alter genau so weiterleben wie vorher.

Ein Problem bleibt allerdings noch zu lösen. Frau Groß ist fünf Jahre jünger als ihr Mann und will schon mit 60 aus dem Berufsleben ausscheiden. Ihre Lebenserwartung beträgt dann voraussichtlich noch 26 Jahre. Sie wird also wahrscheinlich 7 Jahre länger leben als ihr Mann und braucht für diese Zeit auch noch Geld. Sie errechnet für sich noch einmal die richtige Sparquote, diesmal allerdings anhand der Tabelle 14. Es ergibt sich eine Quote von 10,53 Prozent. Frau Groß müsste also mehr sparen als ihr Mann. Allerdings benötigt sie als Witwe weniger Geld als ein Zwei-Personen-Haushalt. Familie Groß beschließt, den Durchschnitt der beiden Zahlen zugrunde zu legen und errechnet so eine Sparquote von 9,35 Prozent. 2.805 Euro müssen sie also von ihren 30.000 Euro sparen. 1.500 Euro davon fließen weiter an die Lebensversicherungsgesellschaft, die restlichen 1.305 Euro in den Investmentfonds. Im nächsten Jahr sind es bereits 1.447 Euro, denn mit der jährlichen Gehaltserhöhung steigt automatisch auch die Ersparnis.

Nach 5 Jahren nehmen sich Herr und Frau Groß wieder eine Stunde Zeit und überprüfen ihre Planung. Inflation und Produk-

tivitätszuwachs stimmen noch, die Rendite auf die Kapitalanlagen war aber besser als erwartet. 7,5 Prozent haben sie im Durchschnitt jährlich erzielt. Ihr Vermögen ist dadurch auf 69.000 Euro gewachsen. Außerdem hat Frau Groß wieder angefangen, halbtags zu arbeiten und verdient 6.000 Euro netto dazu. Herr Groß ist befördert worden und hat eine Gehaltserhöhung von 20 Prozent bekommen. Zusammen verdienen Sie jetzt 52.000 Euro im Jahr. Die neue Berechnung anhand der Tabellen ergibt eine Sparquote von 10,72 Prozent. Aufgrund des höheren Einkommens ist es kein Problem für Familie Groß, etwas mehr zu sparen und sie legen in diesem Jahr bereits 5.574 Euro für ihr Alter beiseite.

Weitere 5 Jahre später rechnen sie erneut. Die anhaltende Diskussion um die gesetzliche Rentenversicherung und immer neue Rentenreformen haben Familie Groß noch mehr verunsichert. Anhand von Tabelle 2 auf Seite 46 versuchen sie, ungefähr ihr zukünftiges Rentenniveau vorauszusehen. Die Rentenbeiträge sind zwar in den letzten Jahren noch etwas gestiegen, aber mehr erscheint nicht durchsetzbar. Herr Groß schätzt, dass im Jahr 2033 ihre Rente wohl nur noch bei 50 Prozent des Nettoeinkommens liegen wird. Zum Ausgleich müssen sie mehr sparen, und zwar 15,68 Prozent ihres verfügbaren Arbeitseinkommens. Frau Groß arbeitet jetzt wieder ganztags und verdient 15000 Euro netto. Daher können sie die höhere Sparquote verkraften ohne sich einschränken zu müssen.

Als Herr Groß 49 Jahre alt ist, wird der Betrieb, in dem er beschäftigt war, geschlossen und plötzlich ist er arbeitslos. Das Geld vom Arbeitsamt und das Gehalt von Frau Groß reichen nicht aus, um den Lebensstandard zu halten. Sie entschließen sich, etwas von ihrer Altersversorgung zu verbrauchen. Immerhin haben sie inzwischen 235.000 Euro zusammengespart. Erst nach einem Jahr findet Herr Groß eine neue Stellung, allerdings mit 20 Prozent niedrigerem Gehalt.

Im letzten Jahr haben sie nichts von ihrem laufenden Einkommen gespart, sondern 10000 Euro von ihrer Altersversorgung genommen. Außerdem sind die Erträge ihrer Geldanlagen kontinuier-

lich gesunken. Am Anfang waren es noch 7,5 Prozent jährlich, dann nur noch 7 Prozent. Seit letztem Jahr ist nicht nur die Rendite auf 6,5 Prozent gesunken, sondern auch noch die Inflationsrate auf 3,5 Prozent gestiegen und der Produktivitätszuwachs auf 2,5 Prozent. Familie Groß macht sich Sorgen, ob die Ersparnis für das Alter noch reicht. Die wirtschaftlichen Rahmenbedingungen entsprechen jetzt dem Modell 2. Herr und Frau Groß orientieren sich daher an den Tabellen 3 und 12. Die Sparquote, die sie errechnen, liegt erheblich höher. 20,7 Prozent müssen sie jetzt jährlich von ihrem Nettogehalt beiseite legen. Dabei war das Jahr der Arbeitslosigkeit kaum von Bedeutung. Der Hauptteil der Erhöhung ist auf das veränderte wirtschaftliche Umfeld zurückzuführen.

Familie Groß beschließt, vernünftig zu sein und mehr zu sparen. Zum Glück steht der Sohn inzwischen finanziell auf eigenen Beinen und auch die Tochter erhält als Auszubildende schon ein kleines regelmäßiges Einkommen.

In den nächsten Jahren überprüfen Herr und Frau Groß weiterhin regelmäßig ihre Versorgungslage. Die gesamtwirtschaftlichen Einflussgrößen und ihre persönlichen Verhältnisse haben sich nicht mehr verändert. Bis zum 65. Geburtstag von Herrn Groß behalten sie die Sparquote von 20,7 Prozent bei. Frau Groß wird wenige Monate nach ihrem Mann Rentnerin. Im letzten Arbeitsjahr betrug das gemeinsame Nettogehalt von Familie Groß 182.000 Euro. Sie bekommen 50 Prozent davon als Rente. Mit der Rentenerhöhung des laufenden Jahres sind das 96.500 Euro. Ihr Lebensstandard liegt allerdings bei 153.000 Euro im Jahr. Reicht das gesparte Geld, um die Lücke zu schließen?

Insgesamt haben sie ein Vermögen von rund 1,2 Millionen Euro. Allein die Erträge daraus betragen im ersten Jahr 77.500 Euro. Familie Groß kann also sogar als Rentner noch sparen. Nach 8 Jahren ist es damit allerdings vorbei. Die Schere zwischen steigenden Lebenshaltungskosten und gleichbleibenden Vermögenserträgen öffnet sich immer weiter und das Vermögen schmilzt erst langsam, dann immer schneller. Es reicht genau bis 84 für Herrn

Groß und dann bei niedrigerer Rente und geringeren Ausgaben bis zum 86. Geburtstag von Frau Groß.

Familie Groß hat also richtig gerechnet. Durch laufende Überprüfung der Sparquote und die regelmäßige Anpassung an veränderte Umstände ist es ihr gelungen, genug Geld für das Alter zusammenzusparen. Auch als Normalverdiener haben sie es durch die Steigerung des Wohlstands und die Inflation geschafft, ein Vermögen von rund 1,2 Millionen Euro zusammenzusparen. Nach heutigem Geldwert wären das mehr als 450.000 Euro. Aber von diesem Vermögen können sie nichts ihren Kindern hinterlassen, sie müssen es vollständig für ihre Versorgung im Alter verbrauchen.

Ein Restrisiko bleibt

Durch die regelmäßige Überprüfung der eigenen Situation kann man schnell auf Änderungen reagieren. Eine Stunde Zeit zur Kontrolle der Berechnung, die Familie Groß hier zur Vereinfachung nur alle 5 Jahre gemacht hat, sorgt für die nötige Sicherheit. Dabei ist es unwichtig, die Inflation oder die Rendite genau richtig vorauszusehen. Wer nach einem Jahr feststellt, dass er mit unrealistischen Zahlen gerechnet hat, passt diese einfach an. Durch die Veränderung der Sparquote wird der Fehler sofort ausgeglichen. Wer möchte, braucht sich nicht einmal die Mühe zu machen, die Werte vorauszusagen. Er nimmt einfach die Inflationsrate, Rendite und den Produktivitätszuwachs des letzten Jahres. Wenn er diese Werte jedes Jahr aktualisiert, wird nach 30 oder 40 Jahren die Abweichung vom tatsächlichen Durchschnitt bedeutungslos sein. Mit seiner Sparquote steuert man sicher auf das richtige Vermögen zu. Man braucht sich so auch nicht den Kopf darüber zu zerbrechen, welche Rendite die Geldanlagen wohl erwirtschaften werden. Man legt einfach die tatsächlich erwirtschaftete Rendite des letzten Jahres zugrunde und das vorhandene Vermögen. War der Vermögenszuwachs höher als erwartet, kann man im nächsten Jahr prozentual weniger sparen, lag die Rendite niedriger, muss man mehr beiseite legen. Nach diesem System werden Fehler und große Illusionen verhindert. Wer auf große Aktiengewinne über die nächsten 30 Jahre hofft, kann am Ende des Zeitraums nichts mehr ändern, wenn diese nicht eintreten. Wer aber jedes Jahr seine Erfolge an der Börse überprüft, kann bei gut gestiegenen Kursen entsprechend weniger sparen. Lief die Entwicklung dagegen schlechter als erwartet, signalisiert die Sparquote sofort, dass gegengesteuert werden muss.

Ein Restrisiko bleibt aber. Zwar kann in der Ansparphase nichts schief laufen. Während des Vermögensaufbaus ist es jederzeit möglich, auf geänderte Rahmenbedingungen schnell zu reagieren. Wer aber das Rentenalter erreicht hat, kann dies dann nicht mehr. Das Vermögen ist so berechnet, dass es in den nächsten Jahren abgebaut wird. Was passiert, wenn sich in dieser Phase Inflation, Rendite oder Produktivitätszuwachs ändern?

Viele Rentner haben Angst vor einer steigenden Inflationsrate. Tatsächlich schadet diese aber wenig, solange die Rendite der Geldanlagen entsprechend steigt. Wenn bei Familie Groß mit Beginn des Ruhestandes die Inflation auf 5 Prozent im Jahr gestiegen wäre und die Rendite der Kapitalanlagen auf 8 Prozent, hätte sich nichts geändert. Die reale Rendite nach Abzug der Inflationsrate läge immer noch bei 3 Prozent. Ausgaben und Einnahmen wären gestiegen, aber der Lebensstandard hätte sich nicht vermindert und es wäre immer noch genug Geld dagewesen, um Frau Groß bis zu ihrem 86. Geburtstag zu versorgen. Solange keine unkontrollierte Hyperinflation ausbricht und man mit seiner Anlagepolitik angemessen reagieren kann, ist die Änderung der Inflationsrate also kein schwerwiegendes Problem.

Wenn sich die Rendite der Anlagen verschlechtert, ohne dass die Inflation sinkt, wird es schwieriger. Zwar sollte man im Alter ohnehin konservative Geldanlagen ohne großes Risiko vorziehen, damit die Versorgung nicht gefährdet ist. Aber dennoch kann die reale Rendite, also die Verzinsung nach Abzug der Inflation sinken, ohne dass dies zu verhindern ist. Denkbar ist zum Beispiel, dass aufgrund eines großen Kapitalangebots das gesamte Zinsniveau sinkt oder die Besteuerung von Zinserträgen erhöht wird.

Diesem Trend wird man sich durch noch so geschickte Geldanlage langfristig nicht entziehen können und die Konsequenz ist ein Lebensstandard, der geringer ist als geplant.

Das größte Risiko liegt jedoch in einer Veränderung des allgemeinen Wohlstandswachstums. Steigt die Produktivität im Alter schneller als angenommen, ziehen die Jüngeren davon. Je niedriger der Anteil der gesetzlichen Rente am Alterseinkommen ist, um so mehr ist man dieser Gefahr ausgesetzt. Während des Berufslebens ist der Produktivitätsfortschritt nur positiv. Mit schnellerem Wohlstandswachstum geht es einem immer besser. Rentner jedoch profitieren davon nur noch mit der gesetzlichen Rente, nicht mit ihren Vermögenserträgen. Dadurch geht es ihnen zwar nicht schlechter und sie können mit den anderen Rentnern mithalten, gegenüber den arbeitenden Jüngeren fallen sie aber zurück. Dies ist der größte Nachteil der privaten Altersversorgung gegenüber der normalen Rente. Je mehr das traditionelle Rentensystem zurückgedrängt wird, um so mehr werden die zukünftigen Rentner vom Wohlstandszuwachs der Jüngeren abgekoppelt. Dieselben jungen Berufstätigen, die sich heute zu Recht Gedanken über die wachsende Beitragslast machen, setzen sich durch die private Altersversorgung genau diesem Risiko aus. Wenn die Rentenbeiträge nicht erhöht werden, muss zwangsläufig das Rentenniveau sinken und die Eigenvorsorge steigen. Ob das, was der jungen Generation heute vorteilhaft erscheint, langfristig wirklich günstiger ist, hängt von den wirtschaftlichen Rahmenbedingungen ab, die niemand voraussehen kann. Wie der nächste Abschnitt zeigt, sind allerdings durchaus Entwicklungen vorstellbar, die private Altersvorsorge zu einem schlechten Geschäft machen können.

Ist private Altersvorsorge besser als die gesetzliche Rente?

Die Diskussion um öffentliche oder private Vorsorge ist unübersichtlich und hat teilweise den Charakter eines Glaubensstreits, denn jede Seite wirbt für sich mit Argumenten, die der Beitragszahler kaum nachvollziehen kann. Die Älteren, die seit vielen Jahren Beiträge gezahlt haben, sind verständlicherweise dafür, das derzeitige System zu erhalten und die Beiträge zukünftig zu erhöhen. Die jüngeren Arbeitnehmer sind zu Recht skeptisch und befürchten, heute verstärkt zur Kasse gebeten zu werden und später trotzdem weniger Rente zu bekommen. Da dieser Prozess für sie weder durchschaubar noch kontrollierbar ist, plädieren sie häufig für ein Einfrieren der Beitragssätze und suchen ihr Heil in der privaten Vorsorge.

Die jüngste Rentenreform hat nun einen Kompromiss zwischen den beiden Richtungen gewählt. Das alte Rentensystem bleibt erhalten, aber die Beiträge werden auf maximal 22 Prozent begrenzt. Weil damit aber in Zukunft das derzeitige Rentenniveau nicht mehr zu finanzieren ist, soll jeder sein finanzielles Wohlergehen im Alter zusätzlich privat absichern. Wird der teilweise Ersatz der öffentlichen Vorsorge durch private Altersversorgung für die jüngere Generation vorteilhaft sein? Ein Vergleich verschiedener Hochrechnungen zeigt, dass die private Vorsorge nur dann lohnen wird, wenn optimale gesamtwirtschaftliche Rahmenbedingungen herrschen.

Die offiziellen Modellrechnungen des Bundesministeriums für Arbeit zeigen ein Beispiel, in dem ein Rentner im Jahr 2030 mit der öffentlichen und privaten Vorsorge zusammen ein höheres Rentenniveau erreicht als die heutigen Rentner mit der ungekürzten staatlichen Rente. In Tabelle 8 sind die Ergebnisse verschiedener Hochrechnungen zusammengefasst, denen die Inflationsraten, Produktivitätszuwächse und Renditen aus den vier Modellen im Anhang zu Grunde gelegt worden sind. Je nachdem, ob man von optimistischen oder sehr vorsichtigen Voraussetzungen ausgeht, fällt das Ergebnis sehr unterschiedlich aus. Bei optimistischen Annahmen können die zukünftigen Rentner mit der geförderten privaten Zusatzrente die angekündigten Rentenniveausenkungen auffangen und sogar die Gesamtversorgung verbessern. Bei pessimistischen Annahmen liegt dagegen das gesamte Versorgungsniveau unter dem heutigen. Dabei ist noch zusätzlich zu berücksichtigen, dass viele Experten die Rentenniveauprognosen der Regierung für zu positiv halten. Sie rechnen angesichts der Bevölkerungsentwicklung bei einer Beitragsbegrenzung auf 22 Prozent mit einem erheblich niedrigeren Rentenniveau (siehe Tabelle 2).

Ob die geförderte private Rente die Senkung des öffentlichen Rentenniveaus ausgleicht, hängt von der wirtschaftlichen Entwicklung ab			
Modell 1: sehr vorsichtig	**Modell 2:** vorsichtig	**Modell 3:** vorsichtig – optimistisch	**Modell 4:** optimistisch
Bei Eintritt der Modellannahmen kann man mit der geförderten privaten Rente je nach Steuerquote die Absenkung des Rentenniveaus auf folgenden Wert ausgleichen:			
64 % – 65 %	63 % – 64 %	59 % – 61 %	55 % – 57 %
Annahmen: 35-jähriger Rentenversicherungspflichtiger Einkommen im Jahr 2002 40.000 Euro brutto, 25.000 Euro netto Rentenbeginn mit 65 Jahren, Endalter 84 Jahre Privater Rentenaufbau ab dem Jahr 2002 mit 1 %, Steigerung bis 2008 auf 4 % Steuerquote im Alter zwischen 20 % und 40 %, öffentliche Rente steuerfrei Ausgangsrentenniveau vor Absenkung 70 % Modellannahmen siehe Tabellenteil im Anhang			

Tabelle 8: Reicht die geförderte private Rente, um die kommende Rentensenkung auszugleichen?

Aber nicht nur die Wirtschaftlichkeit der privaten Altersvorsorge ist zu prüfen. Selbst bei guten Erträgen bringt sie noch eine weitere Schwierigkeit mit sich. Denn niemand weiß, wie alt er wird und für welchen Zeitraum er daher vorsorgen muss. Aus diesem Grund ist die neue staatlich geförderte private Altersvorsorge so geregelt, dass die Auszahlung in Form einer Leibrente oder eines Auszahlungsplans mit anschließender Rentenzahlung für die letzten Lebensjahre zu erfolgen hat. Für die private Altersvorsorge außerhalb der staatlichen Förderung muss jeder diese Frage allein beantworten.

Ein Teil der Probleme der gesetzlichen Rentenversicherung beruht auf der gestiegenen Lebenserwartung. Die Menschen werden immer älter und die Rente wird bis an ihr Lebensende gezahlt. Egal ob man 70, 80 oder 90 Jahre alt wird, jeden Monat wird die

Rente überwiesen und sie endet automatisch mit dem Leben. Die private Altersversorgung endet, wenn das Vermögen verbraucht ist, egal wie alt man dann ist und wie lange man noch leben wird. Die Rentenversicherungsträger können sich aufgrund der Millionen von Versicherten an Durchschnittszahlen orientieren. Für den Einzelnen ist dies unmöglich. Die durchschnittliche Lebenserwartung ist nur eine Richtgröße, welches Alter er tatsächlich erreicht, weiß er nicht.

Systematische Altersvorsorge bedeutet, nicht mehr und nicht weniger für das Alter zu sparen als auch wirklich benötigt wird. Im Idealfall sollte das Altersvorsorge-Kapital gerade am letzten Lebenstag verbraucht sein. Da man diesen aber nicht kennt, kann man sich den Verbrauch seines Vermögens auch nicht genau passend einteilen. Vielleicht wird man aus Vorsicht zu wenig entnehmen oder aber vom eigenen hohen Alter überrascht werden, in jedem Fall ist es unwahrscheinlich, dass der Vermögensverbrauch genau mit dem restlichen Leben parallel verläuft. Wie lässt sich dieses Dilemma lösen?

Geht man zu seiner Bank und fragt den zuständigen Berater, was man nun mit seinem Vermögen im Alter machen sollen, wird er als „Zusatzrente" mit großer Wahrscheinlichkeit einen „Entnahmeplan" empfehlen. Dabei handelt es sich um die Anlage in einem Investmentfonds, meist einem Rentenfonds mit geringem Risiko. Anhand der Erträge der Vergangenheit rechnet er vor, wieviel Geld jeden Monat entnommen werden kann, bis nach einem bestimmten Zeitraum, zum Beispiel 15 oder 20 Jahren, das Geld verbraucht ist. Dieser Entnahmeplan löst zwar die Anlageproblematik, beantwortet jedoch nicht die Frage, wovon man leben soll, wenn man überdurchschnittlich alt wird. Außerdem garantiert die Fondsgesellschaft die Rendite der Vergangenheit nicht für die Zukunft. Fallen die Erträge niedriger aus, ist das Vermögen auch schneller verbraucht.

Wenn man seinen Versicherungsvertreter um Rat fragen, wird er in den meisten Fällen eine private Rente empfehlen. Gegen einmalige Einzahlung einer größeren Summe zahlt die Versicherung auf

Lebenszeit eine Rente. Dies löst nicht nur die Anlageproblematik, sondern sichert auch gegen das finanzielle Risiko der erfreulichen Tatsache eines überdurchschnittlich langen Lebens ab. Mit einer privaten Rente kann man also wie bei der gesetzlichen Rentenversicherung sein so genanntes „Langlebigkeitsrisiko“ auf das Kollektiv der Versicherten abwälzen. Die private Rente ist sicher bis zum letzten Tag und auch wenn man 100 Jahre alt wird, muss die Versicherung zahlen.

Diese Sicherheit hat allerdings auch ihren Preis. Die Versicherung kann sich auf dieses Geschäft nur einlassen, weil aufgrund der Vielzahl der Rentenbezieher eine durchschnittliche Lebenserwartung berechenbar ist. Es werden nicht nur alle älter, viele sterben auch früher als der Durchschnitt und beziehen weniger Rente als geplant. Dem Vorteil eines möglicherweise langen Rentenbezugs steht das Risiko gegenüber, dass man früher stirbt als erwartet. Bei einem Entnahmeplan würde dann das unverbrauchte Vermögen den Erben zugute kommen, bei der privaten Rente dagegen fällt es an die Versicherung. Nur bei ganz frühem Tod zahlen die Versicherungen noch eine Zeit lang an die Erben weiter, wenn eine Mindestzahlungsdauer der Rente vereinbart worden ist.

Ein zweites Risiko besteht hinsichtlich der Höhe der Rente. Die monatliche Überweisung der Versicherung setzt sich aus zwei Teilen zusammen, der garantierten Rente und der Überschussbeteiligung. Während die garantierte Rente immer sicher ist, kann sich die Überschussbeteiligung ändern, wenn die Vermögensanlagen nicht mehr so viel Ertrag bringen. Kurzfristig wird die Versicherung Schwankungen in der Rendite ausgleichen, langfristig kann sie sich aber dem Zinstrend nicht entziehen. Mit sinkenden Erträgen wird auch die Rente irgendwann weniger werden. Bei einem Entnahmeplan oder einer direkten Anlage am Kapitalmarkt wäre man allerdings dem gleichen Risiko ausgesetzt.

Die Überschussbeteiligung wird aber außerdem noch durch die Entwicklung der Sterblichkeit beeinflusst. Solange die durchschnittliche Lebenserwartung sich so entwickelt, wie von der Versicherung geplant, entsteht dadurch kein Problem. Wenn aber zu viele Rentner älter werden als kalkuliert, müssen auch insgesamt mehr Renten finanziert werden. Dies geht nur, wenn die Überschussbeteiligung gekürzt wird. Die Experten der Versicherungen versuchen regelmäßig, die zukünftige Lebenserwartung richtig vorauszusehen. Dies wird aber um so schwieriger, je länger der Prognosezeitraum wird. Für die nächsten 20 bis 30 Jahre dürfte noch genug Planungssicherheit gegeben sein. Wer also heute mit 60 oder 65 Jahren eine private Rentenzahlung mit einer Versicherung vereinbart, sollte vor zu unangenehmen Überraschungen durch die Entwicklung der Sterblichkeit weitgehend sicher sein. Schwerer haben es dagegen die Jüngeren. Wer heute mit 20 eine private Rentenversicherung abschließt und in 45 Jahren erst Rentner wird und dann noch vielleicht 30 Jahre lebt, hat ein viel größeres Risiko, dass die Überschussbeteiligung im Jahr 2070 nicht mehr dem entspricht, was nach derzeitigem Prognosestand zu erwarten ist. Wie bei der gesetzlichen Rentenversicherung beeinträchtigt die Bevölkerungsentwicklung also auch die private Vorsorge und führt zu höheren Beiträgen oder niedrigeren Renten.

Welche Rendite ist von einer privaten Rente zu erwarten? Ein 65-Jähriger zahlt zum Beispiel einer Versicherung 100.000 Euro und bekommt dafür eine Rente von ungefähr 730 Euro im Monat. Bei einer Restlebenserwartung von 20 Jahren und gleich bleibender Überschussbeteiligung entspricht diese Zahlung einer Verzinsung von 6,5 Prozent auf das eingezahlte Kapital. Wer zum Beispiel mit einem Anlageplan eine Rendite von 7,3 Prozent erwirtschaftet, könnte sich über denselben Zeitraum 777 Euro Rente monatlich auszahlen.

Die Sicherheit hat also ihren Preis. Bei 7,3 Prozent Rendite der eigenen Geldanlage fährt man finanziell mit der privaten Rente erst besser, wenn man älter als 87 Jahre wird. Stirbt man dagegen schon mit 77 Jahren, würden die Erben bei der eigenen Geldanlage noch 64.000 Euro hinterlassen bekommen, bei der privaten Rente gingen sie leer aus. Außerdem kann man bei der eigenen Geldanlage flexibel entscheiden, wann man wieviel Geld entnehmen möchte. Ob man sich für eine private Rente entscheiden sollte, hängt also sehr stark von der persönlichen Situation ab. Geht man für sich von keiner überdurchschnittlich hohen Lebenserwartung aus, rentiert sich wahrscheinlich die eigene Geldanlage besser. Hat man keine Erben und erwartet noch ein langes Leben, kann eine private Rentenversicherung eine interessante Alternative sein, um sich gegen die finanziellen Risiken eines langen Lebens abzusichern.

Ob die private Altersvorsorge besser ist als die gesetzliche Rente ist also nicht sicher. Selbst die steuerliche Förderung der privaten Altersvorsorge kann die Risiken, die sich aus der wirtschaftlichen Entwicklung ergeben können, nur teilweise auffangen. Die wichtigsten Einflussgrößen wie Inflation und Produktivitätswachstum kann niemand voraussagen und unter realistischen Annahmen kann die private Vorsorge sich durchaus schlechter rechnen als die gesetzliche Rente. Viele jüngere Beitragszahler sind trotzdem der Ansicht, dass sie mit der privaten Vorsorge besser fahren. Ihr Optimismus gründet sich häufig auf die Hoffnung, durch erfolgreiche Geldanlage über die Jahre so viel aus ihren Ersparnissen zu machen, dass ihnen im Alter das aus den gesparten Rentenbeiträgen gebildete Vermögen einen höheren Lebensstandard ermöglicht als es die Rente getan hätte. Ob diese Erwartungen realistisch sind und mit welchen Renditen sie bei der Geldanlage wirklich rechnen sollten, zeigt die Untersuchung der grundlegenden Anlagemöglichkeiten im folgenden Kapitel.

3. Was bringt die Geldanlage?

Wessen Urgroßmutter vor 100 Jahren besser aufgepasst hätte, wäre heute der reichste Mensch der Welt. Sie hätte nur eine Mark von ihrem Haushaltsgeld beiseite legen und investieren müssen. Nur eine Mark? Die britische Wirtschaftszeitschrift „The Economist“ hat es nachgerechnet. Wer im Jahr 1900 einen Dollar angelegt und jedes Jahr im Voraus gewusst hätte, welches Investment im nächsten Jahr das beste sein würde, hätte hundert Jahre später die sagenhafte Summe von 9.607.190.781.673.150.000 Dollar sein eigen nennen können. Damit besäße er viel mehr Geld als Bill Gates, der Gründer von Microsoft, der heute als der reichste Mann der Welt gilt. Um diese sagenhafte Zahl zu erreichen, wäre eine jährliche Rendite von 55 Prozent nötig gewesen. Die Urgroßmutter hätte nur die Märkte richtig voraussagen müssen. 1900 warfen amerikanische Aktien am meisten ab, 1910 französische und 1920 amerikanische Schatzanweisungen. Nach dem großen Börsenkrach von 1929 musste man amerikanische Aktien allerdings meiden, ihr Wert schrumpfte in drei Jahren fast auf ein Zehntel zusammen. Zu der Zeit waren englische und amerikanische Schatzanweisungen das Beste. 1941 brachten französische Aktien über 200 Prozent Rendite und 1951 deutsche immerhin noch über 100 Prozent. 1967 war Silber das ertragreichste Investment und 1972/1973 Gold. Ein Jahr davor hätte man noch mit Aktien in Singapur sein Vermögen verdreifachen können und in den achtziger Jahren erzielten die Aktienmärkte in Ländern wie den Philippinen, Indonesien und der Türkei gewaltige Zuwachsraten. Anfang der Neunziger waren dann Venezuela und Argentinien die attraktivsten Anlageländer. Das allerbeste Ergebnis des ganzen Jahrhunderts brachten polnische Aktien im Jahr 1993. Um 754 Prozent erhöhte sich ihr Wert in nur 12 Monaten.

So einfach wäre es also gewesen, wenn die Urgroßmutter nur aufgepasst hätte. Sie hätte sich nur nicht in den Jahren irren dürfen.

Viele Märkte entwickelten sich oft nur ein Jahr später genau in die entgegengesetzte Richtung. Argentinische Aktien brachten 1989 und 1991 riesige Gewinne, 1990 dagegen gewaltige Verluste. „The Economist“ hat daher auch die Gegenrechnung aufgemacht. Wer von 1900 bis heute immer die schlechtesten Länder und Anlageformen des Jahres ausgewählt hätte, dem wäre von 1.000.000.000 Dollar nach einem Jahrhundert gerade noch 1 Cent geblieben.

Es ist leicht, sich anhand der Vergangenheit vorzurechnen, wie wohlhabend man bei „richtiger“ Geldanlage jetzt wäre. Leider geht es allen Experten und Anlegern aber heute noch genauso wie unseren Urgroßmüttern: Sie wissen nicht, was die Zukunft bringt. Wie soll man beurteilen, welche Geldanlage über die nächsten Jahrzehnte die vernünftigste ist? Das hängt nicht nur allein von der Rendite ab, sondern auch vom Risiko. Die Aktienmärkte der asiatischen Tigerstaaten und der Neue Markt in Deutschland haben in den letzten Jahren gezeigt, wie schnell sich das Blatt wenden kann und riesige Gewinne zu katastrophalen Verlusten werden. Selbst „sichere“ Anlageformen schützen nicht immer vor Wertverlust. So haben sich die Preise für japanische Gewerbeimmobilien in den neunziger Jahren um rund 70 Prozent reduziert und damit die Altersversorgung vieler japanischer Rentner.

Wie soll man sich entscheiden? Für die Altersvorsorge spielt nicht nur die Rendite, sondern auch die Sicherheit eine Rolle. Die klassischen Geldanlagen sind Immobilien, festverzinsliche Wertpapiere, Lebensversicherungen und Aktien. Niemand weiß, wie sich die verschiedenen Geldanlagen in Zukunft entwickeln werden. Auch hier kann nur die Einzelbetrachtung der Faktoren helfen, die die Renditen beeinflussen. Daher soll im Folgenden jede einzelne dieser Anlageformen untersucht werden. Im Vordergrund stehen dabei nicht die Details der einzelnen Anlagearten, sondern ihre Sicherheit und vor allem der Vergleich der Renditen. Ausgangspunkt sind die Erträge der Vergangenheit. Man kann jedoch nicht oft genug betonen, dass diese für die Zukunft nur geringe oder gar keine Aussagekraft besitzen. Die Orientierung an den Ergebnissen früherer Jahrzehnte zeigt nur, welche Rendite man in diesen Jahren erwirtschaftet hätte. Wichtig ist an diesen Rückblicken nicht die erreichte Verzinsung an sich, sondern die Analyse der Gründe, die zu diesen Ergebnissen geführt haben. Wenn man diese Gründe kennt, kann man zumindest überlegen, in welche Richtung sie zukünftig die Erträge beeinflussen werden und welche Anhaltspunkte für eine bessere oder schlechtere Entwicklung in der Zukunft zu finden sind. Daher werden in den folgenden Kapiteln nicht einfach die Trends der Vergangenheit in die Zukunft hochgerechnet. Der Schwerpunkt liegt auf der Untersuchung der Faktoren, die die Rendite bestimmen und der möglichen zukünftigen Entwicklung dieser Einflussgrößen. Dabei werden die vier klassischen Anlagearten Aktie, festverzinsliches Wertpapier, Lebensversicherung und Immobilie einander gegenübergestellt. Die Aktienanlage und die selbst bewohnte Immobilie werden im Hinblick auf ihre Renditechancen besonders intensiv untersucht, da bei diesen beiden Anlageformen die Hoffnung auf große Gewinne und die Unklarheit über Chancen und Risiken besonders groß sind. Im Anschluss an die Analyse der einzelnen Anlagearten wird in Modellrechnungen gezeigt, wie verschiedene Annahmen zur Anlagestruktur und Renditeentwicklung die Gesamtrendite beeinflussen. So entsteht ein guter Überblick, mit welchen Renditen man bei konservativer oder riskanterer Anlagepolitik realistisch rechnen sollte.

3.1 Aktien

Der Aktienindex DAX, früher nur Experten ein Begriff, ist heute jedem geläufig. Die Manager der Banken und Fonds feierten das Aufblühen der „Aktienkultur" in Deutschland, und während früher der „Spekulant" eher negativ angesehen war, ist die Jagd auf Kursgewinne zum Volkssport geworden. Die Berichterstattung über Großfusionen erscheint nicht mehr nur im Wirtschaftsteil, sondern auf den Titelseiten der Tageszeitungen und die Übernahmeschlachten der Industriegiganten bekommen in den Nachrichten so viele Sendeminuten wie Sportereignisse.

Jeder weiß, dass Aktien ein Risiko beinhalten, aber worin besteht es eigentlich? Wenn die Kurse eingebrochen sind, folgt kurz danach ein um so steilerer Anstieg. In den neunziger Jahren eilte der DAX von Rekord zu Rekord. Die Aktien- und Fondsverkäufer rechneten uns vor, wie viel Geld wir in den Jahren hätten verdienen können, wenn wir nur diese Aktie oder jenen Investmentfonds gekauft hätten. Gespräche im Bekanntenkreis bestätigen diese Ansicht. Auch nach den Kursverlusten der letzten Jahre raten die Experten der Banken zum Durchhalten und zum Einstieg auf „niedrigem" Niveau. Wissenschaftliche Studien scheinen zu belegen, dass Aktien langfristig Renten schlagen. Die Börsenmanager weisen darauf hin, dass die Deutschen noch immer viel weniger Geld in Aktien investiert haben als die Amerikaner und der Aktienanteil am Vermögen darum weiter steigen soll und wird. Und da das Risiko der Aktienanlage gering sein soll, wenn man sie nur lange genug hält, seien die Aktien auch viel besser für die Altersversorgung geeignet als bisher behauptet wurde.

Die Argumente kennt jeder. Wie kann man sie prüfen? Sollte man für seine Altersversorgung mehr in Aktien investieren? Was bedeuten die Erfolge der Vergangenheit wirklich für die zukünftige Altersversorgung?

Sicherheit

Wie sicher sind Aktien? Drei Punkte sind von Bedeutung: Der Schutz gegen Kursschwankungen, der Schutz vor einem Totalverlust und die Absicherung gegen die Inflation.

Aktien stellen eine Beteiligung an einem Unternehmen, also einem Sachwert dar. Damit sind Aktien ein besserer Inflationsschutz als festverzinsliche Wertpapiere oder Lebensversicherungen, die nur einen Geldwert garantieren. In der Theorie steigen mit der Inflation auch die Gewinne der Aktiengesellschaften und damit die Kurse. In der Praxis ist dieser Zusammenhang nicht immer direkt zu beobachten. Die höchsten Inflationsraten hatten wir in Deutschland in den Jahren zwischen 1970 und 1982. Die durchschnittliche Inflationsrate betrug in diesem Zeitraum 5,1 Prozent, weit über dem langfristigen Durchschnitt. Leider boten die Aktien davor keinen Schutz, im Gegenteil. In sieben dieser zwölf Jahre erwirtschafteten Aktien nach Abzug der Inflationsrate eine negative Rendite, allein 1970 und 1973 verloren sie jeweils rund 30 Prozent an Wert. Wer 1970 Aktien gekauft hatte, dessen Vermögen war bis 1980 nach Abzug der Inflation um fast ein Viertel weniger geworden. Erst der Börsenboom in den achtziger und neunziger Jahren hat dieses Investment wieder ertragreicher gemacht. Professor Richard Stehle von der Humboldt-Universität in Berlin hat es untersucht. 1995, nach 25 Jahren, betrug die durchschnittliche jährliche Rendite immerhin nach Abzug der Inflation 4,6 Prozent. Und dabei sind Spesen und Steuern noch gar nicht berücksichtigt. In der Vergangenheit gab es also zumindest kurz- und mittelfristig Perioden, in denen Aktien keinen Schutz vor Inflation boten.

Das zweite Risiko ist die Gefahr eines Totalverlustes. In den letzten Jahrzehnten hat es immer wieder spektakuläre Schieflagen großer bekannter Aktiengesellschaften gegeben. Selten kam es zum Konkurs, meist wurden die Unternehmen von den Banken gerettet. Aber die Aktionäre verloren dabei durch Kurseinbrüche und Kapitalschnitte häufig soviel Geld, dass es fast einem Totalverlust gleichkam. Auch ein Großteil der Ende der neunziger Jahre gegründeten Internetfirmen scheiterte. Bedenkt man jedoch, wie viele Aktiengesellschaften an der Börse notiert sind, ist die Wahrscheinlichkeit eines Totalverlustes gering. Denn im Normalfall investiert man nicht nur in eine Aktie, sondern diversifiziert seine Anlage, indem man sein Vermögen auf eine Reihe von Aktien verteilt. Oder man kauft Anteile an einem Aktienfonds, der schon aufgrund der gesetzlichen Vorschriften seine Anlagemittel breit streuen muss. Wenn man von hoch riskanten Technologieaktien und Direktanlagen in Aktien südamerikanischer oder asiatischer Schwellenländer absieht, ist das Risiko eines Totalverlustes also gering und spricht nicht gegen die Aktienanlage zur Altersversorgung.

Das dritte Risiko ist die so genannte Volatilität, die Gefahr von Kursschwankungen. Dies ist das eigentliche Risiko, über das man nachdenkt, wenn man Aktien kauft. Wie groß ist dieses Risiko? In der Zeit von 1950 bis 2002 gab es 17 Jahre, in denen die deutsche Börse sich negativ entwickelte. Dabei sind die Gewinnausschüttungen schon berücksichtigt.

Abbildung 22 zeigt, dass es immer wieder zu Gewinneinbrüchen kam, aber auch zu sehr hohen Kurssteigerungen. Insbesondere in den Jahren von 1950 bis 1960 wuchs der Wert der Aktien ungewöhnlich schnell. Das Wirtschaftswunder der Nachkriegszeit zog auch die Börsenkurse mit nach oben. Wer zu Beginn des Jahres 1951 Geld in Aktien investierte, hatte es am Jahresende verdoppelt. 1954 und 1959 betrugen die Gewinne rund 80 Prozent und 1958 immerhin noch über 60 Prozent. Danach verlief die Entwicklung nicht mehr steil nach oben, sondern die Kurse brachen immer wieder ein, am stärksten 1970 mit 25 Prozent und 1973 mit 20 Prozent.

Erst ab 1982 kam es wieder zu häufigen starken Wertzuwächsen, 1985 lag er sogar bei 86 Prozent. Gleichzeitig gab es in dieser Pe-

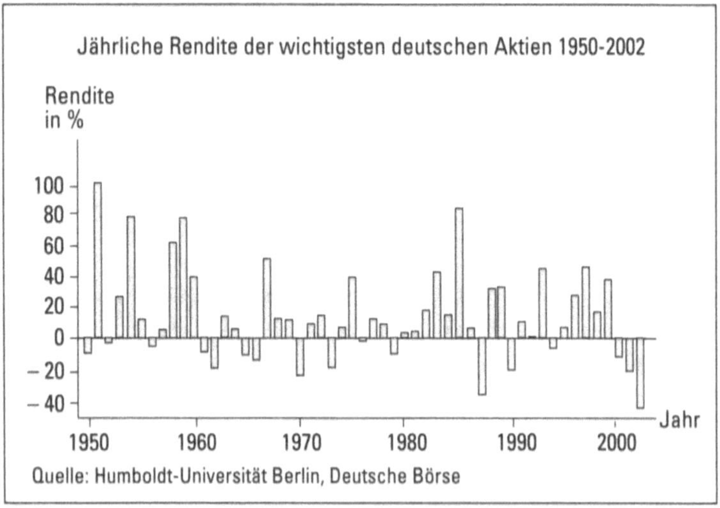

Abbildung 22: Die Börsenentwicklung schwankt stark

riode aber auch vier sehr schlechte Jahre, das schlechteste 2002 mit 44 Prozent Wertverlust. Dabei muss man bedenken, dass zum Ausgleich eines Kursverlustes von 44 Prozent ein nachfolgender Kursanstieg von 79 Prozent benötigt wird. Kurzfristig unterliegen die Kurse also erheblichen Schwankungen.

In der Vergangenheit war trotz der Kursschwankungen über längere Zeiträume das Ergebnis der Aktienanlage in der Regel positiv. In den meisten Jahren hätten Aktien auch mehr gebracht als Rentenpapiere. Betrachtet man die 20 Jahre zwischen 1960 und 1979 und stellt sich vor, man hätte in jedem Jahr in Aktien investiert und den einzelnen Betrag jeweils 20 Jahre liegen lassen, so wäre die Rendite für jede dieser 20-Jahres-Perioden allerdings sehr unterschiedlich ausgefallen. Nach Abzug der Inflationsrate hätte die Spanne von einer negativen jährlichen Rendite von 1,5 Prozent bis zu einer positiven von 11 Prozent gereicht. Der Durchschnitt wäre 5,2 Prozent pro Jahr gewesen.

Für die Alternative Rentenanlage hätte sich ein Mittelwert von 3,4 Prozent ergeben. Aktien erzielten also 1,8 Prozent mehr Ren-

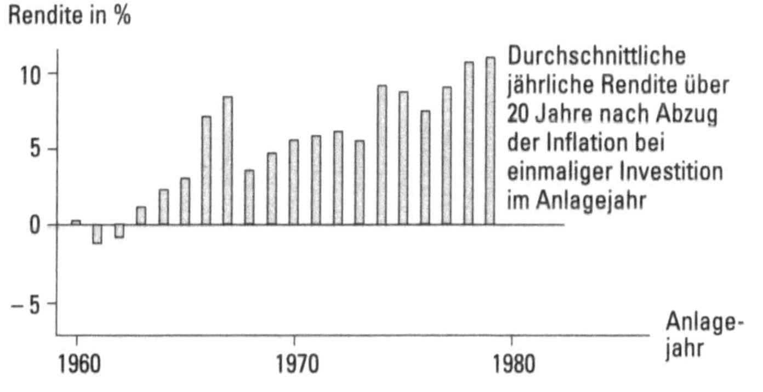

Rendite der wichtigsten deutschen Aktien
Quelle: Humboldt-Universität Berlin

Abbildung 23: Über längere Zeiträume war die Rendite einer Aktienanlage meist positiv

dite. Nach dem gleichen System hätten festverzinsliche Wertpapiere, über 15 Jahre angelegt, zwischen 1960 und 1969 1,9 Prozent mehr Rendite erwirtschaftet als Aktien. Bezieht man die Hausse in den fünfziger Jahren und die positive Entwicklung der Aktienmärkte seit 1982 mit ein, steigt der Vorsprung der Aktien. Aktienanlagen, zwischen 1950 und 1959, jeweils über 40 Jahre investiert, hätten im Durchschnitt 4,5 Prozent mehr Rendite gebracht als Rentenpapiere.

Was bedeutet das im Hinblick auf die Eignung von Aktien zur Altersvorsorge? Bank- und Börsenmanager verweisen gern darauf, dass es zwar kurzfristige Kursschwankungen geben kann, langfristig die Aktie aber immer eine höhere Rendite abwirft als festverzinsliche Wertpapiere. Wer mit 35 Jahren in Aktien investiert, hat noch 30 Jahre bis zum Ende seines Arbeitslebens, ein 50-Jähriger immerhin noch 15 Jahre. Wie groß ist das Risiko von starken Kursschwankungen über einen Zeitraum von 15 bis 30 Jahren? Niemand kann das für die Zukunft voraussagen. Was wäre passiert, wenn man in der Vergangenheit auf Aktien zur Alterversorgung gesetzt hätte? Blickt man die letzten 50 Jahre zurück, so lassen sich an den deutschen Börsen verschiedene Phasen entdecken. In den Jahren von 1950 bis 1960 konnte man eine durchschnittliche Rendite von 30 Prozent pro Jahr mit deutschen Aktien erzielen. 1961 begann eine Phase der Stagnation. Die durchschnittliche Rendite der Jahre 1961 bis 1981 betrug 2,5 Prozent. Ab 1982 zogen die Kurse wieder stark an. Über 18 Prozent betrug die Durchschnittsrendite bis zum Kursgipfel in der ersten Hälfte des Jahres 2000. Danach fielen die Kurse wieder rapide. Wer auf dem Gipfel des DAX-Standes investierte, dessen Aktienvermögen reduzierte sich bis zum Ende des Jahres 2002 auf fast ein Drittel des ursprünglichen Werts. Die durchschnittliche Rendite von 1982 bis Ende 2002 betrug nur noch 10,3 Prozent.

Versetzen wir uns zurück in das Jahr 1960. Am Ende des Jahres plant Familie Alt vom Anfang des Buches wieder ihre Altersversorgung. Dieses Mal nicht mit ihrem Versicherungsvertreter, sondern mit dem Bankberater. Die deutschen Börsen eilen von Re-

kord zu Rekord. Allein im Vorjahr hätte man 80 Prozent Rendite erzielen können! Herr und Frau Alt blicken die letzten 10 Jahre zurück, um sich zu vergewissern. 3 Jahre waren dabei, in denen die Entwicklung ganz leicht negativ war. Aber hätten sie Anfang 1950 auch nur 1.000 DM in Aktien investiert, wären es heute am Ende des Jahres 1960 18.500 DM. Nicht umsonst sind die Deutschen im Börsenfieber. Die Bundesbürger haben zu diesem Zeitpunkt fast ein Viertel ihres Geldvermögens in Aktien angelegt. Die Quote ist dreimal so hoch wie zu Beginn des Jahres 2000. Alle Welt redet von den spielend leicht erzielten Gewinnen, fast ohne Risiko. Familie Alt entscheidet sich, einen Teil ihrer Ersparnisse zukünftig auch in Aktien zu investieren, um langfristig von dem positiven Trend zu profitieren. Auch wenn einmal ein schlechtes Jahr dabei sein sollte, insgesamt wird das Ergebnis positiv sein und kräftig zu ihrem Vermögensaufbau für das Alter beitragen.

Auch die neunziger Jahre waren ein Jahrzehnt der Börsenrekorde, Aktien und Investmentfonds das beherrschende Thema, und im Bekanntenkreis wurde laufend über die spielend leichten Gewinne geredet, die man erzielt hat, seit Frühjahr 2000 auch über die Verluste, vor allem mit Neuemissionen. Niemand weiß, wie sich die Kurse in Zukunft entwickeln werden, aber was in den Jahren und Jahrzehnten nach 1960 passiert ist, lässt sich problemlos nachrechnen. Wer Anfang 1961 als 45-Jähriger Aktien gekauft hat, um ab seinem sechzigsten Geburtstag von den Gewinnen zu leben, hat Pech gehabt. Zwar hat er auf dem Papier immerhin einen Gewinn von insgesamt 42 Prozent erzielt, leider macht die Inflation aber alles wieder zunichte. Real, nach Abzug der Geldentwertung, bleibt ihm am Ende der 15 Jahre weniger als am Anfang. Sein Vermögen ist real um 17 Prozent geschrumpft. Vielleicht hätte er einfach noch fünf Jahre warten sollen? Leider hätte ihm auch das nichts genützt. Dann wäre der Wert seines Vermögens real sogar auf 77 Prozent des Ausgangsbetrags gesunken. Nach 25 Jahren ist dagegen ein echter Wertzuwachs festzustellen, nach 30 Jahren immer noch. Allerdings wäre er mit festverzinslichen Wertpapieren in diesen 30 Jahren noch etwas besser gefahren und hätte ruhiger dabei geschlafen. Nach diesen 30 Jahren sind Herr und Frau Alt 65 Jahre. Mit der Aktienanlage haben sie also bei größerem Risiko weniger erreicht als mit einfachen Rentenpapieren.

Die gesamten sechziger Jahre waren wenig geeignet, um mit der Altersversorgung mittels Aktien zu beginnen. Wer im Börsenboom der fünfziger Jahre investiert hatte, konnte von den hohen Gewinnen zehren, und wer in den Siebzigern erst anfing, hatte zwar einen schlechten Start, aber genug Zeit, um von der Hausse ab 1982 zu profitieren. Zwischen 1960 und 1970 wäre aber jeder, der für 15 Jahre Geld anlegen wollte, besser beraten gewesen, Rentenpapiere zu kaufen. Die Anleger haben damals aus ihren schlechten Erfahrungen gelernt. Mit dem flachen Börsenverlauf legte sich auch die Aktienbegeisterung. Die Deutschen kauften weniger Aktien und mehr festverzinsliche Wertpapiere und Immobilien. 1970 betrug der Aktienanteil am Geldvermögen aller Bundesbürger nur noch 11 Prozent, 1980 waren es sogar nur noch 5 Prozent.

Der Blick in die Vergangenheit zeigt also ein gemischtes Bild. In den meisten Fällen hätte die Aktienanlage zur Altersvorsorge gelohnt. In einer langen Zeitspanne wäre das Ergebnis aber nicht nur schlechter als bei festverzinslichen Wertpapieren ausgefallen, sondern nach Abzug der Inflationsrate sogar negativ. Wie wird es Anlegern ergehen, die sich heute entscheiden, langfristig in Aktien zu investieren? Das Risiko eines Totalausfalls ist unter normalen wirtschaftlichen und politischen Verhältnissen gering. Aber mit welcher Rendite ist langfristig zu rechnen? Kann man den Versprechungen der Börsenpropheten glauben, dass Aktien langfristig das beste Investment sind, nur weil sie es in der Vergangenheit oft waren?

Niemand kann die Börsenentwicklung auch nur für zwei Tage voraussagen, wie soll es jemand für 20 Jahre können? Die Stiftung Warentest hat die Vorhersagegenauigkeit der Aktienempfehlungen von Banken und Börsenbriefen untersucht. Das Ergebnis war ernüchternd. Die Banken experimentieren regelmäßig mit hoch komplizierten Computerprogrammen, jedoch ohne nachhaltigen Erfolg. Befragungen von namhaften Volkswirten über die Entwicklung der Börsen in den nächsten Wochen und Monaten erweisen sich als nutzlos. Man weiß danach, was die anderen meinen, aber nicht, was tatsächlich kommt. Die Wirtschaftsnobelpreisträger Merton und Scholes, die entscheidend zur heutigen Aktientheorie beigetragen haben, sind als Fondsmanager kläglich gescheitert. Sie haben Milliardenverluste produziert und ihr Fonds ist nur aus Angst vor einer Finanzkrise von den Banken vor dem Bankrott bewahrt worden. Was ist zu tun?

Ausschlaggebend für die Entwicklung der Aktienkurse ist die zukünftige Gewinnentwicklung der Unternehmen. Die steigenden Unternehmensgewinne waren der Auslöser für die Kurssteigerungen der letzten Jahre, die Hoffnung auf noch weiter steigende Gewinne haben die Kursexplosionen herbeigeführt und die Enttäuschung über spätere Gewinnwarnungen die Kurseinbrüche. Entscheidend ist daher die Einschätzung der zukünftigen Gewinnentwicklung der Aktiengesellschaften.

Gewinnentwicklung der Aktiengesellschaften

Kein Experte kann die langfristige Entwicklung der Gewinne der Aktiengesellschaften voraussagen. Interessant ist aber eine Analyse der Gründe, die in den vergangenen Jahren zu den Gewinnsteigerungen geführt haben. Eine Reihe von Umständen kam zusammen, die ein historisch selten günstiges Umfeld für Aktien geschaffen haben. Es spricht viel dafür, dass diese Faktoren auf Dauer nicht so günstig bleiben werden. Die Unternehmensgewinne werden deshalb nicht unbedingt fallen, aber ihre Steigerung verläuft wahrscheinlich langsamer. Und das wird gravierende Konsequenzen für die Aktienkurse haben, wie sich am Börsenverlauf seit einiger Zeit ablesen lässt. Was hat die gewaltige Gewinnsteigerung, die zum letzten Börsenboom führte, ausgelöst?

Niedrige Zinsen

Die Aktienkurse reagieren in normalen Zeiten stark auf die Entwicklung der Zinsen. Sinken die Zinsen, werden nicht nur die Renditen der festverzinslichen Wertpapiere unattraktiver. Auch die Unternehmen können sich günstiger finanzieren, niedrigere Kreditkosten führen direkt zu höheren Betriebsgewinnen. Verbraucherkredite werden billiger, der Konsum und die Investitionen steigen, die Wirtschaft wächst und mit ihr auch die Unternehmensgewinne. Zinssenkungen sind das bekannteste Mittel der Notenbanken, um das Wirtschaftswachstum zu fördern.

Die Zinsen hatten in den neunziger Jahren einen historischen Tiefstand erreicht. Ein so niedriges Niveau wie seit 1998 hatten sie in den Jahrzehnten davor noch nie. Diese Zinssenkung hat massiv zur positiven Gewinnentwicklung der Unternehmen beigetragen. Was ist für die Zukunft zu erwarten? Können die Zinsen noch weiter fallen, werden sie auf niedrigem Niveau verharren oder wieder steigen? In den letzten fünfzig Jahren hat es keine Phase gegeben, in der die Zinsen über Jahrzehnte niedrig waren. Das Auf

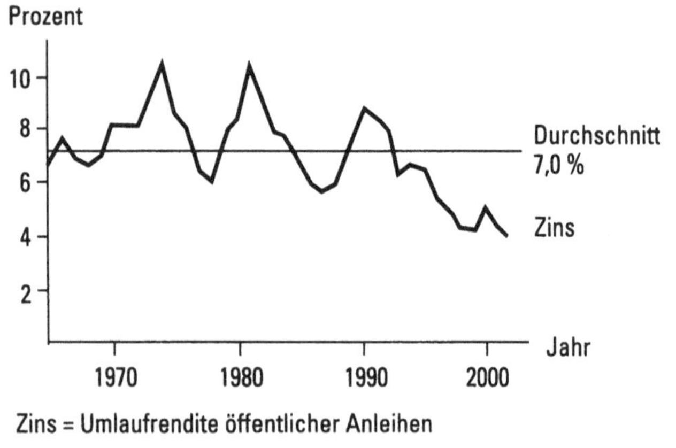

Abbildung 24: Die Zinsen lagen in den letzten Jahren auf historisch niedrigem Niveau

und Ab der Konjunkturentwicklung hat immer wieder dazu geführt, dass die Bundesbank die Zinsen hochgesetzt hat, um Inflation und konjunkturelle Überhitzung zu vermeiden. Im langfristigen Durchschnitt von 1960 bis 2002 lag die Umlaufrendite bei 7,0 Prozent. Die Höchstsätze betrugen 1974 und 1981 sogar 10,6 Prozent. Die Europäische Zentralbank wird von allen Seiten beobachtet, ob sie genauso strikt gegen die Inflation kämpft wie früher die Bundesbank. Es ist unrealistisch, von dauerhaft niedrigen Zinssätzen über die nächsten Jahrzehnte auszugehen. Der Zinstrend wird also langfristig auf eine Normalisierung und damit weniger starke Steigerung der Unternehmensgewinne hin wirken.

Shareholder Value

Den Wert des Unternehmens an der Börse zu steigern ist das erklärte Ziel fast aller Topmanager. Kein Tag vergeht, an dem nicht irgendein Vorstandsvorsitzender in der Presse darauf hinweist, dass eine Reorganisation seines Unternehmens bevorsteht, die den Gewinn und damit den Aktienkurs weiter steigern soll. Führten früher Rationalisierungsmaßnahmen und massenhafte Entlassungen zu Proteststreiks und einem schlechten Firmenimage, werden sie heute mit einem Kursfeuerwerk an der Börse gefeiert. In der Vergangenheit bemühten sich die Finanzvorstände der Unternehmen, möglichst viele stille Reserven in den Bilanzen zu verstecken und die Gewinnsituation zu verschleiern. Aber in den achtziger Jahren setzte langsam ein Wandel ein. In den USA wurden viele Unternehmen, deren Börsenkurs nicht ihren wahren Wert repräsentierte, von Übernahmespezialisten mit Krediten aufgekauft. Um die Kredite zurückzuzahlen, wurden die Firmen dann reorganisiert oder zerschlagen und einzelne Firmenteile mit Gewinn weiterverkauft. Am Ende war die Summe der Teile mehr wert als vorher das Ganze. Die alten Manager verloren ihren Job und die Aktienkurse stiegen. Davon profitierten auch die institutionellen Investoren, Investmentfonds und Pensionskassen, deren Manager allein auf die Rendite für ihre Geldgeber achten. Sie erhöhten den Druck auf die Vorstände, die Aktienkurse zu steigern. Gleichzeitig entdeckten die Manager der Aktiengesellschaften, dass eine

Steigerung der Kurse auch der beste Schutz gegen feindliche Übernahmen ist. Denn dadurch werden die Unternehmen so teuer, dass mit einer kreditfinanzierten Übernahme keine großen Gewinne mehr zu machen sind und das Risiko für den Übernehmer zu hoch wird. So können die Vorstände durch eine Steigerung der Aktienkurse nicht nur ihre Gewinnbeteiligung erhöhen, sondern auch ihren Job doppelt absichern.

Was zunächst in den USA begann, setzte sich auch in Europa immer mehr durch. Schwappte die Welle frühzeitig nach England, ist nun seit einigen Jahren auch in Deutschland der Shareholder Value die Messlatte für das Management. Statt Gewinne zu verstecken, werden sie gezeigt und wer nicht mit laufenden Gewinnsteigerungen glänzen kann, wird von den Investoren abgestraft. Fast alle großen deutschen Aktiengesellschaften haben im Lauf der letzten Jahre eine oder sogar mehrere Umstrukturierungen durchgemacht. Konzentration auf das Kerngeschäft lautete die Devise. Unrentable Unternehmensteile wurden abgestoßen und die freigewordenen Mittel in den eigentlichen Unternehmenszweck investiert, um im Kerngeschäft einen möglichst großen Marktanteil zu erringen, der höheren Gewinn verheißt.

Es hat also in den letzten Jahren eine folgenreiche Umorientierung unter den deutschen Managern stattgefunden. Erklärtes Ziel aller Vorstände ist, die Rendite auf das eingesetzte Kapital zu erhöhen. Die Aktionäre haben von diesem Trend nur profitiert. Wird dies in der Zukunft so weitergehen? Es ist kaum vorstellbar, dass angesichts der Internationalisierung der Kapitalmärkte und der besseren Information der Anleger der Druck auf die Manager nachlassen wird. Aber können sie zukünftig noch solche Gewinnzuwächse erwirtschaften wie in der Vergangenheit? Eine über Jahrzehnte verkrustete Unternehmensstruktur aufzubrechen kann ungeahnte Gewinnpotenziale freilegen. Die Auflösung jahrelang gebildeter stiller Reserven kann kurzfristig die Bilanzgewinne kräftig erhöhen. Aber danach wird es schwieriger, die Kapitalrendite im gleichen Tempo zu steigern. Die einfachen Rationalisierungs- und Bilanzierungsmaßnahmen, die zu schnellen Erfolgen führen, sind ausgeschöpft. Zukünftiges Gewinnwachstum ist nur noch über den Markt zu erzielen. Es spricht also vieles dafür, dass das Potenzial für schnelle Gewinnsteigerungen durch Umstrukturierung traditioneller Unternehmen schon weitgehend genutzt ist. Gewinnschübe wie in der Vergangenheit sind zukünftig davon nicht mehr zu erwarten.

Personalkosten

Mit der Reorganisation der Unternehmen gingen häufig Massenentlassungen einher. Die ohnehin schon hohe Arbeitslosigkeit wurde dadurch noch verstärkt. Wer seinen Job behalten hatte, stellte vorsichtshalber keine zu hohen Forderungen. Die Verhandlungsposition der Gewerkschaften in den Tarifverhandlungen wurde schwächer und die Steigerung der Löhne und Gehälter auch. Durch die Entlassungen wurden die Lohnkosten der Aktiengesellschaften erheblich gesenkt. Jede angekündigte Massenentlassung wird von der Börse mit Kurssteigerungen honoriert. Gleichzeitig sorgten die moderaten Lohnerhöhungen dafür, dass auch die noch verbliebenen Mitarbeiter die Personalkosten nicht zu sehr zu Lasten der Gewinne steigern konnten. Das stärkere Wachsen der Gewinne gegenüber den Löhnen und Gehältern schlägt sich nicht nur in den Geschäftsberichten der Großunternehmen nieder, sondern hinterlässt seine Spuren auch in der Statistik der Gesamtwirtschaft. Für jedes Jahr lässt sich dort nachprüfen, wie hoch der Anteil der Löhne und Gehälter am gesamten Volkseinkommen ist.

1960 lag ihr Anteil bei 60 Prozent. In den nächsten 22 Jahren stieg er bis auf 77 Prozent, und der Anteil der Einkommen aus Unternehmertätigkeit und Vermögen ging entsprechend zurück. Während von 1960 bis 1980 die Summe der Einkommen aus unselbständiger Arbeit sich versechsfachte, stieg die Summe der Einkommen aus Unternehmertätigkeit und Vermögen nur um das Dreifache. Die Aktienkurse entwickelten sich in diesem Zeitraum kaum. Ab 1983 sank der Anteil der Löhne und Gehälter wieder. 1990 hatte er wieder 70 Prozent vom Volkseinkommen erreicht, ungefähr den Stand von 1971. Parallel stiegen an den Börsen die Kurse.

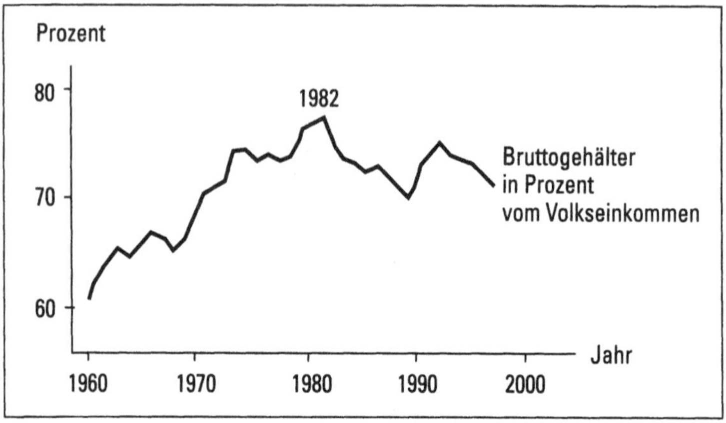

Abbildung 25: Der Anteil der Personalkosten am Volkseinkommen sinkt wieder

Welche Annahmen sind für die Entwicklung der Personalkosten in der Zukunft plausibel? Wird die Position der Gewerkschaften weiter so schwach bleiben? Können die Unternehmen unbegrenzt weiter Arbeitskräfte entlassen? Schon heute ist ein Teil des Personalabbaus nur eine Verlagerung. Vorher unternehmensintern durchgeführte Arbeiten werden an externe Dienstleister vergeben. Diese arbeiten aufgrund ihrer Spezialisierung zum Teil effizienter, zum Teil mit billigerem Personal. Diese Personalkostenreduzierung stößt aber dann an ihre Grenzen, wenn die Arbeitskräfte knapp werden.

Gut ausgebildete Arbeitnehmer werden in Zukunft aber immer weniger zur Verfügung stehen. Die Bevölkerungsentwicklung führt dazu, dass das Personalangebot schrumpft. In den nächsten Jahren ist noch ein leichter Anstieg zu erwarten. Aber ab dem Jahr 2009 nimmt die Zahl der Deutschen im arbeitsfähigen Alter ab, zunächst langsam, ab 2015 immer schneller.

Die Zahl der 20- bis 59-Jährigen sinkt vom Jahr 2010 bis zum Jahr 2030 um über 9 Millionen. Prozentual noch stärker ist der Rückgang bei den Berufsanfängern. Die Gruppe der 18- bis 25-

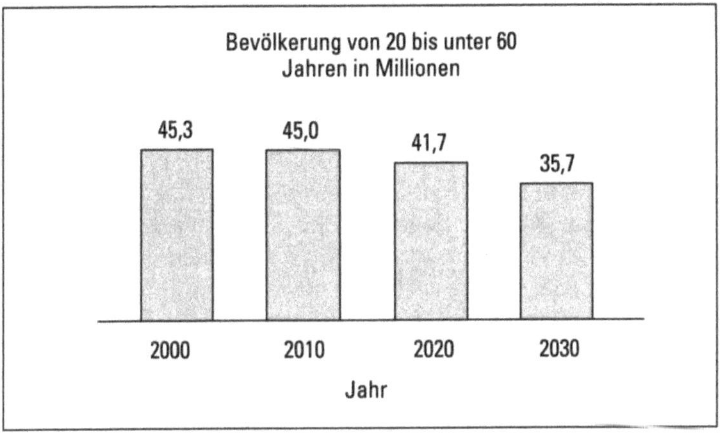

Abbildung 26: Schrumpfende Arbeitsbevölkerung sorgt für steigenden Personalkostendruck

Jährigen reduziert sich im selben Zeitraum sogar um 26 Prozent. Die Position der Arbeitnehmer in den Tarifverhandlungen wird dann wieder stärker werden und die Unternehmen müssen mit steigendem Personalkostendruck rechnen. Langfristig wird die Bevölkerungsentwicklung also das Gewinnsteigerungspotenzial der Aktiengesellschaften negativ beeinflussen.

Wirtschaftswachstum

Auch aus gesamtwirtschaftlicher Sicht spricht vieles dafür, dass die Gewinne nicht wie in der Vergangenheit weiter steigen werden. Seit 1993 sind die Unternehmensgewinne erheblich schneller gewachsen als die Gesamtwirtschaft. Die Deutsche Bundesbank hat die Jahresabschlüsse von fast 22.000 Unternehmen untersucht. In den fünf Jahren von 1993 bis 1998 haben sich die Jahresergebnisse vor Steuern im Durchschnitt verdoppelt. Die Gewinnsteigerungen der letzten Jahre haben sogar die positiven Ergebnisse aus dem Boom nach der deutschen Wiedervereinigung deutlich übertroffen. In den Zahlen des Statistischen Bundesamtes ist eine ähnliche Entwicklung wiederzufinden. Die Unternehmensgewinne werden dort für 1998 um über 60 Prozent höher ausgewiesen als noch 1993. Im selben Zeitraum wuchs das Bruttosozialprodukt nur um 16 Prozent.

Kann diese Entwicklung so weitergehen? Was passiert, wenn die Unternehmensgewinne dauerhaft um 10 Prozent pro Jahr wachsen, die gesamte Wirtschaft aber nur mit 3 Prozent jährlich? Die Gewinne würden sich ungefähr alle 7 Jahre verdoppeln, das Bruttosozialprodukt nur alle 23 Jahre. Legt man die Werte von 1998 zugrunde, würde sich das Bruttosozialprodukt in den nächsten 42 Jahren auf fast 7 Billionen Euro erhöhen. Die Unternehmensgewinne würden allerdings im selben Zeitraum auf fast 15 Billionen Euro steigen. 1998 betrugen die Gewinne 14 Prozent des Bruttosozialprodukts. Im Jahr 2028 wären sie genauso hoch wie das ganze Bruttosozialprodukt bei 3 Prozent Wachstum und im Jahr 2040 mehr als doppelt so hoch. Durch den Zinseszinseffekt steigen die Gewinne um ein Vielfaches schneller und ihr Anteil am Bruttosozialprodukt wächst überproportional.

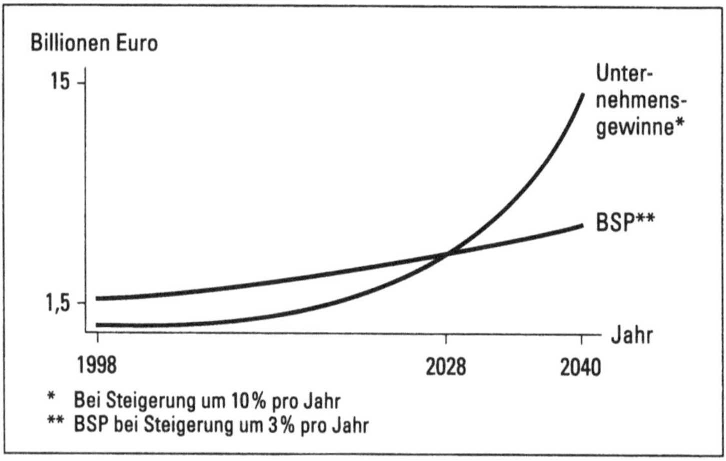

Abbildung 27: Die Unternehmensgewinne können langfristig nicht viel stärker als das Bruttosozialprodukt steigen

Ist es denkbar, dass schon in 40 Jahren ein Großteil unserer Wirtschaftsleistung aus Unternehmensgewinnen besteht und die Arbeitseinkommen nur noch ein Drittel des Bruttosozialprodukts ausmachen? Dass das Wirtschaftswachstum sich verdoppelt, mitgerissen von der anhaltenden Gewinnsteigerung? Zwar wird sich durch die wachsenden Vermögen auch der Anteil der Einkünfte aus Unternehmertätigkeit und Vermögen am Bruttosozialprodukt erhöhen, aber nicht annähernd in diesem Tempo. Die Wachstumsgeschwindigkeit der Gesamtwirtschaft und der Unternehmensgewinne können langfristig nicht so stark auseinanderfallen. In der Vergangenheit gab es immer wieder Zeiträume, in denen sich die Gewinne schnell erhöhten, aber danach folgten auch regelmäßig Phasen stagnierender oder sogar sinkender Unternehmensergebnisse. Im Boom der fünfziger Jahre stiegen die Gewinne rasant, danach wuchsen die Arbeitseinkommen und ihr Anteil am Bruttosozialprodukt über 20 Jahre viel schneller als die Unternehmensgewinne. In den letzten 20 Jahren hat das Gewinnwachstum wieder die Steigerung der Löhne und Gehälter überflügelt. Nichts spricht dafür, dass das noch 40 Jahre so bleiben wird.

Angebot und Nachfrage

Die Gewinnsteigerung allein löst noch keinen Kursgewinn aus, erst die daraus resultierende Nachfrage nach den Aktien treibt den Kurs in die Höhe. Unabhängig von positiven Gewinnentwicklungen gibt es aber auch noch andere Gründe, warum die Nachfrage nach Aktien steigen kann. In den letzten Jahren waren dies vor allem Unternehmensübernahmen und wieder die Bevölkerungsentwicklung.

Im Zuge der Globalisierung ist der Wettbewerbsdruck für die Unternehmen immer größer geworden. Die besten Wachstumschancen und Gewinnmöglichkeiten werden den Firmen eingeräumt, die den größten Marktanteil haben. Darum versuchen immer mehr Aktiengesellschaften, sich nicht durch Tätigkeit in zu vielen Geschäftsfeldern zu verzetteln. Kapitalkraft und Managementfähigkeiten sollen gezielt auf wenige Geschäftsfelder konzentriert werden, Randbereiche werden verkauft. Das dadurch hereinkommende Geld wird weltweit in die Erhöhung des Marktanteils in den übrigen Geschäftsbereichen investiert. Die Marktdurchdringung kann schneller erhöht werden, wenn man einen Wettbewerber aufkauft, als in mühsames internes Wachstum zu investieren. Darum bezahlt man lieber eine Prämie auf den Aktienkurs des übernommenen Unternehmens, als über Jahre selbst Marktanteile aufzubauen. Erleichtert wird dies noch durch niedrige Zinsen und bereits hohe Kurse der eigenen Aktien, mit denen die Übernahmen teilweise bezahlt werden. Die Börsen belohnen diese Strategie mit noch höheren Aktienkursen, die nächste Übernahme wird dadurch noch leichter. Die Fusionen und Unternehmenskäufe steigern so nicht nur den Kurs einzelner Firmen, sondern durch ihre Häufigkeit auch die Aktienindizes. Privatanleger und Fondsgesellschaften treiben die Kurse von möglichen Übernahmekandidaten schon vorher in die Höhe, indem sie gezielt Aktien von Unternehmen kaufen, bei denen mit einer Übernahme gerechnet wird. So schafft die Nachfrage nach Aktien selbst neue Nachfrage, und da das Angebot bei Unternehmensübernahmen begrenzt ist, sind sprunghafte Kurssteigerungen die Folge.

Wird diese Entwicklung andauern? Die Zahl der Übernahmen hat sich in den letzten Jahrzehnten immer weiter erhöht. Und die Dimensionen der einzelnen Transaktionen wurden immer gigantischer. Während in den achtziger Jahren eine Übernahme im Wert von 20 Milliarden Dollar noch Aufsehen erregte, bewegen sich die Summen heute im 100-Milliarden-Dollar-Bereich. Zwischendurch hat es aber auch erhebliche Einbrüche der Übernahmeaktivitäten gegeben. In Zeiten steigender Zinsen und fallender Aktienkurse gab es weit weniger Fusionen und Unternehmensaufkäufe. Theoretisch wurden zwar die Kaufkandidaten billiger, aber praktisch fielen die Finanzierungsmöglichkeiten der Käufer noch schneller. Die Kredite wurden zu teuer und man konnte auch nicht mit im Kurs überhöhten Aktien bezahlen. Kapitalerhöhungen brachten zu wenig Geld in die Kassen, die Finanzierung über neue Aktionäre war also auch nicht mehr so billig. Daher warteten die Konzernmanager bis zur nächsten günstigen Gelegenheit.

Die Logik der Globalisierung wird auch weiterhin immer größere Unternehmenseinheiten fordern, der Prozess der weltweiten Unternehmenszusammenschlüsse scheint noch lange nicht abgeschlossen. Aber er verläuft zyklisch und bei jedem Marktabschwung wird auch die hektische Übernahmeaktivität in sich zusammenfallen. So wie im Boom die Übernahmen die Kurse zusätzlich hochtreiben, wird die dann fehlende Nachfrage die Kurse um so mehr zusammenbrechen lassen.

Die Bevölkerungsentwicklung schafft ebenfalls zusätzliche Nachfrage. Die geburtenstarken Jahrgänge des Babybooms kommen jetzt in das mittlere Alter. Ihre Einkommen erhöhen sich und ihre Ersparnisse noch mehr. Eine ganze Generation kümmert sich verstärkt um die Vermögensbildung. Ihr Geld muss angelegt werden. Festverzinsliche Papiere bringen wenig Ertrag und die Immobilienmärkte sind weitgehend gesättigt. Zwar haben die Kursrückgänge der letzten Jahre den Optimismus etwas gedämpft, aber die Erinnerung an die Kurssteigerungen der Jahre davor ist noch lebendig und die lange Seitwärtsbewegung der Jahre von 1960 bis 1980 bestenfalls Geschichte. Nicht selbst erarbeitetes Geld aus Erbschaften muss zusätzlich investiert werden und erhöht noch die Risikobereitschaft. Also fließen riesige Kapitalströme der privaten Anleger in die Aktienmärkte. Der Aktienanteil am Geldvermögen, der 1980 noch bei 5 Prozent lag, ist zwischenzeitlich wieder auf über 10 Prozent gestiegen. Die zusätzliche Nachfrage wirkt positiv auf die Kurse.

Wird dieser Trend anhalten? Die geburtenstarken Jahrgänge werden noch für 10 bis 15 Jahre die Anlagemärkte positiv beeinflussen. Zwischen den Jahren 2010 und 2015 dreht sich der Trend um. Die älteren Jahrgänge mit den niedrigeren Einkommen und noch niedrigeren Sparquoten stellen einen immer größeren Teil der Bevölkerung und die mittleren Jahrgänge werden weniger zahlreich. Die Bevölkerungsentwicklung beeinflusst die Vermögensbildung über die nächsten Jahrzehnte negativ, der Anlagedruck entspannt sich und damit auch die Nachfrage nach Aktien. Allerdings wird die Summe des jährlich neu anzulegenden Geldes dadurch nicht sinken, sondern nur weniger stark wachsen. Der positive Trend zu höheren Einkommen, die auch die Ersparnisse verbessern, ist viel wirkungsvoller als der negative Einfluss der Bevölkerungsentwicklung. Nicht abzusehen ist dabei zur Zeit, wie stark sich die zusätzliche öffentliche Förderung der privaten Altersvorsorge auf die Sparquote auswirken wird.

Durch das Altern der Bevölkerung entsteht noch ein weiterer Effekt, dessen Wirkung heute schwer abzuschätzen ist. Wie wird sich die Babyboom-Generation verhalten, wenn sie das Rentenalter erreicht? Wird sie ihre Aktienbestände halten? Mit Sicherheit wird sie mit dem Näherrücken des Alters nicht noch zusätzlich ins Risiko gehen und den Aktienanteil an ihrem Vermögen erhöhen. Fast alle Anlageberater, die heute Aktien zur Altersvorsorge empfehlen, sprechen gleichzeitig davon, den Aktienanteil mit Erreichen der Altersgrenze zu reduzieren. Was passiert, wenn zwischen den Jahren 2020 und 2030 die geburtenstarken Jahrgänge auf das Rentenalter zugehen? Hören sie auf die Ratschläge der Berater, werden sie Aktien verkaufen und die hoffentlich erzielten Gewinne in risikolosere und planbarere Anlagen für das Alter umwandeln. Dieselben Aktien, die heute als langfristige Anlage für die Altersversorgung in die Depots wandern, werden dann wieder abgestoßen. Das Angebot wird steigen, immer mehr Ältere wollen ihre Aktien verkaufen. Gleichzeitig wird die Nachfrage durch die Bevölkerungsentwicklung in genau diesem Zeitraum geschwächt. Die Alterung der Bevölkerung wird also langfristig eher negativ auf die Aktienkurse wirken.

Gewinnexplosion wird enden

Alle Überlegungen zur zukünftigen Gewinnentwicklung deuten in dieselbe Richtung: Die Kombination von günstigen Einflüssen, die die Gewinne in der Vergangenheit explodieren ließ, wird langfristig nicht anhalten. Niemand weiß, wann diese Situation enden wird, aber alle untersuchten Einflussgrößen werden sich im Laufe der nächsten Jahre und Jahrzehnte voraussichtlich verändern.

Auf die günstigen Zinsen wird irgendwann auch wieder eine Hochzinsperiode folgen, die Personalkosten werden die Gewinne

Trend in der ...	Vergangenheit	Zukunft
Zinsen	↑	→
Umstrukturierung	↑	→
Personalkosten	↑	↓
Aktiennachfrage	↑	→
↑ Trend positiv für Kursentwicklung ↓ Trend negativ für Kursentwicklung		

Abbildung 28: Die positiven Trends für die Börsenkurse werden sich in Zukunft verschlechtern

wieder schmälern, und die Umstrukturierungen werden nicht mehr so kurzfristige Erfolge bringen. Auch die Nachfrage nach Aktien aus anderen Gründen wird langfristig nicht so schnell steigen wie in den letzten Jahren. Die Übernahmeaktivitäten werden abnehmen und mit der Konjunktur sowie den Zinsen hin und her schwanken. Die Bevölkerungsentwicklung, die noch für einige Zeit die Nachfrage stärkt, wird langfristig das Gegenteil bewirken.

Weiche Landung für die Altersversorgung?

Was passiert mit den Aktienkursen, wenn die Gewinne nicht mehr so schnell steigen und die Nachfrage zurückgeht? Wird es einen Crash geben, bei dem die Kurse schlagartig zusammenfallen oder werden sie einfach nur langsamer steigen als bisher? Schließlich wachsen die Gewinne weiter, nur nicht mehr so schnell. Die Kursrückschläge seit dem Jahr 2000 haben bei vielen Anlegern Unsicherheit ausgelöst.

Der Kurs der Aktien spiegelt die zukünftige Gewinnerwartung wider. Je schneller die Gewinne langfristig wachsen, desto höher der Kurs. Messen kann man dies am Kurs-Gewinn-Verhältnis, kurz KGV. Das KGV gibt an, wie hoch der Aktienkurs im Verhältnis zu den Gewinnen ist. Ein Kurs von 100 Euro bei einem Gewinn pro Aktie von 10 Euro bedeutet ein KGV von 10. Würde der Gewinn vollständig ausgeschüttet, hätte der Aktionär eine Rendite von 10 Prozent. Wenn eine vergleichbare Aktie aber in den nächsten Jahren Gewinne von 12, 14 und 16 Euro versprechen würde, wäre es besser, diese Aktie zu besitzen. Selbst wenn sie etwas teurer als 100 Euro wäre, brächte sie immer noch eine höhere Rendite. Die Erwartung steigender Gewinne treibt den Kurs hoch. Leider funktioniert dieser Mechanismus auch umgekehrt. Wenn sich irgendwann herausstellt, dass die Gewinne voraussichtlich nur 11, 12 und 13 Euro betragen werden, korrigiert die Börse den Kurs wieder nach unten. Zwar steigen die Gewinne immer noch, nur nicht so stark wie erwartet. Der Aktienkurs liegt zwar noch über 100 Euro, aber nicht mehr so hoch wie vor der neuen Gewinnanpassung. Trotz steigender Gewinne gibt der Kurs also nach, weil die Gewinnerwartung vorher noch optimistischer war. Wer am Anfang zu 100 Euro gekauft hat, verzeichnet noch einen kleinen Kursgewinn, wer aber gerade vor der Gewinnkorrektur eingestiegen ist, macht Verlust.

Was für die einzelne Aktie zutrifft, gilt auch für die ganze Börse. Wenn für die meisten Aktien die Gewinnerwartungen steigen, erhöhen sich deren Kurse und damit auch der Börsenindex DAX. Werden die Gewinnerwartungen nach unten korrigiert, reagiert auch der DAX negativ. Abbildung 29 zeigt die Renditeentwicklung der wichtigsten deutschen Aktien von 1960 bis 2002.

Immer wieder gab es starke Aufschwungphasen, denen dann Kurseinbrüche oder längere Seitwärtsbewegungen folgten. Insgesamt aber gingen die Kurse immer nach oben. Dabei verliefen die

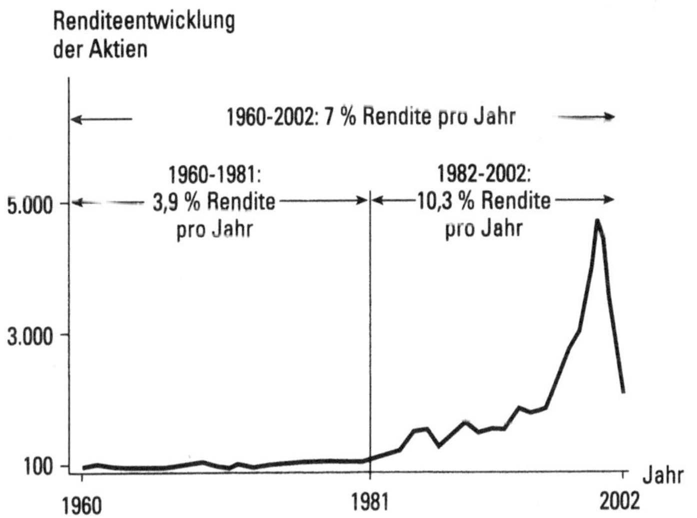

Renditeentwicklung der wichtigsten Deutschen Aktien kumulativ, Basis Ende 1959 = 100. Datenquelle: Stehle, Humboldt-Universität Berlin, Deutsche Börse

Abbildung 29: Durchschnittliche Renditeentwicklung deutscher Aktien von 1960 bis 2002

Renditesteigerungen zwischen 1960 und 1981 mit durchschnittlich 3,9 Prozent pro Jahr sehr niedrig. Danach jedoch schnellten die Kurse nach oben und Aktien erreichten bis 2002 einen mittleren Renditezuwachs von 10,3 Prozent jährlich. Insgesamt betrug die Rendite der wichtigsten deutschen Aktien zwischen 1960 und 2002 im Durchschnitt der Jahre 7,0 Prozent.

Wie wird es weitergehen? Der DAX ist bis zum Frühjahr 2000 steil angestiegen, danach hat er erheblich nachgegeben. Zu Beginn des Jahres 2003 befand sich der DAX-Stand wieder auf dem Niveau von Anfang 1997, nachdem er sich dazwischen fast verdreifacht hatte.

Die Börsenkurse haben also keine „weiche Landung" geschafft, indem sie sich langsam auf gehobenem oder nur leicht reduziertem Niveau eingependelt haben, sondern die Luft ist sehr kontinuierlich aus den aufgeblähten Kursen entwichen.

Was passieren kann, nachdem eine solche Blase geplatzt ist, zeigt das Beispiel Japan. Günstige Zinsen und andere positive Einflüsse trieben die Aktienkurse in ungeahnte Höhen. Innerhalb von fünf Jahren verdreifachten sich die Kurse. Der Börsenindex Nikkei, der 225 verschiedene Aktien umfasst, stand Ende Dezember 1989 bei fast 39.000 Punkten. Ein Kurs-Gewinn-Verhältnis von 70 galt als normal. Das war das Drei- bis Vierfache dessen, was für amerikanische und europäische Aktien üblich war. Nach den gängigen Maßstäben der Börsenanalysten waren japanische Aktien völlig überteuert. Alle Aktiengesellschaften der Welt waren zusammen nur ungefähr zweieinhalbmal soviel wert wie die japanischen Aktiengesellschaften allein. Dennoch gab es neben warnenden Stimmen immer noch genug Manager bei den japanischen Börsenmaklern, die weiter steigende Kurse erwarteten. Viele japanische Privatanleger investierten daher noch ihre sonst niedrig verzinsten Ersparnisse in Aktien, denn auch sie wollten am Boom teilhaben. Dann aber folgte ein steiler Absturz. Die Notenbank erhöhte die Zinsen und Monat für Monat gaben die Kurse weiter nach. Schon nach einem Jahr hatte sich das Kursniveau praktisch

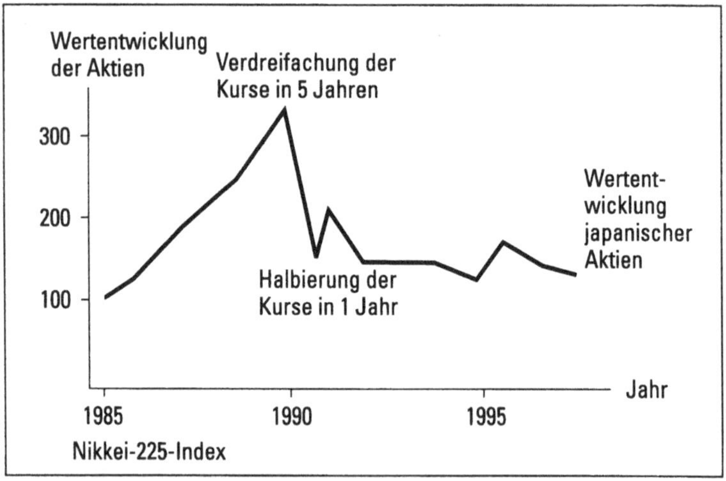

Abbildung 30: Die japanischen Sparer haben eine „harte Landung“ hinter sich

halbiert. Im Frühjahr 1999 war der Index ungefähr wieder dort angekommen, wo er 14 Jahre vorher gestartet war.

Wer auf dem Höhepunkt des Booms eingestiegen war, hatte den früheren Investoren mit seinen Ersparnissen die Gewinne ausbezahlt und konnte selbst nur noch einer gigantischen Kapitalvernichtung zuschauen. Abbildung 30 zeigt, dass der Nikkei-Index nie zu seinem alten Gipfelstand zurückgefunden hat. Ende 2002 stand er bei 8.579 Punkten. Selbst wenn der Index vom Jahr 2003 an über die nächsten Jahre im Durchschnitt um 15 Prozent jährlich steigt, müssen die Anleger, die auf dem Höhepunkt Aktien gekauft haben, noch bis zum Jahr 2013 warten, bis sie ihr eingesetztes Geld zurückbekommen.

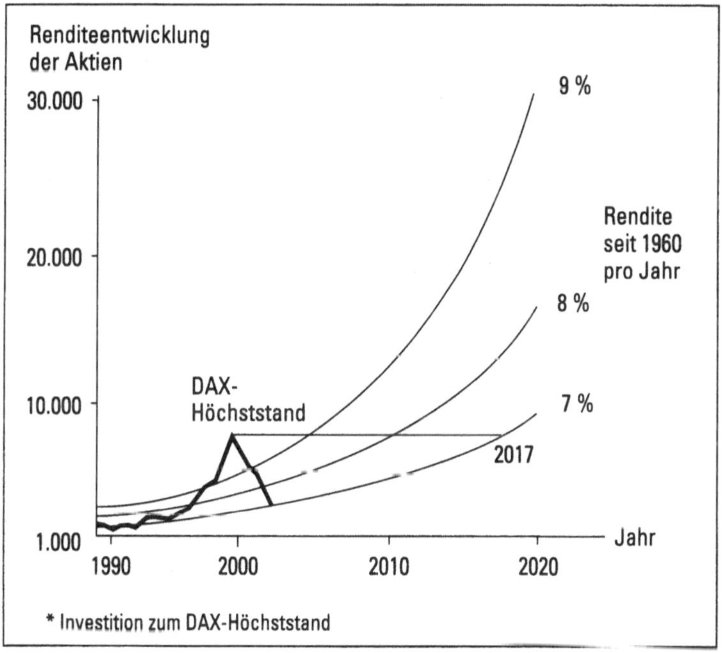

*Abbildung 31: Bei einer Durchschnittsrendite von 7 % pro Jahr brauchen die Anleger noch Jahrzehnte, um ihre Verluste in eine geringe Rendite zu verwandeln**

Die japanische Wirtschaft hat sich bis heute noch nicht vollständig von den Folgen dieses Schocks erholt und die Anleger haben auch nach mehr als einem Jahrzehnt noch drei Viertel ihres Geldes verloren. Kann uns das Gleiche passieren? Wer auf dem Höchststand des DAX in Aktien investiert hat, wird voraussichtlich viel Geduld haben müssen, um eine akzeptable Rendite zu erzielen. Sollten sich Aktien im Durchschnitt der Jahre weiter wie von 1960 bis 2002 rentieren, also mit 7,0 Prozent Rendite jährlich, braucht der Anleger bis zum Jahr 2017, nur um sein anfängliches Investment zurückzuerhalten. Bis zum Jahr 2030 hat er dann eine durchschnittliche Rendite von 2,8 Prozent jährlich erzielt, kaum mehr als mit einem Sparbuch.

Um in absehbarer Zeit eine akzeptable Verzinsung seiner Einlage zu erreichen, müssten die Aktienkurse wieder erheblich anziehen. Abbildung 32 zeigt, dass selbst bei einer durchschnittlichen Rendite am Aktienmarkt von 15 Prozent über die nächsten Jahre der Anleger, der auf dem Höchststand des DAX gekauft hat, noch viel Geduld haben muss. Bis zum Ende des Jahres 2019 müsste er abwarten, um 7 Prozent pro Jahr mit seinem Investment verdient zu haben.

Hat der Aktienmarkt also seine besten Zeiten hinter sich? Anlageberater empfehlen immer wieder Mittel und Wege, die trotzdem zu einer guten Rendite führen sollen. Wer nur den richtigen Einstiegszeitpunkt wählt, die zukunftsträchtigsten Branchen und die wachstumsstärksten Märkte, kann auch in Zukunft überdurchschnittliche Gewinne realisieren. Sind diese Empfehlungen für die private Altersvorsorge geeignet?

Wann ist der richtige Zeitpunkt zum Einstieg?

Tatsächlich verläuft die zukünftige Kursentwicklung nicht gradlinig, sondern ungleichmäßig. Höhen und Tiefen wechseln sich in unregelmäßiger Folge und nicht berechenbarem Ausmaß ab. Per Saldo kam dabei in der Vergangenheit immer ein positives Ergebnis heraus, wenn man nur lange genug abwarten konnte. Auch in

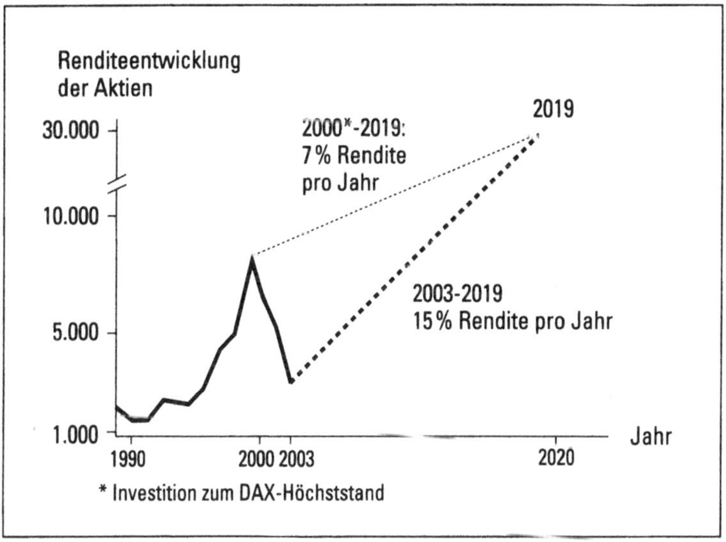

Abbildung 32: Wer zum Dax-Höchststand investiert hat, braucht viele Jahre hoher Wertzuwächse, um eine Rendite von 7 % pro Jahr zu erreichen

Zukunft wird das voraussichtlich nicht anders sein. Allerdings spricht vieles dafür, dass das positive Ergebnis über einen längeren Zeitraum insgesamt nicht so hoch ausfallen wird, wie viele Anleger in den neunziger Jahren glaubten. Andererseits bieten gefallene Kurse die Chance, günstig einzusteigen und die Rendite zu verbessern. Timing, der richtige Zeitpunkt des Ein- und Ausstiegs, ist entscheidend für den Anlageerfolg.

Allerdings ist die Problematik hier dieselbe wie immer: Niemand kennt diesen Zeitpunkt vorher. Welcher Moment der Richtige war, stellt sich immer erst im Rückblick heraus. Viele Anlageberater empfehlen daher, gleichmäßig über einen längeren Zeitraum immer wieder neu zu investieren. So könne man Höhen und Tiefen ausgleichen und würde zwar nicht den besten aller Zeitpunkte zum Einstieg genommen haben, aber auch nicht den schlechtesten. Gerade dem langfristigen Sparen für die Altersversorgung kommt dieser Gedanke entgegen. Schließlich legt man nicht nur einmal einen größeren Betrag beiseite, um sich dann nicht mehr um das Sparen für das Alter zu kümmern. Meist spart man monatlich oder in anderen regelmäßigen Abständen einen Teil seines Einkommens, um etwas für die Altersvorsorge zu tun. Bei der Lebensversicherung oder bestimmten Sparplänen ist dies sogar im Voraus festgelegt. Bei der Altersvorsorge mit Aktien ergibt es sich also häufig automatisch, dass regelmäßig über einen längeren Zeitraum kleinere Beträge investiert werden.

Führt dies wirklich zu einem guten mittleren Kurs beim Einstieg? Tatsächlich ist die Wirkung eine andere. Wer über 20 Jahre jedes Jahr am Jahresanfang für 1.000 Euro Aktien kauft, hat sicherlich am Anfang weniger in Aktien investiert, am Ende mehr. Ob dies aber vorteilhaft ist, hängt nicht an den Einzahlungsterminen, sondern nach wie vor allein am Kursverlauf. Steigen die Kurse am Anfang der 20 Jahre schnell und zum Ende nur langsam, erzielt man einen niedrigeren Gewinn als bei einer anfänglich niedrigen, später aber stärkeren Steigerung. Die Rendite für jedes einzelne Jahr ist immer dieselbe, aber man hat in der Phase der starken Steigerung am Ende der Laufzeit schon eine größere Summe investiert, also erzielt man auch eine größere Summe als Ertrag. Im Falle einer negativen Kursentwicklung funktioniert es genauso. Fallen die Kurse am Anfang schnell, dann aber nicht mehr, war man nur mit kleinen Beträgen in der Verlustphase engagiert. Verläuft die Börsenentwicklung dagegen am Anfang neutral, zum Ende hin aber stark negativ, nimmt man an der schlechten Entwicklung mit einem größeren angesparten Betrag teil und verliert daher mehr.

Am Beispiel der Börsenentwicklung der Vergangenheit lässt sich die Wirkung illustrieren. Hätte man ab 1961 zu Beginn jedes Jahres 1.000 Euro an der Börse investiert, wäre bis Ende 1980 ein Betrag von 31.278 Euro zusammengekommen. Das Investment wäre 20.000 Euro gewesen. Diese Summe, einmalig am Beginn des Jahres 1961 angelegt, hätte zu einem Betrag von 31.855 Euro geführt. Da die Börse sich in diesen 20 Jahren nur mäßig aufwärts entwickelt hat, besteht praktisch kaum ein Unterschied. Ganz anders sieht es aus, wenn man 1979 begonnen hätte. 1.000 Euro, über 20 Jahre investiert, hätten zu einem Ergebnis von 121.232 Euro geführt. 20.000 Euro, zu Beginn der Periode einmalig angelegt, wären dagegen zu einem Vermögen von 267.728 Euro angewachsen, mehr als dem Doppelten. Hier hätten die vollen 20.000 Euro von den Kursprüngen der achtziger Jahre profitiert, während bei der kontinuierlichen Anlage nur kleinere Beträge an der starken Kurssteigerung teilgenommen hätten.

Sie bekommen also durch die regelmäßige Anlage zwar einen durchschnittlichen Kurs, aber die Frage nach dem richtigen Anlagezeitpunkt ist damit nicht beantwortet. Mit dem gleichmäßigen Investieren zu bestimmten Zeitpunkten entscheidet man lediglich, diese Frage zu ignorieren. Denn kein noch so erfahrener Börsenexperte kann den richtigen Zeitpunkt für den Ein- und Ausstieg am Aktienmarkt vorhersagen.

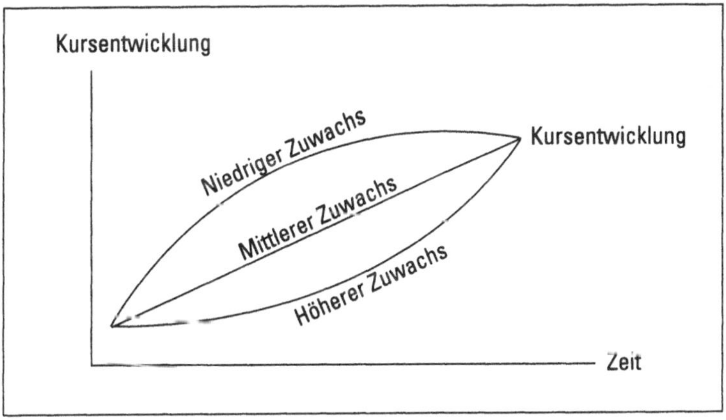

Abbildung 33: So wächst Ihr Vermögen bei regelmäßiger Aktieninvestition

Mit Risikokapital zur Rente?

Wenn auch die Aktienkurse insgesamt nicht mehr so stark steigen, gibt es doch immer einzelne Aktien oder Marktsegmente, die sich besser als der Durchschnitt entwickeln. Beispielhaft dafür waren zum Ende der neunziger Jahre Technologie-Aktien, insbesondere Internet-Werte. Viele dieser Aktien verzeichneten, kaum waren die Unternehmen an die Börse gegangen, gigantische Wertzuwächse. Der Markt, in dem diese Firmen tätig sind, wächst viel schneller als die Gesamtwirtschaft. Umsatzzuwächse von 30 bis 50 Prozent von Jahr zu Jahr sind bei diesen Unternehmen keine Seltenheit. Entsprechend groß war die Hoffnung auf rapide steigende Gewinne und anziehende Aktienkurse. Meist waren diese Werte schon bei der Emission völlig überzeichnet und der Kurs sprang in den ersten Tagen manchmal auf das Doppelte oder Dreifache.

Inzwischen hat sich gezeigt, dass die Kurse dieser Unternehmen häufig nur durch die Phantasie der Anleger gestützt wurden. Die meisten dieser Firmen verzeichnen kaum Gewinne. Der Kurs wurde nur durch die Hoffnung auf die Zukunft beflügelt. Ob die Zukunft aber die erhofften Gewinne bringt, ist mehr als fraglich. Gewinnwarnungen und Zahlungsunfähigkeit sind an der Tagesordnung. Zu schnell entwickeln und ändern sich die Technologien und Märkte. Heutige Innovationen sind morgen schon wieder veraltet. Wettbewerber kopieren die Erfolgskonzepte und schmälern die Marktanteile und Renditen. Wie viele dieser jungen Unternehmen in fünf Jahren noch existieren werden, weiß niemand. Die ersten Insolvenzen sind bereits erfolgt.

Professionelle Risikokapitalfirmen waren schon seit Jahren in diesem Markt tätig. Sie haben aufstrebende Unternehmen mit Kapital unterstützt – in der Hoffnung auf zukünftige hohe Gewinne. Diese Risikokapitalfirmen haben die Erfahrung gemacht, dass sich viele ihrer Beteiligungen als wertlos herausgestellt haben. Manche haben sich nur mittelmäßig entwickelt, und einige wenige sind extrem erfolgreich geworden. Diese erfolgreichen Engagements müssen die Verluste der anderen wettmachen. Da das Geschäft riskant ist und selbst die professionellen Risikokapitalgeber den Erfolg der Firmen nicht vorhersagen können, streuen sie ihr Kapital breit in der Hoffnung, eine ihrer Beteiligungen werde sich vielleicht wie Microsoft entwickeln. Sie arbeiten auch nicht mit eigenem Geld, sondern mit dem Kapital großer institutioneller Investoren, zum Beispiel Versicherungsgesellschaften und Pensionskassen. Die sind sich der Gefahren ebenfalls bewusst und investieren nur kleine Beträge in Risikokapitalfonds. An den jungen Technologieunternehmen, die an die Börse gebracht werden, sind häufig schon Risikokapitalfonds beteiligt. Viele realisieren beim Börsengang oder danach einen Teil ihrer Gewinne. Manche wollen den nötigen Kapitalbedarf für das Wachstum des Unternehmens nicht weiter zur Verfügung stellen, weil sie nicht zuviel auf eine Karte setzen wollen. Häufig findet eine Mischung aus beidem statt: Ein Teil der Aktien wird beim Börsengang verkauft und so der Gewinn des anfänglichen Investments gesichert. Der Rest wird behalten in der Hoffnung, dass er zukünftig mit noch mehr Profit verkauft werden kann. Wenn diese Rechnung nicht aufgeht, hat der Börsengang selbst schon genug Gewinn gebracht, um für die Investoren eine gute Rendite zu erzielen.

Sollte man wirklich einsteigen, wenn die professionellen Kapitalgeber aussteigen? Kann man sich überhaupt das Risiko eines Totalverlustes leisten? Sicher nicht bei der Altersversorgung. Solche Aktien sind etwas für Anleger, die auf das Geld nicht angewiesen sind. Bestenfalls eignen sie sich zur Beimischung, und auch dann muss man breit streuen und sich darüber im Klaren sein, dass es eine Geldanlage ist, die teilweise den Charakter einer Wette oder eines Spiels hat. Zur Alterversorgung sind diese Aktien zu riskant.

Zahlen die jungen Tiger die zukünftigen Renten?

Einige Anlagestrategen sehen die Märkte der Zukunft in Asien, Südamerika und Osteuropa. Die jungen wachsenden Tigerstaaten in Südostasien versprechen ein schnelles Wachstum. Wie im Deutschland der fünfziger Jahre steht eine junge und zunehmend besser ausgebildete Bevölkerung bereit, um nach westlichem Vorbild in der Marktwirtschaft ihren Erfolg zu suchen. So wie einst

Japan und dann Taiwan es vorgemacht haben, folgen nun Singapur, Thailand, Indonesien und sogar Vietnam. Das schnelle Wachstum der Volkswirtschaft sorgt für höhere Unternehmensgewinne und die Börsenkurse steigen entsprechend. Die besten Erfolge mit Aktien waren seit 1985 fast ausnahmslos in den aufstrebenden Marktwirtschaften in Südostasien, Südamerika und Osteuropa zu erzielen. 1986 stiegen die Börsenkurse auf den Philippinen fast auf das Fünffache, 1990 in Venezuela auf das Siebenfache und 1993 in Polen auf mehr als das Achtfache. Gewinne von über 250 Prozent in einem Jahr, wie 1988 in Indonesien, oder über 100 Prozent, wie 1998 in Südkorea, nehmen sich dagegen fast bescheiden aus. Die Bewohner der westlichen Industriestaaten können an diesem Boom teilhaben. Nicht mit ihrer Arbeitskraft, aber mit ihrem Kapital. Anfang der neunziger Jahre flossen Milliardenbeträge aus europäischen und amerikanischen Investmentfonds in diese aufstrebenden Länder.

Leider erwies sich die wirtschaftliche Entwicklung auch hier nicht als Einbahnstraße. Die Wirtschaftskrise in Südostasien, die bald danach folgte, ließ die Börsenkurse zusammenbrechen und der Währungsverfall verschärfte die Verluste für die Ausländer noch zusätzlich. Wer nicht rechtzeitig ausgestiegen oder zu spät eingestiegen war, musste schmerzliche Verluste in Kauf nehmen. Es spricht vieles dafür, dass diese Volkswirtschaften noch über Jahre ein höheres Wachstum verzeichnen werden als die westlichen Industrienationen. Und das wird sich auch in den Unternehmensgewinnen und Börsenkursen niederschlagen. Aber gleichzeitig sind die Marktrisiken, die Währungsrisiken und, wie das Beispiel Indonesien zeigt, auch die politischen Risiken zu groß, um die Altersversorgung darauf aufzubauen. Auch diese Aktien eignen sich nur in geringem Ausmaß zur Beimischung für ein schon bestehendes Aktiendepot.

Noch einmal: Aktien für die Altersversorgung?

Sind Aktien also für die Altersversorgung geeignet? Man weiß nicht, welche Rendite Aktien wirklich bringen werden, auch wenn man die Ergebnisse der letzten 100 Jahre studiert. Die Vergangenheit hat keine Aussagekraft für die Zukunft. Vieles spricht allerdings dafür, dass sich die hohen Erträge der achtziger und neunziger Jahre nicht so schnell wiederholen werden. Auch schärfen die jüngsten Kurseinbrüche den Blick dafür, dass es lange Perioden mit negativen oder nur mageren Renditen gegeben hat. Zwar stellen Aktien einen Sachwert dar und sollten so besser vor Inflation schützen als Rentenpapiere. Während der hohen Inflation Anfang der siebziger Jahre hat sich das jedoch nicht bewahrheitet.

Die Konsequenz ist, dass Aktien zur Altersversorgung geeignet sind, aber der Anteil am Gesamtvermögen nicht zu hoch sein sollte. Zwar kann man Glück haben und möglicherweise gut verdienen. Aber mit vernünftiger und systematischer Planung der Altersvorsorge haben diese Gewinne nichts zu tun. Wer einen zu großen Teil seiner Altersversorgung auf Aktien aufbaut, kann leicht das Gegenteil erleben. Unerwartete Verluste dezimieren das Vermögen und da man zu viel in Aktien investiert hatte, können die anderen Anlagen die Verluste nicht ausgleichen. Der Aktienanteil darf also nicht zu hoch sein. Außerdem sollte man genug Zeit haben, um Verlustphasen auszusitzen, damit man nicht in einer negativen Börsenphase verkaufen muss. Die Vergangenheit hat gezeigt, dass selbst über 20 Jahre negative reale Renditen möglich sind. Man sollte also nicht nur rechtzeitig ein-, sondern auch rechtzeitig wieder aussteigen. Wenn das Alter näherrückt, sollte man nicht bis zum letzten Moment warten, um sein Aktiendepot zugunsten sicherer Anlagen zu reduzieren. Niemand weiß, in welcher Verfassung sich die Aktienmärkte zum Zeitpunkt des Abschieds aus dem Arbeitsleben befinden. Zukünftige Rentner sollten sich etwaige Gewinne rechtzeitig sichern. Und sie sollten nicht mit zu hohen Renditen rechnen. Die Börse kann die Probleme der Altersvorsorge nicht lösen.

3.2 Immobilien

Ein eigenes Haus gibt Sicherheit. Fast alle Menschen würden gern ein eigenes Haus oder zumindest eine eigene Wohnung besitzen.

Viele sparen über Jahre und Jahrzehnte, um diesen Traum zu verwirklichen. Dabei vermischen sich zwei Motive. Ein eigenes Dach über dem Kopf, umgeben von einem eigenen Grundstück und einem Zaun, befriedigt zentrale menschliche Bedürfnisse nach Sicherheit, Raum zum Leben und Abstandswahrung. Beim Wohnen möchte man nicht von Vermietern abhängig sein, sondern selbst die Kontrolle haben. Insofern ist die Entscheidung für eine eigene Immobilie eine emotionale Angelegenheit, die sich wirtschaftlicher Betrachtung nur begrenzt erschließt.

Auf der anderen Seite ist der Kauf und Besitz eines Hauses oder einer Wohnung aber eine sehr reale wirtschaftliche Entscheidung. Für viele Menschen ist der Immobilienkauf das größte und weitreichendste wirtschaftliche Unternehmen, das sie außerhalb ihres Berufs betreiben. Die finanziellen Folgen eines Immobilienkaufs reichen in der Regel über Jahrzehnte. Gerade für das Alter spielt die Mischung aus emotionalen und wirtschaftlichen Faktoren eine wichtige Rolle. Das eigene Haus war schon immer ein klassisches Instrument der privaten Altersvorsorge. In jungen Jahren mit gutem Einkommen finanziert, sorgt es für preiswertes Wohnen im Alter, wenn das Haus entschuldet ist und die Einkünfte geringer sind. Außerdem mag man im Alter nicht mehr so gern die Wohnung wechseln, und aus den eigenen vier Wänden kann einen niemand vertreiben. Gleichzeitig schützt die Immobilie vor Inflation, und wenn man eines Tages tatsächlich in ein Altenheim muss, kann das Haus immer noch vermietet oder verkauft und mit dem Erlös das Altenheim bezahlt werden.

Es gibt allerdings auch einige emotionale und wirtschaftliche Argumente, die gegen eine Immobilie sprechen. Jedes Haus und jede Wohnung verursacht Erhaltungsaufwand und, wird sie vermietet, auch noch Verwaltungskosten und häufig Ärger. Gleichzeitig ist man „immobil“, ein Haus zu verkaufen ist etwas anderes als eine Wohnungskündigung und das gebundene Kapital ist illiquide. Man kann nicht kurzfristig sein Vermögen anders investieren, sondern ist über Jahre festgelegt und muss langfristig hohe monatliche Belastungen tragen. Der Sicherheit und Freiheit beim

Wohnen stehen also zunächst häufig Bindung und Unfreiheit im finanziellen Bereich gegenüber.

Die emotionalen Faktoren und der Nutzwert einer selbst bewohnten Immobilie unterscheiden die eigenen vier Wände von jeder anderen Form der Altersvorsorge. Wenn also im Folgenden die wirtschaftlichen Erfolgsfaktoren einer Immobilieninvestition untersucht werden, so kann das immer nur ein Teilaspekt der Entscheidung für oder gegen den Kauf eines Hauses oder einer Wohnung sein. Immobilien stehen im Ruf, auch wirtschaftlich ein gutes und sicheres Investment zu sein. Nur diese Seite der Altersvorsorge mit Immobilien soll geprüft werden.

Immobilienrendite

Vor zwei Generationen hätte man für das berühmte Butterbrot ein Grundstück kaufen können. Leider war für die meisten Menschen damals das Essen wichtiger als eine Immobilie. Denn die Preise für Bauland sind danach gewaltig gestiegen, und wer zu dieser Zeit gekauft hat, ist mit ungeahnten langfristigen Wertsteigerungen belohnt worden, von denen häufig noch die nächste Generation profitiert. So haben sich die Baulandpreise im Bundesdurchschnitt allein zwischen 1962 und 1998 mehr als verzehnfacht. Wer noch früher gekauft hat oder eine heute besonders gesuchte Lage besitzt, konnte noch größere Wertsteigerungen verzeichnen.

Im Durchschnitt stiegen die Baulandpreise seit 1962 um 6,5 Prozent jährlich. Anders als Aktien erwiesen sich Immobilien auch als guter Inflationsschutz. Während der starken Geldentwertung zwischen 1970 und 1982 schnellten die Baulandpreise sogar um über 11 Prozent im Jahr in die Höhe.

Inflation, steuerliche Förderung und Nachfrage machten die Immobilien zu einer begehrten Anlage, deren Wert sich immer weiter nach oben entwickelte. Nicht umsonst sprach man in den siebziger Jahren vom „Betongold“. Aktien galten als uninteressantes Investment. Jeder, der konnte, versuchte mit wenig Eigenkapital

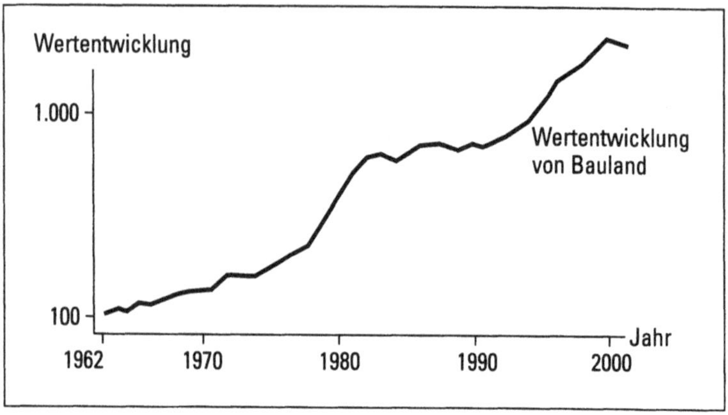

Abbildung 34: Die Baulandpreise stiegen im Durchschnitt um 6,5 Prozent jährlich von 1962 bis 2001

Immobilien zu kaufen, um so an den Wertzuwächsen teilzuhaben und gleichzeitig noch seine Steuerlast zu reduzieren. Viele schauten sich die Lage gar nicht mehr genau an, sondern kauften Wohnungen in Form von Bauherrenmodellen aus dem Prospekt.

Danach entwickelte sich der Markt allerdings nicht mehr so stürmisch. Von 1982 bis 1995 erhöhte sich das jährliche Preisniveau für Bauland gerade um 1,7 Prozent. Am Markt für Eigentumswohnungen gab es zum Teil Preisrückgänge im zweistelligen Prozentbereich. Auch der Immobilienmarkt erwies sich nicht als Einbahnstraße.

Selbst bewohnte Immobilien

Wie werden sich die Werte der Immobilien zukünftig entwickeln? Ist die Wertentwicklung überhaupt so wichtig, wenn man die Wohnung selbst bewohnt? Wirtschaftlich entscheidend sind zwei Fragestellungen. Erstens: Welche Rendite erwirtschaftet die selbst bewohnte Immobilie? Zweitens: Wäre es wirtschaftlich sinnvoller, zur Miete zu wohnen und die gesparte Investitionssumme anderweitig anzulegen?

Inflation: Wertzuwachs:	0 % 0 %	2 % 2 %	3 % 3 %	5 % 5 %
Rendite nach...				
10 Jahren	5,3 %	6,9 %	7,8 %	9,4 %
20 Jahren	5,5 %	6,8 %	7,5 %	8,9 %
50 Jahren	5,7 %	6,6 %	6,9 %	8,0 %
Eine Mietwohnung und andere Geldanlage wäre schlechter ab Jahr...	niemals	1	1	1
Annahmen: Keine Unterhaltskosten, keine Kaufkosten, keine steuerliche Förderung, Rendite entspricht der Durchschnittsrendite über die Jahre, Gesamtfinanzierung mit Eigenkapital, Mietrendite 5 % im ersten Jahr, Steigerung der Miete mit der Inflationsrate, Inflationsrate und Wertsteigerung jährlich, Anlage von Überschüssen mit 6 % Rendite.				

Tabelle 9: So würde sich die eigene Immobilie rechnen ohne Nebenkosten und ohne Hypothek

Die Rendite einer Immobilie ergibt sich zunächst aus den Mieteinnahmen und dem Wertzuwachs. Bewohnt man die Immobilie selbst, erzielt man zwar keine Mieteinnahmen, hat dafür aber eine Miete in entsprechender Höhe gespart. Am Anfang besteht die Rendite der privat genutzten Immobilie also aus der Summe von Wertzuwachs und ersparter Miete. Ist zum Beispiel das Haus 250.000 Euro wert und könnte für 12.500 Euro im Jahr vermietet werden, beträgt die Mietrendite 5 Prozent. Steigt das Haus im selben Jahr noch um 2 Prozent im Wert, kommen noch 5.000 Euro Ertrag dazu, die Gesamtrendite beträgt 7 Prozent. Über die Jahre steigt auch die erzielbare Miete. Wenn das Haus vollständig mit Eigenkapital finanziert wurde, ist die Rechnung einfach. Bei durchschnittlichen Mietsteigerungen und Wertzuwächsen von 2 bis 3 Prozent pro Jahr ergeben sich je nach Laufzeit Renditen zwischen 7 und 8 Prozent jährlich. Liegt die anfängliche Miete noch höher, steigt die Rendite entsprechend.

Selbst wenn die Mieten über Jahrzehnte überhaupt nicht steigen und das Haus auch keinen Wertzuwachs verzeichnen würde, käme immer noch eine Rendite von 5 Prozent zustande. Andererseits ist der Eigentümer gegen eine inflationäre Entwicklung gut geschützt. Steigen Mieten und Immobilienwerte jährlich um 5 Prozent, erreicht die Rendite leicht 9 Prozent pro Jahr.

Grundsätzlich hat die selbst genutzte Immobilie also nicht nur emotionale Vorteile, sondern auch eine nach unten abgesicherte akzeptable Nettorendite, die zusätzlich noch einen Inflationsschutz bietet. Nicht umsonst stehen die eigenen vier Wände bei den meisten Menschen an erster Stelle, wenn es um private Altersvorsorge geht. Im Vergleich zu einer alternativen Geldanlage mit einer Rendite von 6 Prozent nach Steuern sieht das Investment in die eigene Immobilie zunächst viel besser aus.

In der Praxis ist die Rechnung jedoch nicht ganz so einfach. Zum einen verursacht ein Haus oder eine Wohnung beim Kauf Kosten, die ein Mieter nicht zu tragen hat. Grunderwerbsteuer, Notargebühr und Maklerprovision summieren sich leicht zu 8 bis 10 Prozent der Kaufsumme. Dieses Geld bringt keine höhere Miete, anders angelegt würde es aber Zinsen erwirtschaften. Außerdem verursacht die Immobilie laufende Kosten, die ein Mieter nur zum Teil tragen müsste.

Inflation: Wertzuwachs:	0 % 0 %	2 % 2 %	3 % 3 %	5 % 5 %
Rendite nach...				
10 Jahren	4,7 %	6,3 %	7,0 %	8,6 %
20 Jahren	5,1 %	6,3 %	7,0 %	8,4 %
50 Jahren	5,5 %	6,2 %	6,7 %	7,7 %
Eine Mietwohnung und andere Geldanlage wäre schlechter ab Jahr...	niemals	7	4	3
Annahmen: Rendite entspricht der Durchschnittsrendite über die Jahre, Gesamtfinanzierung mit Eigenkapital, Mietrendite 5 % im ersten Jahr, Steigerung der Miete mit der Inflationsrate, Inflationsrate und Wertsteigerung jährlich, Anlage von Überschüssen mit 6 % Rendite				

Tabelle 10: So würde sich die eigene Immobilie rechnen mit Unterhaltskosten, Ankaufkosten und Steuerförderung

Dies schmälert die Rendite weiter. Andererseits wird der Immobilienkauf aber steuerlich gefördert, so dass der Eigentümer in den ersten Jahren zusätzliches Geld vom Staat bekommt, auf das ein Mieter verzichten muss. Tabelle 10 zeigt, wie sich die Rendite dadurch ändert. Insbesondere in den ersten Jahren verschlechtern die Erwerbskosten trotz der steuerlichen Förderung den Ertrag. Insgesamt bleibt aber immer noch eine akzeptable Rendite. Allerdings ist eine alternative Anlage zu 6 Prozent kurzfristig besser. Normalerweise braucht die Immobilienanlage ungefähr fünf bis sieben Jahre, um die Anfangskosten wieder auszugleichen.

Meist wird ein Haus aber nicht vollständig mit Eigenkapital bezahlt. Eine gewisse Summe wird angespart und der Rest des Kaufpreises langfristig mit Hypothekendarlehen finanziert. Die Wirtschaftlichkeit einer selbst genutzten Immobilie verschlechtert sich dadurch erheblich. Die Hypothekenzinsen laufen oft über 20 Jahre und länger und können nicht von der Steuer abgesetzt werden. Aus Tabelle 11 kann man ersehen, wie sich die Rechnung

Inflation: Wertzuwachs:	0 % 0 %	2 % 2 %	3 % 3 %	5 % 5 %
Rendite nach...				
10 Jahren	–4,4 %	4,4 %	7,5 %	12,4 %
20 Jahren	–5,6 %	5,5 %	7,9 %	11,5 %
50 Jahren	*	6,2 %	7,5 %	9,6 %
Eine Mietwohnung und andere Geldanlage wäre schlechter ab Jahr...	niemals	30	7	3

* Die mit 6 % verzinsten Zuschüsse der ersten Jahre übersteigen den Wert der Immobilie

Annahmen: Rendite entspricht der Durchschnittsrendite über die Jahre, Gesamtfinanzierung mit 27 % Eigenkapital, Restfinanzierung mit Hypothek zu 7 % Zins und 2 % Tilgung, Mietrendite 5 % im ersten Jahr, Steigerung der Miete mit der Inflationsrate, Inflationsrate und Wertsteigerung jährlich, Anlage von Überschüssen mit 6 % Rendite

Tabelle 11: So würde sich die eigene Immobilie rechnen mit Unterhaltskosten, Ankaufkosten, Steuerförderung und Hypothek

verändert, wenn zum Beispiel 75.000 Euro Eigenkapital vorhanden sind und die restlichen 200.000 Euro mit einem Darlehen finanziert werden.

Die Investition ist nun nicht mehr nach unten abgesichert. Steigen Miete und Immobilienwert nicht, erwirtschaftet die selbst bewohnte Immobilie sogar eine negative Rendite. Nach 50 Jahren ist das Eigenkapital völlig aufgebraucht. Als Mieter wäre man erheblich besser gefahren. Die anfänglichen 75.000 Euro und die monatliche Ersparnis gegenüber den hohen Zins- und Tilgungszahlungen hätten mit 6 Prozent angelegt ein Kapital von 1,4 Millionen Euro ergeben. Auch bei einer niedrigen Miet- und Wertsteigerung von 2 Prozent jährlich rentiert sich die eigene Immobilie erst nach fast 30 Jahren besser als eine alternative Anlage. Mehr Eigenkapital bringt eine bessere Rendite, weniger Eigenkapital führt schnell dazu, dass sich die selbst bewohnte Immobilie nie besser rechnet als ein Leben als Mieter und Anlage des Geldes auf dem Kapitalmarkt. Fällt auch noch die steuerliche Förderung weg, rechnet sich die eigene Immobilie noch schlechter.

Nach so vielen Jahren rentiert sich eine eigene Immobilie besser als eine Mietwohnung:							
Eigenkapital:	0 %	10 %	20 %	30 %	40 %	50 %	100 %
Jahre:	nie	42	35	29	24	19	7
Annahmen: 2 % Inflation pro Jahr, 2 % Wertsteigerung pro Jahr, 6 % Anlagerendite, 7 % Hypothekenzins, 2 % Tilgung, Steigerung der Miete mit der Inflationsrate							

Tabelle 12: Ab wann lohnt eine eigene Immobilie?

Wie lässt sich ermitteln, ob sich eine eigene Immobilie lohnt? Um die Entscheidung zwischen Miete und Kauf nach wirtschaftlichen Kriterien treffen zu können, müssen wieder sehr viele Einflussgrößen vorhergesagt werden.

Bestimmungsfaktoren der Immobilienrendite

Wie die Beispiele zeigen, sind viele Faktoren entscheidend dafür, ob sich eine privat bewohnte Immobilie rechnet. Der Anstieg der Mieten, die Wertsteigerung der Immobilien und die Höhe der Hypothekenzinsen müssten über Jahrzehnte vorausgesagt werden, um eine fundierte Entscheidung treffen zu können. Das ist niemandem möglich, so dass auch hier zunächst die Erfahrungswerte der Vergangenheit als erster Anhaltspunkt dienen.

Wertsteigerungen

Welche Faktoren beeinflussen die Wertsteigerung einer Immobilie? Das Grundstück wird in der Regel von Jahr zu Jahr mehr wert, denn es unterliegt keiner Abnutzung. Das Haus dagegen wird immer älter und müsste eigentlich weniger wert werden. Ohne regelmäßige Renovierungen wäre jedes Haus nach 50 bis 100 Jahren wertlos. Insofern ist ein jährlicher Abschlag zwischen 1 und 2 Prozent vom Anfangswert sinnvoll. Gleichzeitig bestimmt sich der Wert eines gebrauchten Hauses aber auch nach den Kosten für einen Neubau. Der Käufer vergleicht den Preis eines Neubaus mit dem eines gebrauchten Hauses. Wenn dieses noch nicht sehr alt ist, fällt der Preisabschlag häufig niedriger aus als es wirtschaftlich notwendig wäre.

Kostet das Grundstück zum Beispiel 30 Prozent des Gesamtpreises einer Immobilie und steigt jedes Jahr im Wert um 7 Prozent, treibt allein dies den Preis der Immobilie jährlich 2 Prozent in die Höhe. Aber nicht nur Bauland, auch die Preise für Bauleistungen steigen kontinuierlich. Von 1962 bis 1982 kostete der Neubau eines Hauses im Durchschnitt jedes Jahr fast 6 Prozent mehr. Seit 1983 sank die Teuerung allerdings auf 2 Prozent jährlich.

Die Preissteigerungen für Neubauten ziehen auch die Preise für gebrauchte Gebäude mit in die Höhe. Kostet ein vergleichbares Gebäude ein Jahr später bereits 4,4 Prozent mehr, ergibt sich auch bei einer Abschreibung von 1,5 Prozent noch immer eine Wertsteigerung von 2,9 Prozent für das alte Gebäude. Abbildung 35

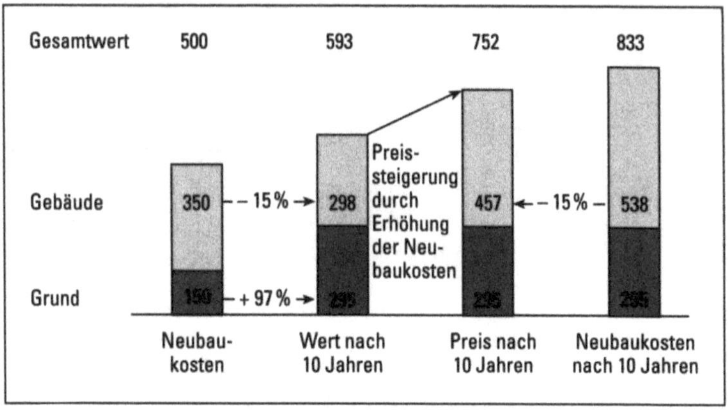

Abbildung 35: Die steigenden Neubaukosten ziehen den Preis alter Gebäude mit nach oben

zeigt, wie die Preisentwicklung für Neubauten auf die Wertsteigerung von gebrauchten Immobilien durchschlägt. Bei einem Grundstücksanteil von 30 Prozent des Kaufpreises und 70 Prozent Anteil des Gebäudes ergibt sich so für ein zehn Jahre altes Haus ein Preisabschlag gegenüber dem Neubau von 10 Prozent statt von 29 Prozent.

Die Verteuerung der Grundstücke und die Steigerung der Baukosten erklären den Wertzuwachs der Immobilien in den vergangenen Jahrzehnten. Wie werden sich diese Faktoren zukünftig entwickeln und damit den weiteren Wertzuwachs der Immobilien beeinflussen? Wenn man verschiedene Annahmen über die möglichen Preissteigerungen der nächsten Jahrzehnte trifft, kann man zumindest abschätzen, in welchem Rahmen sich künftige Werterhöhungen bewegen dürften. Tabelle 13 enthält die Zuwachsraten für heute gebaute Wohnungen und Häuser.

Auf diese Weise ergeben sich Wertsteigerungen zwischen 1 und 4 Prozent pro Jahr. Verteuern sich Grundstücke und Bauarbeiten wie in den letzten 40 Jahren, liegt der Wertzuwachs je nach Grundstücksanteil zwischen 3 und 4 Prozent. Pendelt sich dagegen die Preissteigerung auf dem Niveau der letzten 20 Jahre ein,

Eine Steigerung der...						
Baupreise um	2 %	2 %	3 %	3 %	4 %	4 %
Baulandpreise um	2 %	3 %	4 %	5 %	6 %	7 %
führt zu folgender Erhöhung der Immobilienpreise bei einem Grundstücksanteil von...						
20 Prozent	0,8 %	1,0 %	2,0 %	2,2 %	3,2 %	3,4 %
30 Prozent	1,0 %	1,3 %	2,3 %	2,6 %	3,6 %	3,8 %

Tabelle 13: So kann sich der Wert der Immobilien entwickeln

ist nur mit einem Wertzuwachs von 1 Prozent im Jahr zu rechnen.

Mietsteigerung

Die nächste Einflussgröße ist die Entwicklung der Mieten. Sie stiegen zwischen 1962 und 2001 um durchschnittlich 4,4 Prozent pro Jahr. Auch hier ist bis 1982 wieder ein besonders hoher Zuwachs von 5,6 Prozent zu verzeichnen gewesen. Seit 1983 verteuerten sich die Mieten nur noch um 2,9 Prozent im Durchschnitt der Jahre.

Tatsächlich lagen die Steigerungen der Mietzahlungen in diesem Zeitraum jedoch viel höher. Die Deutschen haben nicht nur mehr Miete für denselben Wohnraum bezahlt, sondern auch größere und besser ausgestattete Wohnungen gemietet. Dies hat dazu geführt, dass die Ausgaben für das Wohnen überproportional gestiegen sind. Betrug der Anteil der Wohnungsmiete 1960 noch 10 Prozent des verfügbaren Einkommens, waren es 1995 bereits 18 Prozent.

Wovon hängt die Mietsteigerung ab? Wichtige Einflussgrößen sind das Verhältnis von Angebot und Nachfrage und die Inflation. In den sechziger Jahren überstieg die Nachfrage das Angebot erheblich, da die im Krieg zerstörten Wohnungsbestände noch nicht wieder vollständig neu aufgebaut waren. Die Folge waren Mieterhöhungen weit über der Inflationsrate.

Anfang der siebziger Jahre war der Markt dann weitgehend ausgeglichen. Die Mietpreise folgten in etwa der Inflationsrate. Da die Wohnungsmärkte aufgrund der Bauzeiten immer eine gewisse Zeit benötigen, um auf Nachfrageänderungen zu reagieren, führt steigende Nachfrage durch das Wachsen der Bevölkerung zu einer weiteren Mietsteigerung. Sinkende Nachfrage durch eine schrumpfende Bevölkerung sorgt für weniger starke Mieterhöhungen.

Wie werden sich Inflation und Bevölkerung in den nächsten Jahrzehnten entwickeln? In Kapitel 2.4 haben wir bereits gesehen, dass es unmöglich ist, die Inflationsrate zu prognostizieren. Die Bevölkerungsentwicklung lässt sich aber sehr gut vorhersehen, wenn man von einer etwaigen zukünftig stärkeren Einwanderung absieht. Nach der Prognose des Statistischen Bundesamtes nimmt die Wohnbevölkerung kontinuierlich ab. Die Nachfrage nach Wohnraum ist zwar nicht direkt von der Bevölkerung abhängig, sondern eigentlich von der Zahl der Haushalte. Durch Veränderungen in der Familienstruktur und immer mehr Singles kann die Zahl der Haushalte konstant bleiben, auch wenn die Bevölkerung

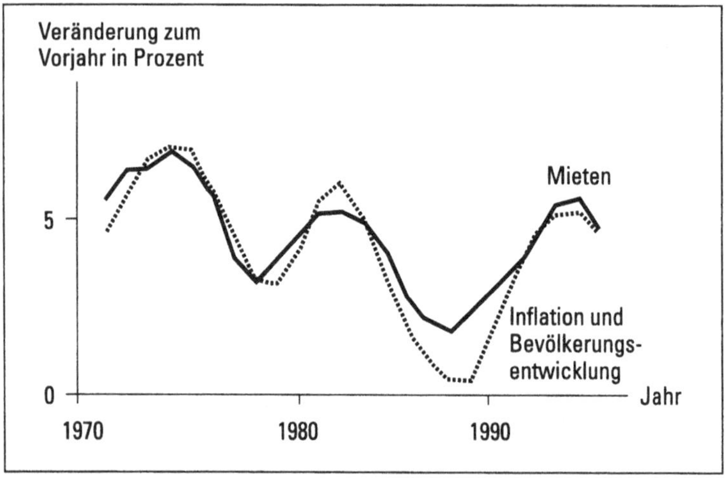

Abbildung 36: Die Mieten stiegen mit der Inflation und dem Bevölkerungszuwachs

schrumpft. Ein leichtes Absinken der Bevölkerungszahl führt so noch nicht zu einem Nachfragerückgang. Aber ab dem Jahr 2009 nehmen die Bevölkerungszahlen immer schneller ab, und dies wird in Form sinkender Nachfrage auf den Wohnungsmarkt durchschlagen. Entsprechend wird die Bevölkerungsentwicklung zu niedrigeren Mietsteigerungen beitragen. Für langfristige Annahmen zur Entwicklung der Mieten bedeutet dies, dass eher mit einem Mietanstieg in Höhe der Inflationsrate und nicht mit einer größeren Steigerung gerechnet werden sollte.

Hypothekenzinsen

Die Zinsen für langfristige Kredite zur Baufinanzierung lagen in den letzten Jahren ungewöhnlich niedrig. Langfristig bewegten sich die Zinsen auf weit höherem Niveau.

Im Durchschnitt betrugen die Hypothekenzinsen 8 bis 8,5 Prozent. Dabei lagen sie in der Regel um ungefähr 1 Prozent über der Umlaufrendite, dem durchschnittlichen Ertrag festverzinslicher Wertpapiere. Die wiederum bewegte sich ungefähr 4 Prozent über der Inflationsrate. Da also die Hypothekenzinsen letztlich von der Inflationsrate abhängen, sind sie genauso wenig prognostizierbar wie diese. Bei Berechnungen von zukünftigen Wertentwicklungen

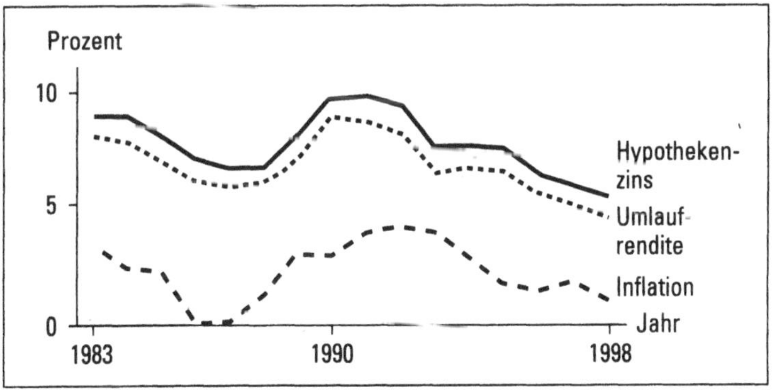

Abbildung 37: Die Hypothekenzinsen steigen und fallen mit der Inflation

von Immobilien sollte man aber berücksichtigen, dass die Inflation nicht nur die Preise für Häuser und Wohnungen steigen lässt, sondern auch ihre Finanzierungskosten.

Die Bevölkerungsentwicklung beeinflusst die Nachfrage

Die Bevölkerungsentwicklung führt langfristig zu einer Verminderung der Haushalte und damit zu weniger Wohnungsnachfrage. Aber der Bedarf an Wohnungen sinkt nicht nur mengenmäßig, auch die Art der Nachfrage wird sich verändern. Als die geburtenstarken Jahrgänge der sechziger Jahre anfingen, eigene Haushalte zu gründen, stieg in den achtziger Jahren die Nachfrage nach kleinen Wohnungen. Für die noch nicht so einkommenstarken Ein- oder Zwei-Personen-Haushalte wurden vor allem Ein- bis Drei-Zimmer-Wohnungen benötigt. Die Preise für diese Wohnungen stiegen, große Wohnungen waren schwerer zu vermieten und zu verkaufen. Inzwischen ist die Babyboom-Generation älter geworden, verdient besser und hat selbst Kinder bekommen. Große Wohnungen und Häuser werden benötigt, und der Markt spiegelt diese Entwicklung wider. Die Nachfrage nach Einfamilienhäusern steigt, und die Quadratmeter-Mieten für große Wohnungen liegen inzwischen über denen für kleinere. Doch diese Entwicklung wird in den nächsten Jahrzehnten wieder in das Gegenteil umschlagen. Die Struktur der Nachfrage wird sich durch die Bevölkerungsentwicklung wieder zugunsten der kleineren Wohnungen verschieben. Heute stehen ungefähr 15,3 Millionen Menschen im Alter zwischen 30 und 40 Jahren mit steigendem Wohnraumbedarf 9,5 Millionen Älteren ab 70 gegenüber, deren Wohnraumbedarf eher sinkt. Bereits im Jahr 2010 wird sich das Verhältnis erheblich verändert haben. Die Zahl der 30- bis 40-Jährigen ist bis dahin auf ungefähr 11 Millionen geschrumpft. Dafür ist die Gruppe der 70 Jahre und älteren auf 12 Millionen angestiegen. Bis zum Jahr 2030 ist das Verhältnis auf 10 Millionen Jüngere zu 14 Millionen Älteren umgekippt.

Für den, der ein Haus oder eine größere Wohnung gekauft oder gebaut hat oder dies plant, wird die Entwicklung der Bevölkerung erhebliche Bedeutung haben. Während heute die große zusätzliche Nachfrage die Preise hochtreibt, wird in Zukunft genau das Gegenteil der Fall sein. Das Verhältnis von potenziellen Käufern zu potenziellen Verkäufern schlägt völlig um.

Kommen heute fast drei Jüngere auf zwei Ältere, ist es in dreißig Jahren nur noch einer. Schon in zehn Jahren wird die durch den Babyboom ausgelöste zusätzliche neue Nachfrage nach großem Wohnraum verschwunden sein, während sich die Zahl der Älteren, die großen Wohnraum zugunsten kleinerer Flächen freimachen, schon um ein Fünftel erhöht hat. Dieser Trend setzt sich in den folgenden Jahrzehnten kontinuierlich fort. Die Zahl derer, die in 30 Jahren große Wohnungen und Häuser verkaufen wollen, wird die Anzahl an Haushalten, die so viel Wohnraum neu benötigen, weit übersteigen. Dieses Überangebot wird sich auf die Preise auswirken. Das Preisniveau wird gedrückt werden, und die Preisentwicklung der Einfamilienhäuser und großen Wohnungen wird unter dem Durchschnitt des Immobilienmarktes liegen. Wer also heute ein Haus besitzt oder in Kürze kaufen möchte, sollte langfristig nicht von den hohen Wertsteigerungen der Vergangenheit ausgehen. Wahrscheinlicher ist, dass ein heute neu gebautes Haus in 30 Jahren zwar mit Gewinn, aber nur zu

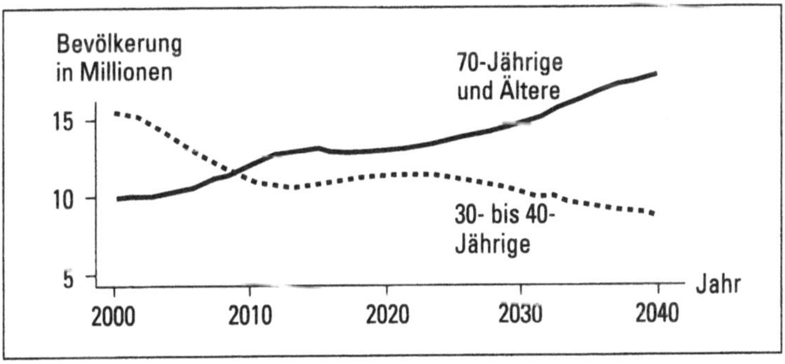

Abbildung 38: Die Nachfrage nach großen Wohnungen sinkt langfristig

einem gedrückten Preis verkauft werden kann, und es wird längere Zeit dauern, bis ein Käufer gefunden ist. Kauft man heute ein gebrauchtes Haus, das schon 20 oder 30 Jahre alt ist, zahlt man jetzt zwar einen hohen Preis, wird es aber in 30 Jahren möglicherweise überhaupt nicht mehr verkaufen können. Zu groß ist dann das Angebot an preiswerten neueren Immobilien. Lediglich das Grundstück wird dann noch von Interesse sein. Aber auch dafür wird angesichts des Verhältnisses von Angebot und Nachfrage möglicherweise nicht so viel bezahlt werden, wie man heute hofft. Viele, die ihr Haus nicht zum gewünschten Preis verkaufen können, werden es zunächst in der Hoffnung auf bessere Zeiten vermieten. Dadurch wird das Angebot am Mietwohnungsmarkt erhöht und so auch dort für niedrigere Mietsteigerungen gesorgt.

Wie wird sich die Immobilie wirklich rechnen?

Dieselbe Bevölkerungsentwicklung, die schon die Renten schmälert, wird also auch die Wertentwicklung der Immobilien beeinträchtigen. Die Gesamtnachfrage nach Wohnungen wird weniger stark wachsen, schließlich sogar schrumpfen. Dabei wird es zu erheblichen Verschiebungen innerhalb der einzelnen Marktbereiche kommen. Insbesondere der Bedarf an großen Wohnungen und Häusern wird stark sinken. Wenn das eigene Haus Teil der Altersversorgung ist, sollte man die zukünftige Wertentwicklung und Mietersparnis eher vorsichtig ansetzen. Kommt keine starke Inflation, sind die Wertzuwächse der Vergangenheit nicht mehr zu erreichen. Und auch die Mieten für große Wohnungen und Häuser werden nicht mehr so stark in die Höhe schnellen. Für gute Vermietbarkeit muss aus Konkurrenzgründen wahrscheinlich öfter renoviert werden, um das Angebot attraktiv zu halten.

Die emotionalen Gründe für den Bau oder Kauf eines eigenen Hauses ändert dies alles nicht. Aber die wirtschaftliche Seite ist vor diesem Hintergrund eher noch vorsichtiger zu beurteilen. Berücksichtigt man eine geringere Wertsteigerung und höhere Renovierungskosten bei der Berechnung zukünftiger Immobilienrenditen, fallen die in Tabelle 10 und 11 dargestellten Werte noch schlechter aus.

Im Ergebnis erweist sich die selbst genutzte und vollständig mit Eigenkapital finanzierte Immobilie immer als gute Anlage. Sie erwirtschaftet mittel- und langfristig eine dem Kapitalmarkt entsprechende Rendite. Der Unterschied zum Wohnen zur Miete ist allerdings nicht groß. Fällt die Wertsteigerung etwas geringer aus, ist dafür auch der Nachteil des Immobilienkaufs gegenüber dem Leben als Mieter nicht besonders ausgeprägt.

Inflation: Wertzuwachs:	3 % 3 %	3 % 2 %	3 % 3 %	3 % 2 %
Eigenkapital:	100 %	100 %	30 %	30 %
Rendite nach...				
10 Jahren	6,7 %	6,1 %	3,5 %	0,3 %
20 Jahren	6,9 %	6,5 %	4,9 %	2,4 %
50 Jahren	7,0 %	6,9 %	6,3 %	5,7 %
Eine Mietwohnung und andere Geldanlage wäre schlechter ab Jahr...	nie	nie	nie	nie
Annahmen: Rendite entspricht der Durchschnittsrendite über die Jahre, Hypothek zu 8 % Zins und 2 % Tilgung, Anlage von Überschüssen mit 7 % Rendite, Steigerung der Miete mit der Inflationsrate, Unterhalts- und Renovierungskosten 1,5 % vom Gebäudepreis				

Tabelle 14: So würde sich die eigene Immobilie rechnen, wenn die Wertsteigerung geringer ausfällt

Problematischer wird die Situation, wenn man nur wenig Eigenkapital besitzt und eine hohe Hypothek aufnehmen muss, um ein Haus oder eine Wohnung kaufen zu können. Bei 30 Prozent Eigenkapital und 70 Prozent Kreditfinanzierung rechnet sich die eigene Immobilie nie besser als die Geldanlage auf dem Kapitalmarkt. Die hohen Zinsen für die Hypothek führen zu einer drastischen Minderung der Rendite. Besonders in den ersten Jahren, wenn noch wenig vom Kredit getilgt ist, rentiert sich das Wohneigentum deutlich schlechter. Fällt die Wertsteigerung niedriger aus, verschlechtert sich die Rendite noch einmal deutlich.

Unter finanziellen Gesichtspunkten lohnt sich eine eigene Immobilie also nur, wenn man bereits beim Kauf viel Eigenkapital mitbringt und lange darin wohnt. Eine stark verschuldete Immobilie dagegen ist in den meisten Fällen keine gute Geldanlage. Daher leistet sie auch keinen großen Beitrag zur Altersversorgung. Im Gegenteil, sie bindet kurz- und mittelfristig erhebliches Kapital, engt den finanziellen Spielraum über Jahre ein und die zukünftigen Verkaufsmöglichkeiten sind aufgrund der Bevölkerungsentwicklung ungewisser denn je. Finanziell sinnvoll wird der Kauf eines Hauses oder einer Wohnung erst dann, wenn mindestens die Hälfte des Kaufpreises und der Kaufnebenkosten mit Eigenkapital bezahlt werden können, die steuerliche Förderung hoch ist und man davon ausgehen kann, dass man die Immobilie mindestens 20 Jahre nutzt. Sind diese Voraussetzungen nicht gegeben, bringt eine andere Geldanlage voraussichtlich mehr Ertrag.

Außerdem kann man die Vermögenssubstanz, die in einer Immobilie steckt, erst dann verbrauchen, wenn man Haus oder Wohnung verkauft. Will man im Alter aber in den eigenen vier Wänden wohnen bleiben, profitiert man nur von der gesparten Miete. Das gebundene Vermögen und damit auch der Wertzuwachs, der einen Teil der Rendite bildet, bleibt ungenutzt, es sei denn, man verkauft die Immobilie gegen eine Leibrente. Entsprechend höher müssen die Sparanstrengungen sein, um mit anderen Geldanlagen den restlichen Teil des Lebensstandards zu finanzieren.

3.3 Lebensversicherung

Bei privater Vorsorge für das Alter denken die meisten Deutschen zunächst spontan an eine Lebensversicherung. Dreiviertel aller Berufstätigen-Haushalte besitzen mindestens eine Lebensversicherung, bei den 30- bis 49-Jährigen steigt die Zahl sogar auf über 80 Prozent. Damit ist die Kapitallebensversicherung das klassische Anlageinstrument für die private Altersversorgung.

So klar die Entscheidung der Anleger für die Lebensversicherung ist, so umstritten ist sie bei vielen Anlageexperten. Gerade vor dem Hintergrund des Börsenbooms der neunziger Jahre wurde immer wieder auf die im Vergleich zu Aktienfonds niedrige Rendite verwiesen. Viele Kritiker halten die Abschluss- und Verwaltungskosten der Versicherungsgesellschaften für zu hoch und im Falle der vorzeitigen Vertragsbeendigung die Rückkaufwerte für zu niedrig.

Was ist von diesen Argumenten zu halten? Sicher ist, dass eine Lebensversicherung überhaupt nur lohnt, wenn der Vertrag bis zum Ende der Laufzeit aufrecht erhalten wird. Muss man vorher kündigen und sich das Guthaben auszahlen lassen, macht man meist ein schlechtes Geschäft. Die Rückkaufwerte liegen in der Regel so niedrig, dass man mit allen anderen Anlageformen besser gefahren wäre. Man sollte also nur dann eine Lebensversicherung abschließen, wenn man überzeugt ist, den Vertrag auch bis zum Ende der Laufzeit bedienen zu können.

Aber selbst dann sind viele Finanzexperten der Meinung, dass die Lebensversicherung ein schlechtes Investment ist. Wie kann man sie mit anderen Anlageformen vergleichen? Zunächst ist mit Abschluss des Versicherungsvertrages die Familie finanziell abgesichert, falls der Versicherte unerwartet sterben sollte. Das bietet keine andere Anlageform. Dieses Ziel könnte man jedoch auch mit einer reinen Risikolebensversicherung erreichen, die erheblich weniger kostet. Den Großteil der darüber hinausgehenden Beiträge der Kapitallebensversicherung verwendet die Versicherungsgesellschaft nach Abzug der Abschluss- und Verwaltungskosten zur Vermögensanlage. So wird aus regelmäßigen Zahlungen über die Jahre hoffentlich das Vermögen, das bei Abschluss des Vertrages in Aussicht gestellt wurde. Dabei hat die Lebensversicherung gegenüber vielen anderen Anlageformen den Vorteil, dass eine bestimmte Mindestverzinsung, zur Zeit 3,25 Prozent, garantiert wird. Diese zugesicherte Rendite bezieht sich aber nur auf den Teil der Beiträge, die wirklich angelegt werden. Um sicher zu stellen, dass die Versicherer diese Verzinsung auch erreichen, müssen sie allerdings eine Reihe von Einschränkungen bei der Vermögensanlage hinnehmen.

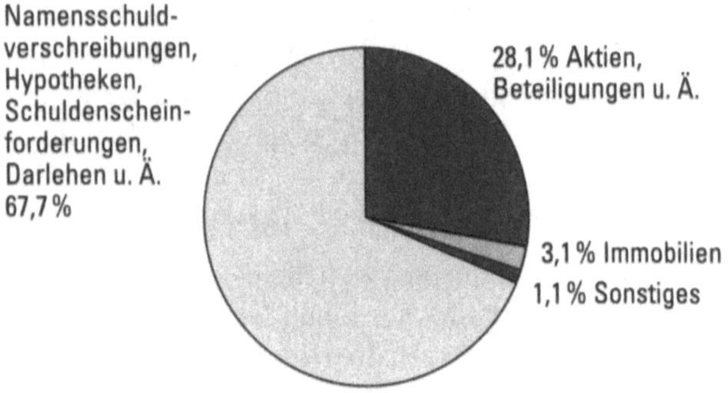

Stand 1999. Quelle: Gesamtverband der deutschen Versicherungswirtschaft

Abbildung 39: So legt die Versicherungsgesellschaft das Geld ihrer Kunden an

Um das Risiko gering zu halten, darf zum Beispiel der Aktienanteil an den Vermögensanlagen 35 Prozent nicht überschreiten. In der Praxis besteht somit der größte Teil der Vermögenswerte bei den Versicherern aus festverzinslichen Anlagen wie Hypotheken, festverzinslichen Wertpapieren und Namensschuldverschreibungen.

Mit dieser konservativen Anlagestruktur lassen sich keine Renditen wie am Aktienmarkt erzielen, aber in der Vergangenheit war es dennoch bei fast allen Versicherern immer mehr als die garantierte Mindestverzinsung. Die Nettoverzinsung, die mit diesen Geldanlagen erreicht wurde, bewegte sich meist zwischen 7 und 8 Prozent. Einen Überblick über die Nettoverzinsung deutscher Lebensversicherungen gibt Abbildung 40.

Diese Erträge werden aber nicht alle den Versicherten gutgeschrieben. Zunächst muss ein Anteil für das Sterberisiko abgezogen werden, danach die Abschluss- und Verwaltungskosten der Versicherungsgesellschaft. Wie viel den Versicherten bleibt, zeigt Tabelle 15.

Dabei ist zu berücksichtigen, dass es sich bei diesen Renditen um völlig unverbindliche Prognosen der Versicherer handelt. Ob eine

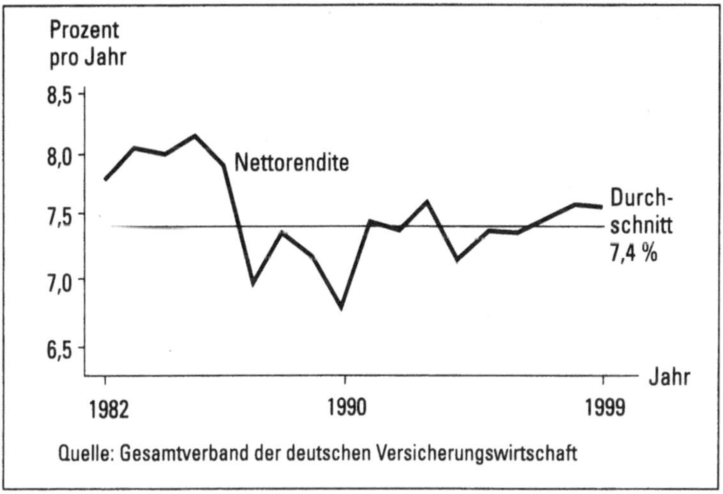

Abbildung 40: Diese Rendite erwirtschaftet die Versicherung mit dem Kundengeld

Lebensversicherung am Ende so ertragreich sein wird, ist völlig ungewiss. Untersuchungen zeigen, dass die erzielten Renditen der Versicherten in der Vergangenheit eher bei 6 als bei 7 Prozent lagen. Sicher ist nur die Mindestverzinsung.

Allerdings müssen auf diesen Ertrag keine Steuern gezahlt werden, wenn der Versicherungsvertrag über eine Laufzeit von mindestens 12 Jahren abgeschlossen wurde. Eine noch längere Laufzeit bringt in der Regel auch eine höhere Verzinsung. Im Schnitt 0,8 Prozent mehr Rendite pro Jahr prognostizieren die Versicherer, wenn die Laufzeit 27 statt nur 12 Jahre beträgt. Noch weiter verbessern kann man den Ertrag, wenn man statt einer Lebensversicherung eine private Rentenversicherung abschließt. Hier entfällt der Versicherungsschutz im Todesfall, dafür steigt die Rendite meist um 0,5 bis 1 Prozent.

Werden die Versicherer in der Lage sein, diese Verzinsung in Zukunft wirklich zu erwirtschaften? Letztlich können sich auch die Anlageexperten der Versicherungsunternehmen dem Trend am

Die Versicherungen prognostizieren folgende Renditen für eine Kapital-Lebensversicherung:		
Vertragslaufzeit Durchschnitt aller Lebensversicherungen	12 Jahre 5,8 %	27 Jahre 6,6 %
die besten 10 Prozent	6,8 %	7,4 %
die schlechtesten 10 Prozent	5,0 %	6,1 %
Unverbindliche Prognosen der Versicherungsunternehmen. Quelle: Untersuchung der Stiftung Warentest von 73 Versicherungsunternehmen im Jahr 1998		

Tabelle 15: Renditeprognosen der Versicherungen

Kapitalmarkt nicht entziehen. Die lange Niedrigzinsphase der letzten Jahre führte bereits dazu, dass die Garantieverzinsung reduziert wurde. Die Baisse am Aktienmarkt hat auch die Anlagenwerte der Versicherer kräftig reduziert. Bei anhaltend niedrigeren Erträgen werden auch die Überschüsse nicht mehr so hoch ausfallen und die Gesamtrendite muss verringert werden. So ist die Überschussbeteiligung der Lebensversicherer nach einer Untersuchung des Branchendienstes „map-report“ von 7,1 Prozent im Jahr 2001 auf 4,8 Prozent in 2003 gefallen.

Lohnt es unter diesen Umständen überhaupt, eine Lebensversicherung abzuschließen? Kritiker bemängeln immer wieder, dass die Kosten viel zu hoch sind und der Ertrag zu niedrig. Man brauche einfach nur eine Risikolebensversicherung abzuschließen und das restliche Geld monatlich in einen erfolgreichen Investmentfonds zu stecken. Beispielrechnungen für die Vergangenheit sollen zeigen, dass diese Methode bei gleichem Risikoschutz erheblich mehr Vermögen am Ende der Laufzeit ergeben hätte.

Bei diesen Vergleichen ist allerdings Vorsicht geboten. Um die Vor- und Nachteile sinnvoll beurteilen zu können, muss man wieder die unterschiedlichen Risikostrukturen der Anlagen berücksichtigen. Man kann nicht die Verzinsung einer Lebensversicherung der Rendite eines Aktienfonds gegenüberstellen, wie es häufig getan wird, denn dieser birgt ein erheblich höheres Risiko. Für einen aussagekräftigen Vergleich müssen drei Dinge berücksichtigt werden: Was kostet die Risikolebensversicherung und wie viel bleibt zur Vermögensbildung übrig? Welche Rendite ist bei einer ähnlichen Risikostruktur der Anlagen zu erzielen? Und wie sieht die Situation aus, wenn man die Steuern berücksichtigt?

Tabelle 16 zeigt, wie sich die Lebensversicherung im Vergleich rentiert. Dabei ist bei der Anlage des Geldes eine Risikostreuung vorgenommen worden, die ungefähr der Anlagepolitik einer typischen Lebensversicherung entspricht. Das Vermögen ist in Fonds investiert worden, wobei nicht die beste Rendite zugrunde gelegt wurde, sondern eine durchschnittliche. Wer heute Anteile eines Investmentfonds kauft, kann auch nicht sicher sein, genau den besten über die nächsten 20 oder 30 Jahre ausgewählt zu haben, ebenso könnte es auch der schlechteste sein. Am wahrscheinlichsten ist ein Erfolg, der sich in der Nähe des Durchschnitts bewegt.

Eine Kapital-Lebensversicherung hätte in den letzten 35 Jahren ungefähr folgende Rendite erbracht:				
Rendite Kapital-LV:			6,0 %	
Die Anlage in Investmentfonds mit vergleichbarer Anlagestruktur hätte bei Abzug der Kosten für eine Risiko-Lebensversicherung folgende Rendite erwirtschaftet:				
Steuersatz	0 %	20 %	30 %	40 %
Rendite Risiko-LV und Fonds	6,4 %	5,4 %	4,9 %	4,4 %
Annahmen: Kosten der Risiko-Lebensversicherung entsprechen 12 % des Beitrags der Kapital-Lebensversicherung, Anlage des Restbetrages zu 25 % in einen deutschen Aktienfonds, zu 65 % in einen deutschen Rentenfonds und zu 10 % in einen offenen Immobilienfonds. Rendite der Fonds entsprechend dem Durchschnitt der Anlageplan-Renditen 1968-2002, bei Rentenfonds 1973-2002. Steuerpflichtiger Anteil des Ertrags: Aktienfonds 10 %, Rentenfonds 100 %, Immobilienfonds 50 %.				

Tabelle 16: Lebensversicherung oder Fonds?

Im Ergebnis ist die Antwort auf die Frage Fonds oder Lebensversicherung also sehr stark vom persönlichen Steuersatz abhängig. Liegt der hoch, wäre man in der Vergangenheit mit einer Lebensversicherung wahrscheinlich besser gefahren. Kann man seine Kapitalerträge steuerfrei vereinnahmen, hätte man mit der Fondsanlage besser abgeschnitten. Wenn die Rendite der Aktien sinkt, verschieben sich die Ergebnisse zugunsten der Lebensversicherung, steigen sie, wird die Fondsanlage immer vorteilhafter.

Solange die langfristige Vermögensbildung mit Lebensversicherungen noch steuerfrei bleibt, ist bei hohen Steuersätzen der Abschluss eines Versicherungsvertrages also durchaus eine interessante Anlageform. Sind keine Hinterbliebenen abzusichern, bringt die private Rentenversicherung eine noch bessere Rendite. Verliert die Lebensversicherung dagegen ihr Steuerprivileg, oder wird die Anlage in Investmentfonds vom Gesetzgeber zukünftig auch steuerfrei gestellt, dürfte in den meisten Fällen eine Risikolebensversicherung und eigene Anlage der restlichen Beiträge vorteilhafter sein.

3.4 Festverzinsliche Wertpapiere

Festverzinsliche Wertpapiere zählen neben den Immobilien seit Jahrhunderten zum Grundstock der privaten Altersversorgung. Bereits im 13. Jahrhundert gab es öffentliche Anleihen. 500 Jahre später dienten Staatsanleihen schon der Finanzierung von Kriegen und wurden an der Börse gehandelt. Im 19. und zu Beginn des 20. Jahrhunderts waren Rentenpapiere als Anlageinstrument so verbreitet, dass für ihre wohlhabenden Besitzer ein eigener Ausdruck geprägt wurde. Als „Couponschneider", die im Alter oder auch schon früher von den Erträgen ihrer Rentenpapiere lebten, fanden sie Eingang in die Literatur und die Karikaturen. Die Inflation nach dem Ersten und die Währungsreform nach dem Zweiten Weltkrieg haben den Besitzern von Rentenpapieren jedoch stark zugesetzt. Wie ist es heute um Sicherheit und Rendite der festverzinslichen Wertpapiere bestellt?

Die Sicherheit ist in dreifacher Hinsicht von Bedeutung. Erstens darf der Schuldner der Anleihe nicht zahlungsunfähig werden. Zweitens darf die Inflation nicht zu hoch sein. Denn anders als Aktien oder Immobilien repräsentieren festverzinsliche Wertpapiere keinen Sach-, sondern einen Geldwert. Wer eine Anleihe für 100 Euro kauft, bekommt später auch 100 Euro zurück, egal wie der Geldwert sich zwischenzeitlich entwickelt hat. Und drittens besteht ein gewisses Kursrisiko, wenn eine Anleihe vorzeitig verkauft werden muss.

Das erste Risiko, die Zahlungsunfähigkeit des Schuldners, lässt sich weitestgehend reduzieren. So genannte Ratingagenturen prüfen laufend alle großen Firmen, Banken und staatlichen Stellen, die Anleihen ausgeben. Nur die gut beurteilten unter ihnen können mit günstigen Zinsen rechnen. Wer als riskant eingestuft wird, muss höhere Zinsen bieten oder findet nur schwer Abnehmer für seine Anleihen. Dieses System ist sicherlich nicht hundertprozentig sicher. Auch Ratingagenturen können sich irren oder falsch informiert werden, und selbst einmal als gut beurteilte Firmen oder Staaten können in der Zukunft schlechte Zeiten durchmachen. Beispiele in der Vergangenheit waren der holländische Flugzeugbauer Fokker und russische Anleihen. Allerdings gibt es Schutz gegen dieses Risiko, denn normalerweise kauft man nicht nur Anleihen eines einzigen Unternehmens, sondern mischt die Wertpapiere verschiedener Anbieter. Durch diese Diversifizierung ist das Ausfallrisiko tatsächlich sehr gering. Insofern gibt es also kaum eine sicherere Anlageform als festverzinsliche Wertpapiere von Schuldnern mit guter Bonität.

Problematischer ist der Inflationsschutz. Auch wenn keine Hyperinflation zur völligen Entwertung der Papiere führt, zehrt doch jedes Jahr die Geldentwertung an der Vermögenssubstanz. Bei einer Inflationsrate von 3 Prozent jährlich sind die 100 Euro, die man nach zehn Jahren für eine Bundesanleihe zurückerhält, nur noch 75 Euro wert. Um sich davor zu schützen, verlangen die Investoren für die zukünftig erwartete Inflationsrate einen Zuschlag auf den Zins. Insofern spiegelt das Zinsniveau auch immer die Inflationserwartung am Kapitalmarkt wider. Denn wie bereits in Kapi-

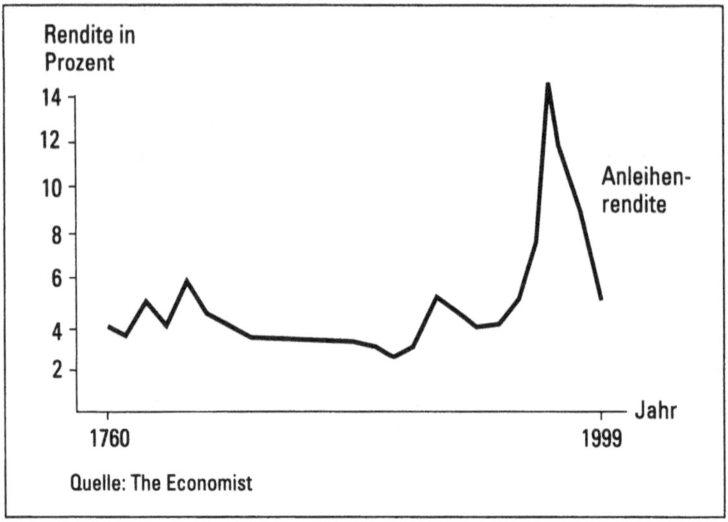

Abbildung 41: Rendite englischer Regierungsanleihen

tel 2.4 gezeigt, ist nicht der Nominalzins entscheidend, sondern der Realzins, also die Verzinsung nach Abzug der Inflationsrate. Abbildung 41 zeigt diesen Mechanismus am Beispiel englischer Regierungsanleihen, deren Zins sich über Jahrhunderte zwischen 2 und 6 Prozent bewegte, aber während der Inflation zwischen 1970 und 1980 steil nach oben schoss.

Während bei kurz laufenden Anleihen dieses Risiko nicht groß ist, kann es über zehn Jahre schon leicht zu Fehleinschätzungen kommen. Beträgt die Inflationsrate über zehn Jahre nicht 3, sondern 5 Prozent, ist eine 100 Euro-Anleihe am Ende dieser Periode nicht mehr 75 Euro, sondern nur noch 61 Euro wert. Im Normalfall ist also die erwartete Inflationsrate bereits im Zins der Anleihe abgedeckt, nicht aber das Risiko einer Erhöhung der Inflation über das erwartete Maß hinaus.

Kann man sich dagegen absichern, indem man die Anleihe dann einfach vorzeitig verkauft? Leider bietet diese Möglichkeit keinen Schutz. Denn mit der höheren Inflationserwartung steigen auch die Zinsen. Höhere Zinsen bedeuten aber, dass die Anleihe weniger wert ist. Man stelle sich vor, man erhielte für eine Anleihe einen Zins von 5 Prozent. Auf 100 Euro bekäme man dann jedes Jahr 5 Euro. Steigen die Zinsen neuer Anleihen dann auf 10 Prozent, erhält ein Anleger auf jede 100 Euro jährlich eine Ausschüttung von 10 Euro. Um 5 Euro jährlich zu bekommen, muss er also nur noch 50 Euro anlegen, und mehr würde er für die Anleihe auch nicht bezahlen. Tatsächlich sind die Kursausschläge der Anleihen durch die begrenzte Laufzeit nicht ganz so stark. Anders als bei Aktien ist das Kursrisiko festverzinslicher Wertpapiere also nicht so hoch und am Ende der Laufzeit bekommt der Anleger immer den Nennwert der Anleihe zurück.

Wie sahen die Kursschwankungen deutscher Anleihen in der Vergangenheit aus? Abbildung 42 zeigt die Renditen am deutschen Rentenmarkt seit 1960. Sie spiegelt Jahr für Jahr die Summe aus Zins und Kursveränderung wieder. Die Schwankungen sind sehr viel geringer als bei Aktien.

Die Statistik zeigt, dass es trotz fester Verzinsung auch am Rentenmarkt Jahre mit leicht negativer Rendite gab. Allerdings waren die Verluste nie so hoch wie am Aktienmarkt. Und es gab seit

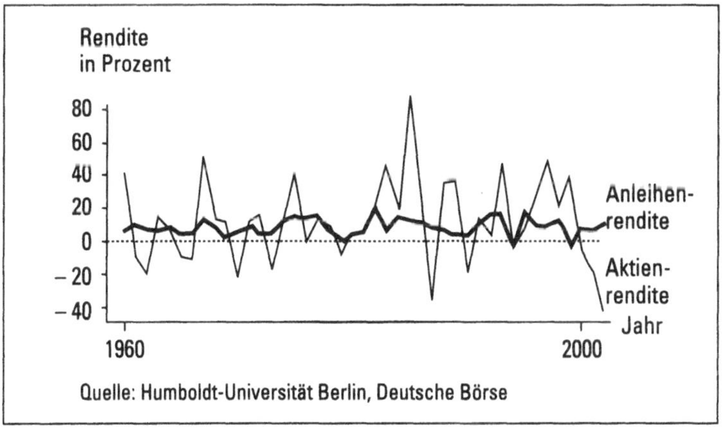

Abbildung 42: Anleihen haben eine stabilere Rendite als Aktien

1949 keinen 10-Jahres-Zeitraum, in dem der Ertrag einer Anlage in festverzinslichen Wertpapieren negativ war. Selbst nach Abzug der Inflationsrate verblieb in allen 10-Jahres-Perioden immer noch eine positive Rendite.

Das Risiko von Kursschwankungen besteht also auch am Rentenmarkt, es ist aber nicht annähernd so hoch wie bei Aktien. Was kann man aus den Renditen der Vergangenheit für die Zukunft entnehmen? Beeinflusst werden die Zinsen am Kapitalmarkt von Angebot und Nachfrage sowie der Inflationserwartung. Hinsichtlich der Inflation lässt sich kaum eine zuverlässige langfristige Prognose treffen. Die historisch niedrigen Inflationsraten der vergangenen Jahre sollten allerdings kein Maßstab für langfristige Entscheidungen sein. Auch für Angebot und Nachfrage ist langfristig kaum eine seriöse Vorhersage möglich. Manche Marktbeobachter erwarten langfristig niedrigere Zinsen, da die Regierungen der Industrieländer weltweit bemüht sind, ihre Verschuldung abzubauen. Dies führe zu sinkender Nachfrage und damit zu niedrigeren Zinsen. Gleichzeitig steige die Ersparnis im privaten Sektor aufgrund der Tatsache, dass immer mehr Menschen in die mittleren Jahre kommen und verstärkt Vermögen bilden. Dadurch erhöhe sich das Angebot und auch dies wirke auf geringere Zinsen hin. Ob der Trend zum Schuldenabbau bei den europäischen Regierungen anhält, ist langfristig allerdings nicht abzusehen. Die Vermögensbildung wird sicher weiter zunehmen, sowohl durch die geburtenstarken Jahrgänge, die jetzt in das Alter kommen, in dem am meisten gespart wird, als auch durch die vermehrte private Altersvorsorge. Inwieweit diese Entwicklungen gegenüber dem durch die Inflationserwartung bedingten Zinstrend durchschlagen, bleibt allerdings abzuwarten.

Bei geringen Kursschwankungen und sehr niedrigem Ausfallrisiko bringen festverzinsliche Wertpapiere eine akzeptable Rendite und können jederzeit problemlos liquidiert werden. Damit sind sie sehr gut für die Altersvorsorge geeignet. Die festen Zinszahlungen eignen sich auch gut für die Planung von regelmäßigen Entnahmen, wenn später im Alter auf die Vermögenserträge und die Substanz zurückgegriffen werden muss. Allerdings unterliegen die Zinsen noch der Steuerpflicht. Tabelle 6 zeigt, wieviel Prozent der Zinserträge je nach Steuersatz noch netto für den Anleger übrig bleiben.

3.5 Direktanlage oder Fonds?

Wenn man sich entschieden hat, wie man sein Geld zwischen den verschiedenen Anlagemöglichkeiten verteilen will, stellt sich bei Aktien, Anleihen und vermieteten Immobilien die Frage: Direktanlage oder Investmentfonds? Statt direkt in Aktien zu investieren, kann man sich diese Mühe auch von unzähligen Investmentfonds abnehmen lassen. Ebenso wird eine Vielzahl von Rentenfonds angeboten, die die Auswahl und Überwachung der Anlage in festverzinslichen Wertpapieren erleichtert. Und selbst die Investition in Immobilien kann man indirekt über Immobilienfonds vornehmen, die von den Geldern der Anleger Wohn- und Gewerbeobjekte kaufen.

Investmentfonds sind der große Renner am Anlagemarkt und fast täglich werden neue Fonds aufgelegt, die auf spezielle Märkte und Anlegerbedürfnisse zugeschnitten sind. Nach einer langen Anlaufzeit haben sich damit auch in Deutschland die Investmentfonds bei den Anlegern durchgesetzt, die über Jahrzehnte von den Sparern eher vernachlässigt wurden. Tatsächlich gibt es Fonds schon seit Mitte des neunzehnten Jahrhunderts, und im Ausland sind sie viel weiter verbreitet als bei uns. So haben die amerikanischen Anleger mehr als das Zwanzigfache der deutschen in Aktienfonds investiert und die französischen Sparer fast das Doppelte. Aber die Deutschen holen kräftig auf.

Über acht Millionen Deutsche besitzen Fondsanteile. Was spricht für die Anlage in Investmentfonds? Kann man sich auf die Fonds verlassen oder sollte man lieber selbst entscheiden, welche Anleihen und Rentenpapiere man kauft? Welche Rendite ist zu erwarten? Und wie sicher sind Investmentfonds?

Die deutschen Fonds investieren ihr Vermögen in eine Vielzahl von Aktien, Renten oder Immobilien. Durch diese Diversifikation ist das Risiko eines Totalverlustes extrem gering. Diese Art der Risikoverteilung kann jeder Fonds besser erreichen als der normale Anleger, der selbst an der Börse investiert. Gerade, wenn nicht einmalig größere Beträge angelegt, sondern regelmäßig kleine Summen gespart werden, kann durch einen Fonds das Risiko optimal verteilt werden. Bei Immobilieninvestitionen ist es für die meisten Investoren sogar anders fast unmöglich, in verschiedene Objekte gleichzeitig zu investieren. Durch den Fonds ist also eine leichte und sichere Risikomischung bei Geldanlagen gewährleistet.

Dennoch haben manche ältere Anleger eher schlechte Erinnerungen an Investmentfonds. Schon einmal, in den sechziger Jahren, boomte die Branche. Die Firma IOS war Vorreiter und verkaufte den deutschen Sparern Fondszertifikate, die sich leider durch schlechtes Management und kriminelle Machenschaften später als fast wertlos erwiesen. Die Reaktion darauf waren stark verschärfte Gesetze, die Fondsgesellschaften unter eine strenge Aufsicht stellten. Insofern lassen sich heute unbesorgt die in Deutschland zugelassenen Fonds kaufen.

Anleger sind durch den Fonds auch nicht weniger flexibel als bei einer Direktanlage. Die Anteile können täglich verkauft werden, und es gibt heute so viele Investmentfonds mit den unterschiedlichsten Anlagezielen, dass jeder Sparer einen zu seiner Anlagestrategie passenden Fonds findet. Ob deutsche Aktien oder japanische mittelständische Unternehmen, Biotechnologie oder europäische Anleihen, jeder Markttrend wird schnellstens auch in einen Fonds umgesetzt. Inzwischen gibt es in Deutschland mehr zugelassene Fonds als börsennotierte Aktiengesellschaften.

Im Hinblick auf Risiko, Flexibilität und individuelle Anlageziele können die Fonds also jederzeit mit der Direktanlage mithalten. Die Mühe und Zeit, die sich dadurch sparen lässt, hat allerdings auch ihren Preis. Das Fondsmanagement muss bezahlt werden, und so nehmen die Investmentgesellschaften sowohl beim erstmaligen Verkauf der Fondsanteile als auch für die laufende Verwaltung nicht unerhebliche Gebühren. Der beim Kauf einmalig zu bezahlende Ausgabeaufschlag bewegt sich in der Regel zwischen 0,5 und 5 Prozent der Anlagesumme. Und jedes Jahr werden noch die laufenden Kosten abgezogen, meist weitere 0,5 bis 1,5 Prozent. Durch den Ausgabeaufschlag ist die Fondsanlage nur für den mittel- und langfristigen Vermögensaufbau geeignet. Selbst auf lange Sicht wäre aber in der Vergangenheit eine Direktanlage vorteilhafter gewesen.

Zunächst ein Blick auf die Anlage in deutschen Aktien. Der Bundesverband der Investmentgesellschaften hat ermittelt, welche Verzinsung eine regelmäßige Einzahlung in Investmentfonds erbracht hätte, die in deutsche Aktien investieren. In den 35 Jahren von 1968 bis 2002 hätte sich eine durchschnittliche Rendite von 7,4 Prozent ergeben. Dabei sind die Ausgabeaufschläge noch nicht berücksichtigt. Eine direkte Anlage am deutschen Aktienmarkt hätte dagegen eine Rendite von 8,3 Prozent vor Kosten gebracht.

Eine Anlage von 100 Euro monatlich über 35 Jahre ergab von 1968 bis 2002 folgende Ergebnisse:				
Anlageart:	Investmentfonds			Direkt-Anlage Aktien
	schlechtester	Durchschnitt	bester	
Vermögen am Ende (Euro)	**157.272**	**187.878**	**232.960**	**231.266**
Jährliche Rendite:		7,4 %		8,3 %
Quelle: BVI, Humboldt-Universität Berlin. Alle Anlagen vor Kosten, die tatsächlich erzielten Ergebnisse hätten niedriger gelegen, Fonds mit Anlageschwerpunkt Deutsche Aktien, Direktanlage DAX bzw. vergleichbare Werte				

Tabelle 17: Aktienfonds oder Direktanlage?

Im Durchschnitt führt die Fondsanlage also zu einer schlechteren Rendite als eine Direktanlage in Aktien. Die Mehrzahl der Fonds schafft es nicht, den jeweiligen Marktindex zu schlagen. Das professionelle Management führt im Ergebnis häufig nicht zu einem Renditevorteil für den Anleger. Dennoch gibt es immer wieder einzelne Fonds, die besser als der Markt abschneiden, einige sogar eine Reihe von Jahren hintereinander. Die Investmentgesellschaften verweisen in ihrer Werbung auf diese Erfolge, und in der Presse werden immer wieder die „besten Fonds" hervorgehoben. In Beispielrechnungen schreiben Anlageberater die Ergebnisse der Vergangenheit in die Zukunft fort und stellen so phantastische Vermögenszuwächse in Aussicht. Liegen aber die Fonds, die in der Vergangenheit gut waren, auch zukünftig vorn?

Leider nützt die Rendite der Vergangenheit wenig. Wenn ein Fonds im Durchschnitt der letzten zehn Jahre besser abgeschnitten hat als die Konkurrenz oder der Marktindex, hat das wenig Aussagekraft für die Zukunft. Häufig beruht das gute Ergebnis nur auf der herausragenden Performance eines kurzen Zeitraums, die ausreicht, um den Fonds auch langfristig über den Durchschnitt zu heben. Aber selbst wenn ein Fonds in vielen Perioden regelmäßig sehr erfolgreich war, gibt es keine Sicherheit, dass er es auch in der Zukunft sein wird. Nicht umsonst schreiben die Investmentgesellschaften unter ihre Anzeigen „die Wertentwicklung der Vergangenheit ist keine Garantie für die Zukunft". So wie niemand weiß, welche Aktien zukünftig am besten abschneiden werden, kann auch kein Mensch voraussehen, welcher Fonds am erfolgreichsten sein wird.

Was für die Aktienfonds gilt, trifft auch für Rentenfonds zu. Auch hier wäre man im Durchschnitt langfristig besser gefahren, wenn man selbst Anleihen gekauft hätte, als in einen Fonds zu investieren.

Vor Kosten ist allerdings sowohl die durchschnittliche als auch die höchste und niedrigste Abweichung der Rendite der Rentenfonds von der Direktanlage sehr gering. Nach Kosten hätte man aber fast immer ein besseres Ergebnis erzielt als beim Kauf von Fondsanteilen.

Bei Immobilienfonds fällt eine Beurteilung schwer, da wegen der Unterschiedlichkeit der Immobilien kaum ein Fonds sinnvoll einer Direktanlage gegenüber gestellt werden kann. Eine einzelne

Eine Anlage von 100 Euro monatlich über 30 Jahre ergab von 1973 bis 2002 folgende Ergebnisse:				
Anlageart:		Investmentfonds		Direkt-
	schlechtester	Durchschnitt	bester	Anlage Renten
Vermögen am Ende (Euro):	109.656	116.584	125.492	127.484
jährliche Rendite:		7,0 %		7,4 %
Quelle: BVI. Alle Anlagen vor Kosten, die tatsächlich erzielten Ergebnisse hätten niedriger gelegen, Fonds mit Anlageschwerpunkt Deutsche Renten, Direktanlage REXP				

Tabelle 18: Rentenfonds oder Direktanlage?

Wohnung oder ein Haus ist als Geldanlage nicht mit einem Immobilienfonds zu vergleichen, da das Anlagerisiko, die Liquidität und die steuerliche Situation völlig unterschiedlich sind. Ein Fondsanteil, der die Beteiligung an einer ganzen Reihe von Grundstücken und Gebäuden in verschiedenen Städten und Lagen repräsentiert und täglich an der Börse verkauft werden kann, hat ein viel geringeres Risiko als der Kauf einer einzelnen Immobilie, allerdings auch weniger Chancen auf eine außergewöhnliche Wertsteigerung. Wenn im Folgenden die Renditen der deutschen Immobilienfonds in der Vergangenheit aufgelistet werden, dann mehr zum Vergleich mit anderen Anlageformen. Im Ergebnis hatten die Immobilienfonds die niedrigste Rendite aller Fondsarten zu verzeichnen, allerdings auch die geringsten Ergebnisschwankungen.

Interessant ist diese Anlageform daher mehr unter dem Gesichtspunkt der Substanz und der Steuer. Denn je nach Fonds ist häufig rund die Hälfte der Erträge steuerfrei. Bei hoher Steuerprogression kann so unter Umständen eine bessere Rendite nach Steuern erzielt werden als mit Rentenfonds.

Eine Anlage von 100 Euro monatlich in Immobilienfonds über verschiedene Anlagezeiträume ergab folgende Renditen:						
Anlage-Zeitraum	1968-2002	1973-2002	1978-2002	1983-2002	1988-2002	1993-2002
jährliche Rendite:	5,7 %	5,7 %	5,6 %	5,2 %	4,8 %	3,9 %
Quelle: BVI. Alle Anlagen vor Kosten, die tatsächlich erzielten Ergebnisse hätten niedriger gelegen. Anlage in offene Immobilienfonds, Rendite Durchschnitt aller Fonds						

Tabelle 19: Rendite der Immobilienfonds

Sind Fonds also für die Altersversorgung geeignet? Für Anleger, die regelmäßig kleinere Beträge sparen wollen und keine Zeit haben, sich um ihre Geldanlage zu kümmern, sind sie sinnvoller als die direkte Anlage. Auch für Sparer, die sich an der Börse nicht gut auskennen oder in sehr spezielle Branchen oder Länder investieren wollen, über die sie wenig Informationen besitzen, kann ein Fonds empfehlenswert sein. Allerdings darf man nicht davon ausgehen, dass der Fonds besser abschneidet als der Markt, in den er investiert. Wer Anleihen kaufen will, wird nach Abzug der Kosten meist erfolgreicher sein als die Manager der Investmentfonds. Bei Aktien schlagen die meisten Fondsmanager nicht den Index, aber auch vielen privaten Direktanlegern wird das nicht gelingen.

Was sollte also jemand tun, der einen Teil seiner Ersparnisse in Aktien investieren will, aber sich nicht selbst darum kümmern kann und gleichzeitig nicht das Risiko eingehen möchte, einen unterdurchschnittlich abschneidenden Fonds zu wählen? In den USA werden von vielen Anlegern so genannte „Indexfonds“ gekauft. Diese orientieren sich bei ihrer Aktienauswahl an einem Marktbarometer, zum Beispiel dem Dow Jones. Da sie keine besonderen Managementleistungen erfordern, sind ihre Kosten niedrig und die Rendite liegt nah am Marktdurchschnitt. Auch in Deutschland dürften solche Fonds zukünftig häufiger angeboten werden und die Chance bieten, kostengünstig eine durchschnittliche Rendite am Aktienmarkt zu erzielen. Eine weitere Möglichkeit, die Rendite zu verbessern, besteht darin, den ausgewählten Fonds bei einer der Direktbanken zu erwerben, die in der Regel niedrigere Ausgabeaufschläge verlangen.

Je nach persönlicher Situation kann man also besser direkt oder über einen Fonds in einen bestimmten Markt einsteigen. Der Fonds erwirtschaftet in der Regel keine bessere Rendite, sondern eher eine schlechtere, vereinfacht aber die Geldanlage. Anleger müssen nur noch überlegen, wie sie ihre Ersparnisse zwischen Aktien, Renten und Immobilien aufteilen wollen.

Eine Anlage von 100 Euro monatlich hätte über 35 Jahre von 1968 bis 2002 folgende Rendite erwirtschaftet:			
Anlagestruktur	40 % Aktien 40 % Renten 20 % Immob.	30 % Aktien 60 % Renten 10 % Immob.	20 % Aktien 50 % Renten 30 % Immob.
Steuersatz:		**Rendite nach Steuern:**	
0 %	6,9 %	7,0 %	6,7 %
20 %	6,2 %	6,0 %	5,8 %
30 %	5,8 %	5,6 %	5,3 %
40 %	5,4 %	5,1 %	4,9 %
Quelle: BVI, eigene Berechnungen. Annahmen: Rendite der Aktienfonds zu 10 Prozent steuerpflichtig, Rendite der Immobilienfonds zu 50 Prozent steuerpflichtig, Rendite der Rentenfonds zu 100 Prozent steuerpflichtig, Rendite der Rentenfonds 1968-1972 wie 1972-2002			

Tabelle 20: Gemischte Anlage in Aktien-, Renten- und Immobilienfonds

Wer auch diese Entscheidung externen Managern überlassen möchte, dem bieten die Fondsgesellschaften ebenfalls passende Produkte an. Schon vor der neuen Rentenreform gab es die so genannten AS-Fonds, die speziell für die Altersvorsorge entwickelt wurden. Bei ihnen handelt es sich um langfristige Sparverträge für Fonds, die in Aktien, Anleihen und Immobilien investieren. Der Aktienanteil darf zwischen 21 und 75 Prozent aller investierten Gelder liegen, und der Immobilienanteil kann bis zu 30 Prozent betragen. Im Endeffekt ähnelt diese Anlagestruktur der einer Lebensversicherung, allerdings mit der Möglichkeit, stärker in Aktien zu investieren. Den damit verbundenen höheren Chancen und Risiken steht der Nachteil gegenüber, dass die Erträge nicht vollständig steuerfrei sind. Hätte man in der Zeit von 1968 bis 2002 auf diese Weise 40 Prozent in deutsche Aktien investiert, 40 Prozent in deutsche Anleihen und 20 Prozent in Immobilien, wäre man nach Abzug der Kosten auf eine Rendite von knapp 7 Prozent gekommen, von der ungefähr die Hälfte steuerfrei gewesen wäre. Bei unterschiedlichen Anlagestrukturen hätte sich je nach persönlichem Steuersatz eine Rendite nach Steuern zwischen 5 und 7 Prozent jährlich ergeben.

Inzwischen gibt es noch eine Reihe neuer Fondsangebote, die speziell auf die Altersversorgung zugeschnitten sind. Im Rahmen der Riester-Rente können unter anderem auch Fondssparpläne gefördert werden, wenn sie den Anforderungen des neuen Gesetzes genügen. Wie diese Anforderungen aussehen und was die staatlich geförderte private Vorsorge bringt, zeigt das nächste Kapitel.

3.6 Die neue staatlich geförderte private Altersvorsorge

Die jüngste Rentenreform hat die zukünftigen Renten herabgesetzt, bietet aber auch einen Ausgleich an. Da die Rentenbeiträge nicht mehr so stark steigen, soll jeder die gesparten Beitragserhöhungen selbst investieren. Diese private Vorsorge ist freiwillig, aber damit möglichst viele Arbeitnehmer von ihr Gebrauch machen, hat der Gesetzgeber Anreize geschaffen: Wer mitmacht, bekommt einen Teil des Geldes vom Staat dazu. Das neue Altersvermögensgesetz regelt genau, wem die Förderung zusteht und wie hoch sie ist.

Wer kann die Förderung in Anspruch nehmen?

Ein Recht auf Förderung haben alle, die in der gesetzlichen Rentenversicherung *pflichtversichert* sind. Begünstigt sind also neben

Arbeitnehmern auch Versicherte während einer anzurechnenden Kindererziehungszeit, Wehr- und Zivildienstleistende und Bezieher von Arbeitslosen- oder Krankengeld. Außerdem gilt die Förderung auch für Landwirte. Bei Ehepaaren hat jeder pflichtversicherte Ehepartner einen gesonderten Förderungsanspruch. Ist nur der Ehemann oder nur die Ehefrau pflichtversichert, so hat der Partner trotzdem ein Recht auf die Förderung, wenn ein auf seinen Namen lautender Altersvorsorgevertrag besteht.

Aufgrund des Ende 2001 verabschiedeten Versorgungsänderungsgesetzes haben praktisch auch alle Beamten einen Anspruch auf die staatlichen Hilfen, und die Angestellten im öffentlichen Dienst bekommen sie ebenfalls. Nicht gefördert werden dagegen Selbstständige und Mitglieder eines berufsständischen Versorgungswerks.

Welche Sparformen werden gefördert?

Grundsätzlich kann jeder selbst entscheiden, wie er seine regelmäßigen Altersvorsorgebeiträge investieren will. Ob Rentenversicherung, Investmentfonds, Banksparplan oder eine andere Anlageform, die Finanzdienstleistungsinstitute bieten eine Vielzahl von Produkten für die geförderte private Vorsorge an. Um sicherzustellen, dass die heutigen Sparer auch wirklich als zukünftige Rentner regelmäßig über Zahlungen aus ihrem angesparten Kapital verfügen können, hat der Gesetzgeber allerdings eine ganze Reihe von Schutzmaßnahmen getroffen. Die öffentliche Förderung gibt es nur für solche Altersvorsorgeverträge, die den staatlichen Anforderungen genügen. Zu diesem Zweck ist extra ein neues Gesetz verabschiedet worden, das *Altersvorsorgeverträge-Zertifizierungsgesetz*. Ob Versicherung, Investmentgesellschaft oder Bank, jeder Anbieter muss seine Produkte amtlich darauf prüfen lassen, ob sie den Anforderungen dieses Gesetzes genügen. Ist das der Fall, erhält das Produkt seine Zertifizierung und ist damit förderungswürdig. Zu Beginn des Jahres 2002 hatten schon rund 3500 Produkte diese Prüfung bestanden. Eine aktuelle Übersicht gibt es im Internet unter *www.bafin.de/zertifizierung/hinweis.html.*

Damit ein Altersvorsorgevertrag zertifiziert werden kann, muss er unter anderem folgende Bedingungen erfüllen:

- In der Ansparphase sind laufend freiwillige Eigenbeiträge zu erbringen.
- Die Rente darf nicht vor Vollendung des 60. Lebensjahrs oder dem Beginn der Altersrente gezahlt werden. Eine Ausnahme gilt, wenn schon vorher eine Rente wegen verminderter Erwerbsfähigkeit bezogen wird und der Anleger sich entsprechend zusätzlich versichert hat.
- Zu Beginn der Auszahlungsphase müssen zumindest die eingezahlten Beträge zur Verfügung stehen. Dies erscheint zunächst selbstverständlich, jedoch könnte man sich vorstellen, dass zum Beispiel aufgrund eines Kursverfalls am Aktienmarkt bei Rentenbeginn weniger Kapital vorhanden ist als eingezahlt wurde. Damit das nicht passieren kann, muss der Anbieter garantieren, dass mindestens das eingezahlte Kapital zum Rentenbeginn zur Verfügung steht.
- Dieses Kapital darf aber nicht in einer Summe ausgezahlt werden, sondern nur als lebenslange Rente oder als Auszahlungsplan, der praktisch ähnlich wie eine Rente gestaltet werden muss. Allerdings gilt für Fondssparer eine Ausnahme: 20 Prozent des Endkapitals können sie sich bei Rentenbeginn auf einmal überweisen lassen.
- Außerdem dürfen zum Schutz der Anleger die Finanzdienstleistungsinstitute das Geld nicht in bestimmte risikoreiche Anlageformen investieren.
- Weiterhin dürfen dem Anleger die Abschluss- und Vertriebskosten nicht auf einmal belastet, sondern müssen über einen Zeitraum von mindestens zehn Jahren gleichmäßig verteilt werden. Dadurch wird der größte Teil der Beiträge ab Beginn ertragreich angelegt und nicht die ersten Zahlungen nur mit den Kosten des Vertragspartners verrechnet.

Die wichtigsten Anforderungen, die die neuen Altersvorsorgeverträge erfüllen müssen, um die Förderung zu erhalten:
1. Laufende Eigenbeiträge 2. Auszahlung erst ab 60 3. Durchschnittsrendite mindestens 0 % p.a. 4. Auszahlung als Rente 5. Keine zu risikoreichen Anlagen 6. Abschlusskosten über 10 Jahre verteilt 7. Jährliche schriftliche Informationen 8. Ruhenlassen, Vertrags- und Anbieterwechsel möglich 9. Abtretung oder Übertragung ausgeschlossen
Quelle: Altersvorsorgeverträge-Zertifizierungsgesetz

Tabelle 21: Die neuen Altersvorsorgeverträge im Überblick

Die Anforderungen an die Produkte sind hoch. Der Vertragspartner muss jährlich schriftlich über den Stand des gebildeten Kapitals und viele andere Details informieren. Das gibt dem Verbraucher einen gewissen Schutz. Allerdings um den Preis einer höheren Inflexibilität. Denn Anleger dürfen den Vertrag zwar ruhen lassen oder in eine andere zertifizierte Anlageform wechseln, sogar bei einem anderen Anbieter. Aber sie können sich ihr angespartes Kapital nicht am Ende ihres Arbeitslebens in einer Summe auszahlen lassen, und sie dürfen ihr Kapital oder Forderungen aus dem Vertrag auch nicht an Dritte abtreten, um damit zum Beispiel einen Kredit abzusichern. Lediglich zum Kauf einer selbst genutzten Immobilie können sie sich ihr Geld für eine gewisse Zeit leihen.

Außerdem garantieren diese Schutzmaßnahmen keine besondere Rendite. Sie geben keine Sicherheit, wie gut das Finanzdienstleistungsunternehmen, für das man sich entschieden hat, mit dem Geld arbeitet. Aufgrund der höheren Verwaltungskosten werden manche Produkte ohne Berücksichtigung der staatlichen Zulagen sogar eine geringere Rendite erwirtschaften als vergleichbare Anlageformen ohne Förderung. Lediglich ein Endkapital in Höhe der gezahlten Beiträge muss vom Anbieter garantiert werden.

Dies entspricht einer jährlichen Durchschnittsrendite von 0 Prozent. Eine negative Kapitalverzinsung ist also durch das Gesetz ausgeschlossen, jedoch sollte dies gerade bei langfristiger Anlage ohnehin eine Selbstverständlichkeit sein. Wie positiv die Verzinsung aber wird, ist bei diesen Verträgen genauso gut oder schlecht vorauszusehen wie bei jeder anderen privaten Vorsorge. Allerdings sind die Anbieter verpflichtet, die Kosten auszuweisen, die durch die Anlage entstehen. Mit etwas Geduld kann man so zumindest vergleichen, wie effizient die Finanzdienstleister auf der Kostenseite mit dem Geld arbeiten.

Der entscheidende Unterschied zwischen der neuen geförderten privaten Altersvorsorge und der normalen bisherigen privaten Altersvorsorge liegt also nicht in der Rendite. Die wichtigsten Vorteile der neuen Regelung sind die Steuerfreiheit in der Ansparphase und der staatliche Zuschuss. Der größte Nachteil ist die Tatsache, dass die Anleger über das angesparte Kapital nicht frei verfügen und es auch nicht beleihen können, sondern es sich nur im Rentenalter in Raten auszahlen lassen dürfen. Außerdem werden die Auszahlungen im Alter vollständig besteuert.

Wie hoch ist die Förderung?

Die Förderung der neuen privaten Altersvorsorge erfolgt auf zwei Wegen: Über eine Mischung aus Steuervergünstigungen und direkten Zuschüssen. Zum einen erhält jeder, der freiwillig vorsorgt, eine Zulage vom Staat. Aber er kann auch die Beiträge in der Steuererklärung als Sonderausgaben vom Gesamtbetrag der Einkünfte abziehen. Allerdings ist dies nicht unbegrenzt möglich. Der abzugsfähige Höchstbetrag liegt bei 2.100 Euro. Außerdem wird dieser Höchstbetrag erst im Jahr 2008 erreicht, bis dahin steigert er sich langsam, wie Tabelle 22 zeigt. Außerdem gibt es diesen Steuervorteil nur für den Fall, dass er mehr Geld bringen würde als die Zulage.

Zulässiger Sonderausgabenabzug	
Jahr	Euro
2002	525
2003	525
2004	1050
2005	1050
2006	1575
2007	1575
ab 2008	2100
Quelle: Altersvermögensgesetz	

Tabelle 22: So viel kann man steuerlich geltend machen

Die Zulagen steigen ebenfalls im Laufe der nächsten Jahre an. Die Grundzulage beträgt schließlich 154 Euro im Jahr 2008. Weiterhin gibt es auch noch Geld für jedes Kind.

Allerdings muss ein gewisser Mindestbetrag selbst erbracht werden, sonst werden die Zuschüsse gekürzt. Dieser Mindestbeitrag beträgt ab dem Jahr 2008 4 Prozent des rentenversicherungspflichtigen Einkommens des Vorjahrs, höchstens 2.100 Euro. Bis zum Jahr 2008 steigert sich der Mindestbeitrag langsam (siehe Tabelle 24).

Jahr	Grundzulage (Euro)	Kinderzulage (Euro)
2002	38	46
2003	38	46
2004	76	92
2005	76	92
2006	114	138
2007	114	138
ab 2008	154	185
Bei Ehepaaren Grundzulage je berechtigtem Ehepartner, Kinderzulage je Kind		
Quelle: Altersvermögensgesetz		

Tabelle 23: Diese Zulagen bekommt man jedes Jahr vom Staat

Um die vollen Zulagen zu erhalten, muss man jährlich mindestens folgende Eigenbeiträge leisten:			
Jahr	Prozent der Rentenversicherungspflichtigen Einnahmen*	jedoch nicht mehr als Euro	abzüglich
2002	1 %	525	Zulagen
2003	1 %	525	Zulagen
2004	2 %	1050	Zulagen
2005	2 %	1050	Zulagen
2006	3 %	1575	Zulagen
2007	3 %	1575	Zulagen
ab 2008	4 %	2100	Zulagen

* Rentenversicherungspflichtige Einnahmen des Vorjahres
Quelle: Altersvermögensgesetz

Tabelle 24: Mindesteigenbeiträge, um die vollen Zulagen zu erhalten

Abgezogen werden vom Mindestbeitrag die Zulagen, der Rest ist der Mindesteigenbeitrag. Wer zum Beispiel als Altersvorsorgebeitrag nur die Hälfte des Mindestbeitrags leistet, erhält auch nur die Hälfte der Zulagen. Die absolute Untergrenze, die in jedem Jahr selbst zu zahlen ist, um überhaupt eine Zulage zu erhalten ergibt sich aus Tabelle 25

Damit man angesichts dieser komplizierten Regelungen auch wirklich in den Genuss der höchsten Förderung kommt, prüft das Finanzamt, was günstiger ist, der Sonderausgabenabzug oder die Zulagen. Sind die Zulagen besser für den Anleger, entfällt der Sonderausgabenabzug. Spart man durch den Sonderausgabenabzug mehr Steuern, als die Zulagen bringen, erhält man die Differenz zusätzlich vom Finanzamt. Auf diese Weise bekommt man jedes Jahr die individuell beste Förderung.

Was bedeutet dies in der Praxis? Angenommen, ein Anleger ist alleinstehend ohne Kinder und bezieht im Jahr 2008 ein Gehalt

Je nach Anzahl der zu berücksichtigenden Kinder muss man jährlich mindestens folgenden Beitrag selbst leisten, um eine Zulage zu erhalten (in Euro)			
Jahr	Anzahl der Kinder		
	0	1	2 u. mehr
2002	45	38	30
2003	45	38	30
2004	45	38	30
2005	90	75	60
2006	90	75	60
2007	90	75	60
ab 2008	90	75	60
Quelle: Altersvermögensgesetz			

Tabelle 25: Niedrigster Beitrag, den man selbst leisten muss

von 52.000 Euro. Er spart 4 Prozent seines Bruttoeinkommens des Vorjahres, das 51.129 Euro betrug. Dies ergibt eine Sparleistung von 2.045 Euro. Damit hat er auch den Mindesteigenbeitrag geleistet und erhält die volle Grundzulage von 154 Euro. Es bleiben aus eigenem Einkommen 1.891 Euro zu zahlen. Das Finanzamt prüft, ob nicht der Sonderausgabenabzug vorteilhafter wäre. Tatsächlich bekommt er auf diese Weise noch 657 Euro Steuervergünstigung. Von den 2.045 Euro Beitrag muss er am Ende netto nur 1.234 Euro bezahlen. Seine Förderquote beträgt 40 Prozent.

Beispiel 1: Alleinstehender ohne Kinder (in Euro):				
Einkommen	10.226	25.565	51.129	102.258
Sparleistung	409	1.023	2.045	2.100
Grundzulage	154	154	154	154
Kinderzulage	0	0	0	0
Eigenleistung	255	869	1.891	1.946
Steuervorteil	0	135	657	728
eigene Kosten	255	734	1.234	1.218
Förderquote	38 %	28 %	40 %	42 %
Beispiel 2: Ehepaar, 2 Kinder (in Euro):				
Einkommen	10.226	25.565	51.129	102.258
Sparleistung	828	1.023	2.045	4.090
Grundzulage	308	308	308	308
Kinderzulage	370	370	370	370
Eigenleistung	150	345	1.367	3.412
Steuervorteil	0	0	0	848
eigene Kosten	150	345	1.367	2.565
Förderquote	82 %	66 %	33 %	37 %
Annahmen: Mindestbeitrag Ehepaar = 150 Euro Beide Ehepartner rentenversicherungspflichtig				
Quelle: Bundesministerium der Finanzen, Bundesministerium für Arbeit und Sozialordnung Beträge der Beispiele aus DM in Euro umgerechnet				

Tabelle 26: So rechnet sich die neue private Altersvorsorge

Kann man auch in eine selbst bewohnte Immobilie investieren?

Man darf die regelmäßigen Zahlungen nicht direkt zur Finanzierung der eigenen vier Wände heranziehen. Aber man kann das angesparte Kapital indirekt zur Eigenheimfinanzierung verwenden. Wer mindestens 10.000 Euro auf seinem Altersvorsorgevertrag angespart hat, darf sich das Geld auszahlen lassen und es für die Anschaffung einer zu eigenen Wohnzwecken dienenden Wohnung verwenden. Der Höchstbetrag liegt bei 50.000 Euro. Dieser so genannte „*Altersvorsorge-Eigenheimbetrag*“ muss aber in den folgenden Jahren zurückgezahlt werden. Spätestens zu Beginn des zweiten Jahres, nach dem man den Betrag entnommen hat, muss man mit der Rückzahlung auf den Altersvorsorgevertrag beginnen und dann in gleichen Monatsraten bis zum 65. Geburtstag alles wieder einzahlen. Wirtschaftlich betrachtet gibt man sich also selbst ein staatlich gefördertes zinsloses Darlehen. Danach wird die monatliche Belastung für die Altersvorsorge noch höher, denn bei der Rückzahlung kommen die Monatsraten für den Altersvorsorge-Eigenheimbetrag und die normale Sparrate für die Altersvorsorge zusammen. Allerdings liegt die monatliche Summe immer noch niedriger als bei der Kombination der Raten für ein verzinsliches Darlehen von einer Bank mit der regelmäßigen Altersvorsorge.

Damit das Geld auch wirklich wieder zurückgezahlt wird, hat der Gesetzgeber noch einige Sonderregelungen erlassen. So muss man auf den noch nicht abgezahlten Kreditanteil entfallende Zulagen und Steuervorteile zurückerstatten, wenn man mit den monatlichen Raten mehr als ein Jahr im Rückstand ist. Sogar Zinsen werden noch dazugerechnet. Das Gleiche gilt, wenn man die Wohnung nicht mehr selbst bewohnt oder verkauft. Eine Ausnahme wird nur gemacht, wenn man sich von dem Verkaufserlös eine neue Wohnung kauft oder aber den restlichen Altersvorsorge-Eigenheimbetrag insgesamt wieder auf seinen Vorsorgevertrag einzahlt. Sogar im Todesfall müssen die Zulagen zurückerstattet werden, wenn nicht der hinterbliebene Ehepartner Eigentümer der Wohnung ist, diese weiter bewohnt und noch einige zusätzliche Anforderungen erfüllt.

Sollte man einen neuen Altersvorsorgevertrag abschließen?

Bei der Antwort auf diese Frage sollte man sich zunächst vor Augen halten, welchen Zweck die neue private Altersvorsorge erfüllt. Wirtschaftlich betrachtet ist sie keine private Zusatzversorgung, sondern der Versuch, die zukünftigen Rentenkürzungen auszugleichen. Die Beiträge, die man investiert, hätte man sonst an die staatliche Rentenversicherung überweisen müssen. Legt man dieses Geld nicht für sein Alter an, sondern gibt es für seinen laufenden Konsum aus, geht es einem im Alter noch schlechter. Ist man rentenversicherungspflichtig, muss man also in jedem Fall auf die Rentenkürzungen reagieren. Die Frage ist nur, ob man einen zertifizierten und staatlich geförderten Altersvorsorgevertrag abschließen sollte oder besser, wie auch bisher, sein Geld anders anlegt. Ein Blick auf die staatliche Förderung zeigt, dass unter Renditegesichtspunkten der Abschluss eines zertifizierten Altersvorsorgevertrags in der Ansparphase fast immer vorteilhafter ist als eine vergleichbare Anlage ohne Förderung.

Anlagedauer	Wenn der Vorsorgevertrag eine Rendite von 7 % erzielt, entspricht das bei einer Förderquote von								
Jahre	10 %	20 %	30 %	40 %	50 %	60 %	70 %	80 %	90 %
einer jährlichen Eigenkapitalrendite von (%):									
10	9,0	11,2	13,8	16,6	20,0	24,2	29,5	37,0	50,2
12	8,6	10,5	12,5	14,8	17,6	20,9	25,2	31,2	41,5
20	7,9	8,9	10,1	11,4	12,9	14,7	17,0	20,3	25,8
30	7,6	8,2	8,9	9,7	10,6	11,8	13,2	15,2	18,6
40	7,4	7,8	8,3	8,9	9,6	10,4	11,4	12,8	15,3

Tabelle 27: So verbessern die Zulagen die Rendite

Insbesondere bei niedrigem Einkommen und hoher Kinderzahl ist der staatliche Zuschuss so hoch, dass man kaum noch selbst etwas hinzuzahlen muss. In dieser Situation sollte man also auf jeden Fall einen zertifizierten Altersvorsorgevertrag abschließen. Tabelle 27 zeigt, dass bei einer hohen Förderquote je nach Laufzeit eine Rendite auf das Eigenkapital erzielbar ist, die man ohne Förderung mit keiner anderen Anlageform planmäßig erreichen kann.

Diesem Renditevorteil stehen zwei Nachteile gegenüber. Zum einen kann man im Alter nicht über sein angespartes Kapital frei verfügen. Wenn man sich sein Geld doch mit 60 oder 65 Jahren in einem Betrag auszahlen lassen möchte, muss man die Förderung zurückerstatten und die zwischenzeitlich aufgelaufenen Zinserträge und Wertsteigerungen nachversteuern. Wer während der Sparphase eine hohe Förderung erhalten hat, muss mit einer erheblichen Minderung seines Kapitals rechnen.

Bei niedriger Förderquote sollte der Steuersatz im Alter nicht höher liegen als in der folgenden Tabelle, weil sonst eine ungeförderte Anlage des Geldes vorteilhafter sein könnte:	
Förderquote	Steuersatz im Alter höchstens
10 %	13 %
15 %	20 %
20 %	26 %
25 %	31 %
30 %	37 %
35 %	42 %
Annahmen: Rendite in der Ansparphase 7 % jährlich Rendite in der Auszahlungsphase 7 % jährlich Erträge in der Ansparphase steuerfrei Auszahlungsphase von 65 Jahren bis 87 Jahren ungeförderte Anlage als Rente nur zu 27 % steuerpflichtig	

Tabelle 28: Wann lohnt die geförderte Altersvorsorge nicht?

Der zweite Nachteil besteht in der Steuerpflicht während der Auszahlungsphase im Alter. Während andere private Rentenzahlungen nur geringfügig besteuert werden und bei Auszahlungsplänen nur der Ertragsanteil mit Abgaben belastet wird, ist die geförderte private Altersversorgung im Alter voll zu versteuern. Ob als Rentenzahlung oder als Auszahlungsplan, jeder Euro, der zufließt, unterliegt der Einkommensteuer. Dies gilt nicht nur für die Zinsen, sondern auch für das eingezahlte Kapital. Wenn die Einkünfte im Alter niedrig liegen, wird die Steuer auch nur gering sein. Hat man dagegen später erhebliche Einkünfte, wird die hohe Steuerprogression einen großen Teil der geförderten Rente wieder an den Staat zurückführen.

Dennoch wird meist per Saldo der anfängliche Fördereffekt in der Ansparphase größer sein als der steuerliche Nachteil in der Auszahlungsphase (siehe Tabelle 28). Nur wenn man während des Kapitalaufbaus als Berufstätiger eine sehr niedrige Förderung erhält und dann als Rentner einem hohen Steuersatz unterliegt, kann die staatliche Förderung steuerlich nachteilig sein. Wenn dies nicht zutrifft, sollte man auf jeden Fall einen zertifizierten Altersvorsorgevertrag abschließen, um die Rentenkürzungen auszugleichen.

3.7 Welche Anlagestrategie ist richtig?

Wie sollte man zwischen den verschiedenen Anlagemöglichkeiten wählen? Welche Strategie ist die richtige? Die Anlageformen unterscheiden sich stark in Bezug auf ihre Sicherheit, Rendite, Flexibilität und steuerliche Behandlung. Einen Überblick gibt die folgende Tabelle.

Geldanlage	Sicherheit	Rendite	Steuervorteil	Flexibilität
Aktien	+	+++	++	++
Anleihen	+++	++	+	+++
Immobilienfonds	+++	+	++	+++
Lebensversicherung	+++	++	+++	+
selbst bewohnte Immobilie	+++	++	+++	+

+++ = hoch ++ = mittel + = niedrig

Tabelle 29: Geldanlagen im Überblick

Eine absolut richtige Anlagestrategie gibt es nicht. Die Risikobereitschaft ist je nach Alter, Persönlichkeit und Einkommens- und Vermögensverhältnissen unterschiedlich. Generell gilt, dass das Risiko erhöht werden kann, wenn in einem Haushalt zwei Personen über Arbeitseinkünfte verfügen oder bereits Vermögen vorhanden ist. Die steuerliche Belastung ändert sich mit dem Einkommen und der familiären Situation. Wenn man eine eigene Immobilie besitzt, sollte man sein restliches Vermögen anders verteilen als ein Mieter. Welcher Weg der richtige ist, muss man also nach seiner ganz persönlichen Situation entscheiden. Wichtig ist aber in jedem Fall, die Risiken zu mischen und nicht alles in eine Anlageform zu investieren. Die folgende Übersicht zeigt, wie eine solche Anlagestrategie aussehen könnte.

selbst bewohnte Immobilie	ja				nein			
Steuer	hoch		niedrig		hoch		niedrig	
Arbeitseinkommen*	1	2	1	2	1	2	1	2
Die Verteilung der Anlagegelder auf die Anlageformen in Prozent...								
Aktien	30	30	10	20	30	40	20	30
Anleihen	30	20	50	40	20	10	60	50
Immobilienfonds	0	0	0	0	10	10	0	0
Lebensversicherung	20	30	0	0	40	40	20	20
selbst bewohnte Immobilie	20	20	40	40	0	0	0	0
Ergäbe folgende jährliche Gesamtrendite nach Steuern in Prozent**...								
hoch	6,3	6,5	6,3	6,6	6,4	6,8	6,6	6,8
niedrig	5,8	5,9	6,1	6,2	5,8	6,0	6,2	6,3

* 1 = Einzelverdiener 2 = Doppelverdiener
** Hoch: Angenommende Aktienrendite 9 Prozent, davon 10 Prozent steuerpflichtig
Niedrig: Angenommene Aktienrendite 7 Prozent, davon 10 Prozent steuerpflichtig
Weitere Annahmen: Rendite Anleihen 7,5 Prozent, davon 100 Prozent steuerpflichtig
Rendite Lebensversicherung 6 Prozent, davon 100 Prozent steuerfrei
Rendite selbst bewohnte Immobilie 6 Prozent, davon 100 Prozent steuerfrei
Rendite Immobilienfonds 6 Prozent, davon 50 Prozent steuerpflichtig
Steuersatz hoch = 40 Prozent, niedrig = 20 Prozent

Tabelle 30: Anlagestrategien und Renditen

Ausgangspunkt ist die Überlegung, ob man in den eigenen vier Wänden wohnen will oder nicht. Wer eine Wohnung oder ein Haus kaufen möchte, sollte zunächst möglichst viel Eigenkapital ansparen. Je niedriger die Hypothek, um so besser rechnet sich die Immobilie. Nach dem Kauf wird man zunächst nicht sehr viel Geld neben Zins und Tilgung für andere Anlagen zur Verfügung haben. Wenn man dann wieder mehr beiseite legen kann, sollte man zunächst keine Kapitallebensversicherung abschließen, da man dann seine gesamten Ersparnisse in illiquiden Anlagen bindet. Man sollte sich auf eine Risikolebensversicherung beschränken, wenn man seine Familie absichern möchte, ansonsten investiert man in festverzinsliche Anleihen, die jederzeit ohne große Kursverluste liquidierbar sind, wenn man in eine Notlage geraten sollte. Nachdem man auf diese Weise Rücklagen gebildet hat, kann man nach und nach vermehrt Aktien kaufen und bei hohem Steuersatz dann auch eine Lebensversicherung abschließen statt in Anleihen zu investieren.

Will man lieber Mieter bleiben, kann man je nach Steuersatz und Einkommen mehr Mittel auf die anderen Anlageformen verteilen. Auch dann sollte man aber auf eine vernünftige Mischung aus Sicherheit und Liquidität achten. Bei hohem Steuersatz kann es sinnvoll sein, einen geringen Teil in einen offenen Immobilienfonds zu investieren, um so eine Sachwert-Anlage mit Liquidität und Steuervorteil zu verbinden.

Müssen im Todesfall keine Hinterbliebenen versorgt werden, sollte statt einer Kapitallebensversicherung eine private Rentenversicherung abgeschlossen werden, da diese eine höhere Rendite erwirtschaftet.

In jedem Fall sollte der Aktienanteil nicht zu hoch sein und mit zunehmendem Alter reduziert werden. Der höchste Aktienanteil in den Beispielen der Tabelle beträgt 40 Prozent. Bedenkt man, dass weitere 40 Prozent in eine Lebensversicherung investiert sind, die ebenfalls bis zu 30 Prozent ihrer Mittel in Aktien halten kann, ergibt sich indirekt noch einmal ein Aktienanteil von bis zu 12 Prozent. Bei dieser risikoreichen Anlagestrategie ist also die Hälfte der Erträge allein von der Entwicklung am Aktienmarkt abhängig.

Die Tabelle zeigt ebenfalls, mit welchen Renditen man in der Vergangenheit bei der jeweiligen Anlagestruktur hätte rechnen können. Für die Zukunft am Aktienmarkt sind zwei unterschiedliche Entwicklungen dargestellt. Einmal beträgt die Rendite 9 Prozent im Jahr, bei der vorsichtigeren Berechnung nur 7 Prozent jährlich. Anhand der beiden Beispiele lässt sich abschätzen, wie stark sich die Gesamtrendite verändert, wenn die Entwicklung am Aktienmarkt noch besser oder schlechter wird.

Im Ergebnis würden die verschiedenen Anlagestrategien bei einer Aktienrendite von 7 Prozent nach Abzug der Steuer zu Renditen zwischen 5,8 und 6,3 Prozent führen. Diesen Werten der niedrigen Renditevariante in Tabelle 30 liegen in etwa die langfristigen Erträge der verschiedenen Anlageformen der letzten Jahrzehnte zugrunde. Der Durchschnitt läge bei 6,0 Prozent. Erhöht man die erwartete Rendite am Aktienmarkt auf 9 Prozent jährlich, ergibt sich eine mittlere Verzinsung von 6,5 Prozent im Jahr. Unter realistischen Annahmen und bei angemessener Risikomischung sollte man also langfristig nicht von einer höheren jährlichen Rendite als 6 bis 6,5 Prozent nach Steuern ausgehen. Auch eine selbst genutzte Immobilie wird diesen Durchschnitt nicht anheben. Eine bessere Verzinsung ist nur unter unvertretbar hohem Risiko denkbar, indem man einen sehr großen Anteil in Aktien investiert und gleichzeitig das Glück hat, dass die Börsenkurse sich langfristig weiter so ungewöhnlich positiv entwickeln wie in den neunziger Jahren.

Was bedeutet das für die Altersvorsorge? Die Höhe der Sparquote, die zur Absicherung im Alter nötig ist, hängt an der Rendite, der Inflationsrate und dem Produktivitätszuwachs. Entscheidend ist der Vorsprung der Verzinsung der Kapitalanlagen vor der Inflation und dem Produktivitätswachstum. Die Inflation lag in den letzten 40 Jahren ungefähr bei 3,0 Prozent durchschnittlich, der Produktivitätszuwachs betrug rund 2,4 Prozent im Jahr. Bei einer Nettorendite von 6,5 Prozent entsprach der Vorsprung der Verzinsung vor Inflation und Produktivitätswachstum also 1,1 Prozent, bei 6,0 Prozent Rendite waren es nur 0,6 Prozent jährlich. Wenn man mit zu optimistischen Anlageerträgen rechnet, vergrößert sich der Abstand und man bekommt den Eindruck, seine Sparquote vermindern zu können. Erzielt man die erwartete Rendite dann doch nicht, muss man seine Sparanstrengungen verstärken. Zur eigenen Sicherheit sollte man also mit realistischen Renditen rechnen.

4. Zehn Regeln zur Altersvorsorge

Wenn man nach dem Lesen dieses Buches nun ermitteln möchte, wie viel wirklich für die Absicherung des Lebensstandards im Alter zu tun ist, sollte man sich noch einmal die folgenden Regeln vergegenwärtigen:

1. Die letzte Rentenreform ist nicht die letzte

Die jüngste Rentenreform ist ein Schritt in die richtige Richtung, aber sie wird nicht reichen, um die negative Wirkung der Bevölkerungsentwicklung auf die Renten vollständig auszugleichen. An der Logik der Bevölkerungsentwicklung kommt aber kein Arbeitsminister vorbei. Weitere Einschränkungen der gesetzlichen Rentenleistungen in den nächsten Jahrzehnten sind daher vorprogrammiert, sollen die Rentenbeiträge nicht über 22 Prozent angehoben werden. Man sollte die gesparten Beitragserhöhungen auf jeden Fall für die private Altersvorsorge nutzen. Wer seine Versorgungslücke berechnet, orientiert sich nicht am derzeitigen Gesetzesstand, sondern an den für sein Alter geltenden Prozentsätzen der Tabelle 2 aus Kapitel 2.3.

2. Die Bevölkerungsentwicklung beeinträchtigt auch die private Altersversorgung

Die Lebenserwartung steigt ständig, die Kosten für Gesundheitsvorsorge und sonstige Dienstleistungen ebenfalls, aber die Renditen der Geldanlage und die monatlichen Leistungen privater Rentenversicherungen werden durch die Bevölkerungsentwicklung negativ beeinflusst.

3. *Der richtige Zeitpunkt zum Anfangen ist jetzt*

Wie alt man auch sein mag, je früher man anfängt, um so niedriger ist die notwendige Sparquote. Wer rechtzeitig anfängt, muss seinen heutigen Konsum viel weniger einschränken als bei einem späten Start. Man sollte nicht auf bessere Sparmöglichkeiten in der Zukunft vertrauen.

4. *Die Anlagehöhe, nicht die Anlageart ist entscheidend für die Altersversorgung*

Für die Altersversorgung sollte man nicht alles auf eine Karte setzen und daher nicht nur in Aktien oder Immobilien investieren. Wichtig ist eine gute Mischung der verschiedenen Anlagearten. Bei allen sicheren Anlagestrategien sind die Renditeunterschiede aber sehr gering. Man kann also nicht darauf vertrauen, dass die Börse oder der Immobilienmarkt die Altersvorsorgeprobleme löst. Nur die richtige Anlagehöhe sichert den Lebensstandard im Alter.

5. *Man sollte mit realistischen Renditen rechnen*

Vernünftige Anlagestrategien haben, wenn man von extrem günstigen Entwicklungen am Aktienmarkt absieht, ein realistisches Renditepotenzial von 6 bis 6,5 Prozent. Langfristig sollte man nicht mit höheren Renditen rechnen. Je höher man die zukünftige Verzinsung ansetzt, um so weniger glaubt man, sparen zu müssen und um so mehr Geld fehlt im Alter, wenn die Renditeerwartung nicht eingetreten ist. Die Bevölkerungsentwicklung und die zukünftige Besteuerung dürfte eher zu noch niedrigeren Renditen führen.

6. *Nicht nur die Inflation, auch der Produktivitätszuwachs ist zu berücksichtigen*

Die Einkommen der Beschäftigten steigen um mehr als die Inflationsrate. Auch der Produktivitätszuwachs erhöht die Gehälter.

Diese Einkommenserhöhungen sind Grundlage der Rentensteigerungen und der Preissteigerungen vieler Dienstleitungen. Die Rendite der meisten Geldanlagen reagiert auf die Inflation, aber nicht auf den Produktivitätszuwachs. Eine hohe Produktivitätssteigerung schmälert die relative Bedeutung des Vermögens.

7. *Nicht nur bis zum Rentenanfang, sondern bis zum Rentenende denken*

Rentner wollen ihren geplanten Lebensstandard nicht nur mit 60 oder 65 Jahren genießen, sondern auch noch in der Zeit danach. Inflation und Produktivitätszuwachs schreiten aber auch während der Rentnerzeit fort. Eine heute 30-jährige Frau, die mit 60 Jahren ihr Arbeitsleben beendet, hat voraussichtlich noch 26 Jahre als Rentnerin vor sich. Bei gleichen wirtschaftlichen Verhältnissen wie in der Vergangenheit werden sich in diesem Zeitraum die Einkommen der Beschäftigten mehr als verdreifachen. Auch nach dem Arbeitsleben muss man also Inflation und Produktivitätswachstum berücksichtigen.

8. *Planen in Prozenten*

Niemand kann genau voraussagen, wie sich die gesamtwirtschaftlichen Verhältnisse, die Einkommen und die Renditen der Geldanlagen entwickeln werden. Die absolute Höhe der Versorgungslücke und des zukünftigen Bedarfs kann man nicht in Euro und Cent vorausberechnen. Aber man kann die prozentuale Höhe seiner Rente im Verhältnis zu seinem Lebensstandard abschätzen und auch den Prozentsatz seines Einkommens ermitteln, den man heute sparen muss, um seinen Lebensstandard im Alter finanzieren zu können. Ebenso wie die absolute Höhe der Rentenbeiträge mit dem Einkommen steigt, sollte sich auch die Ersparnis jeder Gehaltserhöhung anpassen.

9. Es gibt nur ein Steuerungsinstrument: die Sparquote

Die Sparquote ist der Prozentsatz des Arbeitseinkommens nach Steuern und Sozialabgaben, den man für seine Altersversorgung zurücklegen muss. Beträgt das Nettoeinkommen 2.500 Euro im Monat, und spart man 250 Euro davon, beträgt die Sparquote 10 Prozent. Die Sparquote ist die einzige Größe, die man selbst beeinflussen kann. Die Renditen der Geldanlagen, die Inflationsrate und das Produktivitätswachstum muss man nehmen wie sie kommen. Steigt der Vorsprung der Rendite vor der Inflation und dem Produktivitätszuwachs, kann man die Sparquote senken, verkleinert sich der Abstand, muss man die Sparquote erhöhen.

10. Einmal im Jahr eine Stunde

Man sollte sich einmal im Jahr hinsetzen und mit Hilfe der folgenden Tabellen seine Sparquote berechnen. So kann man regelmäßig alle Änderung seiner wirtschaftlichen Verhältnisse und des gesamtwirtschaftlichen Umfelds berücksichtigen. Auf diese Weise passt man seine Sparquote immer den aktuellen Verhältnissen an und steuert so genau ins Ziel: Finanzielle Sicherheit im Alter.

5. Tabellenteil

Wie viel muss man sparen?

Die folgenden Tabellen helfen, ohne großen Aufwand zu errechnen, wie viel man sparen muss.

1. Bestimmen Sie ein Renteneintrittsalter, zum Beispiel 60 oder 65 Jahre.

2. Entscheiden Sie, von welcher Lebenserwartung Sie ausgehen wollen. 60-jährige Männer werden in einigen Jahrzehnten voraussichtlich im Durchschnitt 83 Jahre alt, Frauen 86 Jahre. Bei 65-Jährigen sind es 84 und 87 Jahre.

3. Schätzen Sie, wie sich Inflationsrate, Produktivitätswachstum und die Nettorendite der Geldanlagen entwickeln werden. Zur Vereinfachung sind in den folgenden Tabellen 4 Modelle durchgerechnet worden. Eine vorsichtige Schätzung, die höhere Sparleistungen erfordert, eine mittlere und eine optimistische. Außerdem noch eine sehr vorsichtige, die zeigt, wie viel gespart werden muss, wenn alle negativen Entwicklungen zusammen eintreffen. In den letzten 40 Jahren betrug die durchschnittliche Inflationsrate 3,0 Prozent pro Jahr, das Produktivitätswachstum 2,4 Prozent. Wenn Sie jährlich einmal die Planung überprüfen, können Sie auch die aktuellen Werte des laufenden oder vergangenen Jahres zugrunde legen.

4. Prüfen Sie, wie viel Prozent des Nettoarbeitseinkommens die gesetzliche Rente abdecken wird. Die Tabellen basieren auf der Annahme, dass im Alter die Rente gleichmäßig mit den Arbeitseinkommen steigt.

5. Entnehmen Sie der Tabelle unter dem jeweiligen Alter die individuelle Sparquote.

Beispiel:

Ein Anleger möchte mit 65 Jahren aufhören zu arbeiten und geht von einer Lebenserwartung von 87 Jahren aus. Seine Annahmen über Inflation, Produktivität und Rendite entsprechen dem vorsichtigen Modell. Dann orientiert er sich an Tabelle 4. Seine Rente wird voraussichtlich 50 Prozent seines Nettoarbeitseinkommens betragen. In der Spalte „50 %“ steht seine persönliche Sparquote. Wenn er 35 Jahre alt ist und noch nichts für die private Altersvorsorge getan hat, muss er zukünftig 20,44 Prozent seines Nettoeinkommens sparen. Den dann verbleibenden Lebensstandard kann er bis ins hohe Alter halten und auch als Rentner noch an der allgemeinen Steigerung des Wohlstands teilnehmen.

Wer schon Vermögen gebildet hat, das er für seine Altersversorgung verwenden kann, braucht weniger zu sparen. Wie viel weniger, kann man so berechnen:

In unserem Beispiel haben wir als Sparquote 20,44 Prozent ermittelt. Nun nehmen wir an, der Anleger hat bereits 80.000 Euro für seine Altersversorgung angespart. Sein derzeitiges Nettoarbeitseinkommen beträgt 40.000 Euro im Jahr. Man teilt nun sein Vermögen durch sein Nettogehalt.

80.000 Euro : 40.000 Euro = 2,00

Entnehmen Sie dann der Tabelle 4 den für sein Alter gültigen Vermögensfaktor. Bei einem Alter von 35 Jahren beträgt er 2,1488. Multiplizieren Sie jetzt den Vermögensfaktor mit 2,00.

2,00 x 2,1488 = 4,30

Um diese 4,30 Prozent kann er seine Sparquote vermindern.

20,44 – 4,30 = 16,14

Durch das bereits vorhandene Vermögen kann er seine Sparquote also um 4,30 Prozent auf 16,14 Prozent verringern.

Wurde schon genug vorgesorgt?

Wenn sich durch diese Berechnung eine Sparquote von 0 oder sogar eine negative Sparquote ergibt, bedeutet dies, dass das vorhandene Vermögen bereits ausreicht. Wer es für das Alter anlegt, braucht nicht noch zusätzlich zu sparen.

Sie können mit Hilfe der Tabelle auch ausrechnen, wieviel Vermögen der Anleger heute besitzen muss, wenn er nicht noch zusätzlich sparen will.

Beispiel:

Der Anleger ist 35 Jahre alt und verdient 40.000 Euro im Jahr nach Abzug der Steuern und Sozialabgaben. Seine Rente wird voraussichtlich 50 Prozent seines Nettoeinkommens erreichen. So können Sie sein heute nötiges Vorsorgevermögen berechnen:

Suchen Sie in der Spalte „50 %“ die Sparquote. Bei einem Alter von 35 Jahren beträgt sie 20,44 Prozent. Teilen Sie diese Sparquote durch den altersgemäßen Vermögensfaktor von 2,1488.

20,44 : 2,1488 = 9,51

Multiplizieren Sie dann 9,51 mit dem Nettogehalt.

9,51 x 40000 Euro = 380400 Euro

Wenn unser Anleger mit 35 Jahren also über 380.400 Euro verfügt, kann er es sich leisten, nichts mehr für sein Alter zu sparen und trotzdem als Rentner noch am Wohlstandszuwachs teilzunehmen.

So prüfen Sie bei Rentenbeginn, ob es reicht

Wer heute bereits 65 Jahre alt ist oder kurz davor und seine Ausgaben und seine Rente kennt, kann mit dem unteren Teil der Tabelle berechnen, ob sein vorhandenes Vermögen für das Alter reicht.

Beispiel:

Herr A. wird in Kürze Rentner. Seine Rente beläuft sich auf 15.000 Euro im Jahr, die Ausgaben aber auf 30.000 Euro. Damit beträgt seine Rente 50 Prozent seiner Ausgaben. In der Spalte „50%" finden Sie die Zahl 10,69. Multiplizieren Sie 10,69 mit seinen jährlichen Ausgaben und Sie erhalten das notwendige Vermögen zur langfristigen Absicherung seines Lebensstils.

10,69 x 30.000 Euro = 320.700 Euro

Wenn Herr A. über 320.700 Euro verfügt, kann er seine Ausgaben bis zu seinem 88. Geburtstag finanzieren und sie sogar noch jedes Jahr um die Inflationsrate und den Produktivitätszuwachs steigern.

Was muss man berücksichtigen, wenn man im eigenen Haus wohnt?

Wenn eine selbst bewohnte Immobilie Teil der Altersversorgung sein soll, wird die Rechnung etwas komplizierter. Die bisherigen Beispielrechnungen gingen alle davon aus, dass das angesparte Vermögen im Alter vollständig für den Lebensunterhalt zur Verfügung steht. Für ein eigenes Haus oder die eigene Wohnung gilt das aber nur dann, wenn man die Immobilie im Alter verkauft und den Ertrag für die Altersversorgung verwendet. In diesem Fall kann man so rechnen, wie in den obigen Beispielen und ein Teil der Sparquote fließt dann einfach in die monatliche Tilgung der Hypothek. Meist will man jedoch bis ins hohe Alter in den eigenen vier Wänden leben. Für die Altersversorgung steht dann nur die gesparte Miete zur Verfügung, der Wertzuwachs und die Vermögenssubstanz kann nicht für den Lebensunterhalt verwendet werden.

Um in diesem Fall richtig zu rechnen, können Sie auf zwei Arten vorgehen. Bei der ersten Methode schätzen Sie einfach, wieviel Prozent des Nettoeinkommens die gesparte Miete ausmacht. Diesen Prozentsatz zählen Sie zur voraussichtlichen Rente hinzu. Beträgt zum Beispiel die erwartete Rente 50 Prozent des Nettoeinkommens und die eingesparte Miete 20 Prozent, entnehmen Sie die Sparquote der Spalte „erwartete Rente 70 %“. Die gesparte Miete wird so wie eine bis zum Lebensende gezahlte Rente behandelt.

Dieses Verfahren ist einfach, aber etwas ungenau. Vor allem aber ist es nur anwendbar, wenn tatsächlich neben der monatlichen Abzahlung der Hypothek noch genug freie finanzielle Mittel zur Verfügung stehen, um ausreichend für das Alter vorzusorgen. Meist ist das jedoch gerade nach dem Kauf einer Immobilie nicht der Fall. Zins und Tilgung belasten am Anfang das Haushaltsbudget mehr als die Miete und für zusätzliches Sparen bleibt wenig Raum. In diesem Fall können Sie nach einer anderen, genaueren Methode vorgehen, bei der am Anfang weniger gespart wird, dafür aber später um so mehr.

Beispiel:

Frau B. ist 30 Jahre alt, möchte noch 35 Jahre arbeiten und geht von einer Lebenserwartung von 87 Jahren aus. Die wirtschaftlichen Rahmenbedingungen entsprechen dem vorsichtigen Modell. Als Rente erwartet sie 50 Prozent ihres Nettoeinkommens. Die 75.000 Euro, die sie bereits gespart hat, fließen als Eigenkapital in den Kauf eines Hauses. Zins und Tilgung belasten sie zunächst so stark, dass an weiteres Sparen kaum zu denken ist. Wie sollte sie ihre Altersvorsorge planen?

Ermitteln Sie zunächst die Sparquote gemäß der Tabelle 4. Bei einem Alter von 30 Jahren und 50 Prozent Rente beträgt die Sparquote 18,50 Prozent.

Multiplizieren Sie dann diese Sparquote mit dem Nettoeinkommen. Bei einem Verdienst von 40.000 Euro im Jahr ergibt sich eine Summe von 7.400 Euro.

Addieren Sie zu diesen 7400 Euro die Miete, die Frau B. für ihr Haus hätte zahlen müssen, wenn sie es nicht gekauft, sondern gemietet hätte, zum Beispiel 10.000 Euro jährlich. Sie erhalten die Summe von 17.400 Euro.

Ziehen Sie davon die jährlichen Zins- und Tilgungszahlungen für die Hypothek ab. Betragen diese zum Beispiel 15.000 Euro, verbleibt eine Differenz von 2.400 Euro.

Diese 2.400 Euro spart Frau B. zusätzlich für ihre Altersversorgung. Ihr Lebensstandard ist damit genau so hoch, wie er bei einer Sparquote von 18,50 Prozent und der Miete des Hauses gewesen wäre. Wenn die Zahlungen für die Hypothek höher sind als die Sparquote und die Miete zusammen, spart sie nichts zusätzlich.

In den nächsten Jahren rechnet sie mit derselben Sparquote von 18,50 Prozent und dem Mietwert des Hauses einmal im Jahr auf diese Weise ihren Sparbetrag für die Altersversorgung aus. Da ihr Einkommen und der Mietwert normalerweise steigen, die jährliche Zahlung für Zins und Tilgung aber gleich bleibt, erhöht sich die Sparsumme von Jahr zu Jahr und sie hat immer genau so viel zum Leben übrig, wie sie es als Mieter gehabt hätte.

Wenn das Haus abbezahlt ist, z. B. mit 50 Jahren, errechnet Frau B. ganz normal mit Hilfe der Tabelle 4 ihre Sparquote neu. Sie beträgt nun 29,38 Prozent. Sie teilt wieder ihr vorhandenes Vermögen ohne das Haus durch ihr Einkommen und multipliziert das Ergebnis mit dem Vermögensfaktor 2,9140. Das in ihrem Haus gebundene Vermögen darf sie nicht mitrechnen, denn das will sie im Alter nicht verbrauchen. Diesen Prozentsatz zieht sie von der Sparquote von 29,38 Prozent ab und es verbleibt die endgültige Sparquote, z. B. 20,24 Prozent. Auch wenn die Summe über dem liegen sollte, was sie in den Jahren davor gespart hat, kann sie den Betrag leicht in ihre Altersversorgung investieren, denn die Abzahlungen für ihr Haus entfallen nun. Mit 65 Jahren wird sie auf diese Weise genug Vermögen für ihr Alter gebildet haben, um ihr Haus nicht verkaufen zu müssen und trotzdem so gut leben zu können wie vorher.

TABELLE 1

Modell 1: Sehr vorsichtig

Die jährliche Inflationsrate beträgt	3,00 Prozent
Die jährliche Rendite der Geldanlagen nach Steuern beträgt 6,00 Prozent, als Rentner noch	5,00 Prozent
Die jährliche Produktivitätssteigerung beträgt	3,00 Prozent

Berechnung der Sparquote, wenn kein Vermögen vorhanden ist

Wenn die erwartete Rente so viel Prozent des Nettoeinkommens beträgt:

dann muss der Arbeitnehmer so viel Prozent seines Nettoeinkommens sparen:

Alter heute	70%	60%	50%	40%	30%	20%	10%	0%	Vermögensfaktor
20	10,04	13,39	16,74	20,08	23,43	26,78	30,12	33,47	1,4932
21	10,18	13,58	16,98	20,36	23,76	27,16	30,54	33,94	1,5155
22	10,33	13,78	17,22	20,66	24,11	27,55	30,99	34,44	1,5390
23	10,49	13,99	17,49	20,97	24,47	27,97	31,47	34,96	1,5638
24	10,66	14,21	17,76	21,30	24,86	28,41	31,96	35,51	1,5898
25	**10,83**	**14,44**	**18,05**	**21,65**	**25,26**	**28,87**	**32,48**	**36,09**	**1,6170**
26	11,00	14,66	18,33	21,98	25,65	29,31	32,98	36,65	1,6433
27	11,17	14,90	18,62	22,34	26,06	29,78	33,51	37,23	1,6710
28	11,35	15,14	18,93	22,71	26,50	30,28	34,06	37,85	1,7002
29	11,55	15,40	19,25	23,10	26,95	30,80	34,65	38,50	1,7308
30	**11,75**	**15,67**	**19,59**	**23,51**	**27,43**	**31,34**	**35,26**	**39,18**	**1,7629**
31	11,95	15,93	19,92	23,91	27,89	31,87	35,86	39,84	1,7941
32	12,16	16,21	20,27	24,32	28,38	32,43	36,48	40,54	1,8270
33	12,38	16,51	20,64	24,76	28,89	33,02	37,15	41,27	1,8617
34	12,62	16,82	21,03	25,23	29,43	33,63	37,84	42,04	1,8981
35	**12,86**	**17,14**	**21,43**	**25,71**	**30,00**	**34.28**	**38,57**	**42,85**	**1,9362**
36	13,10	17,46	21,83	26,19	30,56	34,92	39,29	43,65	1,7941
37	13,35	17,80	22,26	26,70	31,15	35,60	40,05	44,50	1,8270
38	13,62	18,15	22,70	27,24	31,78	36,31	40,86	45,39	1,8617
39	13.90	18,53	23,17	27,80	32,43	37,06	41,70	46,33	1,8981
40	**14,19**	**18,92**	**23,66**	**28,39**	**33,12**	**37,85**	**42,58**	**47,31**	**2,1468**
41	14,49	19,32	24,16	28,99	33,81	38,64	43,47	48,30	2,1937
42	14,00	19,74	24,68	29,61	34,55	39,48	44,42	49,35	2,2433
43	15,14	20,18	25,23	30,28	35,32	40,36	45,41	50,46	2,2954
44	15,48	20,64	25,81	30,97	36,13	41,29	46,40	51,62	2,3501
45	**15,85**	**21,13**	**26,42**	**31,70**	**36,98**	**42,26**	**47,55**	**52,83**	**2,4075**
46	16,23	21,64	27,05	32,46	37,86	43,27	48,69	54,09	2,4671
47	16,63	22,17	27,72	33,25	38,80	44,34	49,88	55,42	2,5300
48	17,05	22,73	28,42	34,09	39,78	45,46	51,15	56,83	2,5962
49	17,49	23,32	29,15	34,98	40,81	46,64	52,47	58,30	2,6657
50	**17,95**	**23,94**	**20,92**	**35,90**	**41,89**	**47,87**	**53,86**	**59,84**	**2,7385**
51	18,45	24,60	30,75	36,90	43,05	49,20	55,35	61,50	2,8168
52	18,97	25,30	31,63	37,95	44,28	50,60	56,93	63,25	2,8995
53	19,53	26,04	32,55	39,05	45,57	52,07	58,59	65,09	2,9865
54	20,11	26,81	33,52	40,21	46,92	53,62	60,33	67,02	3,0778
55	**20.72**	**27,62**	**34,53**	**41,43**	**48,34**	**55,24**	**62,15**	**69,05**	**3,1735**
56	21,40	28,53	35,66	42,79	49,93	57,06	64,19	71,32	3,2807
57	22,12	29,48	36,86	44,23	51,60	58,97	66,35	73,72	3,3938
58	22,87	30,49	38,12	45,74	53,37	60,99	68,61	76,24	3,5129
59	23,67	31,55	39,44	47,33	55,22	63,11	71,00	78,89	3,6380
60	24,50	32,66	40,83	49,00	57,16	65,33	73,49	81,66	3,7690

Berechnung des benötigten Vermögens bei einem heutigen Renteneintritt im Alter von 65 Jahren:

Wenn die Rente so viel Prozent der Ausgaben deckt:

dann muss die folgende Zahl mit den jährlichen Ausgaben multipliziert werden, um das notwendige Vermögen für die Altersversorgung zu erhalten:

70%	60%	50%	40%	30%	20%	10%	0%
6,47	8,63	10,79	12,94	15,10	17,26	19,42	21,57

TABELLE 2

Angenommenes Renteneintrittsalter:	65 Jahre
Angenommene Lebenserwartung:	87 Jahre

Modell 1: Sehr vorsichtig

Die jährliche Inflationsrate beträgt	3,00 Prozent
Die jährliche Rendite der Geldanlagen nach Steuern beträgt 6,00 Prozent, als Rentner noch	5,00 Prozent
Die jährliche Produktivitätssteigerung beträgt	3,00 Prozent

Berechnung der Sparquote, wenn kein Vermögen vorhanden ist

Wenn die erwartete Rente so viel Prozent des Nettoeinkommens beträgt:

dann muss der Arbeitnehmer so viel Prozent seines Nettoeinkommens sparen:

Alter heute	70%	60%	50%	40%	30%	20%	10%	0%	Vermögensfaktor
20	11,11	14,81	18,51	22,21	25,91	29,62	33,32	37,02	1,4133
21	11,26	15,01	18,76	22,51	26,26	30,01	33,76	37,51	1,4333
22	11,41	15,21	19,02	22,82	26,62	30,43	34,23	38,03	1,4544
23	11,58	15,43	19,29	23,15	27,00	30,87	34,72	38,58	1,4766
24	11,75	15,66	19,58	23,50	27,41	31,33	35,24	39,16	1,5000
25	**11,93**	**15,90**	**19,88**	**23,86**	**27,83**	**31,81**	**35,78**	**39,76**	**1,5244**
26	12,10	16,13	20,17	24,20	28,23	32,27	36,30	40,33	1,5477
27	12,29	16,37	20,47	24,57	28,66	32,75	36,85	40,94	1,5722
28	12,48	16,63	20,79	24,95	29,11	33,26	37,42	41,58	1,5981
29	12,68	16,90	21,13	25,35	29,58	33,80	38,03	42,25	1,6253
30	**12,89**	**17,18**	**21,48**	**25,77**	**30,07**	**34,36**	**38,66**	**42,95**	**1,6537**
31	13,09	17,45	21,82	26,18	30,54	34,90	39,27	43,63	1,6811
32	13,30	17,74	22,17	26,60	31,04	35,47	39,91	44,34	1,7099
33	13,53	18,04	22,55	27,05	31,56	36,07	40,58	45,09	1,7403
34	13,76	18,35	22,94	27,53	32,11	36,70	41,29	45,88	1,7723
35	**14,01**	**18,68**	**23,35**	**28,02**	**32,69**	**37,36**	**42,03**	**46,70**	**1,8057**
36	14,25	19,00	23,76	28,51	33,26	38,01	42,76	47,51	1,8385
37	14,51	19,35	24,18	29,02	33,86	38,69	43,53	48,37	1,8732
38	14,78	19,71	24,63	29,56	34,49	39,41	44,34	49,27	1,9097
39	15,06	20,08	25,11	30,13	35,15	40,17	45,19	50,21	1,9480
40	**15,36**	**20.48**	**25,60**	**30.72**	**35.84**	**40.96**	**46.08**	**51.20**	**1,9881**
41	15,66	20,88	26,10	31,31	36,53	41,75	46,97	52,19	2,0282
42	15,97	21,29	26,62	31,94	37,26	42,58	47,91	53,23	2,0704
43	16,30	21,73	27,17	32,60	38,03	43,46	48,90	54,33	2,1149
44	16,65	22,20	27,75	33,29	38,84	44,38	49,93	55,48	2,1617
45	**17.01**	**22.68**	**28.35**	**34.01**	**39.68**	**45.35**	**51.02**	**56.69**	**2.2106**
46	17,38	23,17	28,96	34,75	40,54	46,33	52,13	57,92	2,2604
47	17,77	23,69	29,61	35,53	41,45	47,37	53,30	59,22	2,3131
48	18,18	24,24	30,29	36,35	42,40	48,47	54,53	60,58	2,3684
49	18,61	24,81	31,01	37,21	43,41	49,62	55,82	62,02	2,4266
50	**19,06**	**25,41**	**31,76**	**38,11**	**44,46**	**50,82**	**57,17**	**63,52**	**2,4875**
51	19,53	26,04	32,55	39,06	45,56	52,08	58,59	65,10	2,5513
52	20,03	26,71	33,38	40,05	46,73	53,41	60,08	66,76	2,6187
53	20,55	27,41	34,26	41,10	47,95	54,81	61,66	68,51	2,6897
54	21,10	28.14	35,18	42,21	49,24	56,28	63,31	70,35	2.7642
55	**21,68**	**28,91**	**36,14**	**43,36**	**50,59**	**57,82**	**65,04**	**72,27**	**2,8422**
56	22,31	29,75	37,18	44,61	52,05	59,49	66,92	74,36	2,9269
57	22,97	30,63	38,29	45,94	53,60	61,25	68,91	76,57	3,0163
58	23,66	31,55	39,45	47,33	55,22	63,11	71,00	78,89	3,1104
59	24,39	32,53	40,66	48,80	56,93	65,06	73,19	81,33	3,2093
60	25.16	33,55	41,94	50,33	58.72	67.10	75,49	83,88	3,3128

Berechnung des benötigten Vermögens bei einem heutigen Renteneintritt im Alter von 65 Jahren:

Wenn die Rente so viel Prozent der Ausgaben deckt:

dann muss die folgende Zahl mit den jährlichen Ausgaben multipliziert werden, um das notwendige Vermögen für die Altersversorgung zu erhalten:

70%	60%	50%	40%	30%	20%	10%	0%
7,56	10,09	12,61	15,13	17,65	20,17	22,69	25,21

TABELLE 3

Angenommenes Renteneintrittsalter:	65 Jahre
Angenommene Lebenserwartung:	84 Jahre

Modell 2: Vorsichtig

Die jährliche Inflationsrate beträgt	3,50	Prozent
Die jährliche Rendite der Geldanlagen nach Steuern beträgt	6,50	Prozent
Die jährliche Produktivitätssteigerung beträgt	2,50	Prozent

Berechnungen der Sparquote, wenn kein Vermögen vorhanden ist

Wenn die erwartete Rente so viel Prozent des Nettoeinkommens beträgt:

dann muss der Arbeitnehmer so viel Prozent seines Nettoeinkommens sparen:

Alter heute	70%	60%	50%	40%	30%	20%	10%	0%	Vermögensfaktor
20	8,44	11,25	14,07	16,88	19,69	22,50	25,32	28,13	1,7920
21	8,58	11,44	14,31	17,17	20,02	22,88	25,75	28,61	1,8156
22	8,73	11,64	14,56	17,47	20,38	23,28	26,20	29,11	1,8405
23	8,89	11,85	14,82	17,79	20,75	23,71	26,68	29,64	1,8668
24	9,06	12,08	15,10	18,12	21,14	24,15	27,18	30,20	1,8943
25	9,23	12,31	15,39	18,47	21,55	24,62	27,70	30,78	1,9232
26	9,40	12,54	15,67	18,81	21,94	25,07	28,21	31,35	1,9512
27	9,58	12,78	15,97	19,17	22,36	25,55	28,75	31,94	1,9807
28	9,77	13,03	16,28	19,54	22,80	26,06	29,31	32,57	2,0118
29	9,97	13,29	16,61	19,94	23,26	26,59	29,91	33,23	2,0444
30	10.18	13.57	16.96	20.35	23.74	27.14	30.53	33.92	2.0786
31	10,38	13,84	17,30	20,76	24,22	27,68	31,14	34,60	2,1122
32	10,60	14,13	17,66	21,19	24,72	28,25	31,78	35,31	2,1477
33	10,82	14,43	18,04	21,64	25,24	28,86	32,46	36,07	2,1850
34	11,06	14,75	18,43	22,11	25,80	29,49	33,17	36,86	2,2242
35	11,31	15,08	18,85	22,61	26,38	30,15	33,92	37,69	2,2653
36	11,56	15,41	19,26	23,11	26,96	30,81	34,67	38,52	2,3064
37	11,82	15,76	19,70	23,63	27,58	31,52	35,46	39,40	2,3497
38	12,10	16,13	20,16	24,19	28,22	32,25	36,29	40,32	2,3954
39	12,39	16,52	20,64	24,77	28,90	33,03	37,16	41,29	2,4433
40	·12,69	16,92	21,15	25,38	29,61	33,84	38,07	42,30	2,4935
41	13,00	17,33	21,67	26,00	30,34	34,67	39,00	43,34	2,5448
42	13,33	17,77	22,22	26,66	31,10	35,55	39,99	44,43	2,5990
43	13,68	18,23	22,79	27,35	31,91	36,47	41,02	45,58	2,6560
44	14,04	18,71	23,40	28,08	32,75	37,44	42,11	46,79	2,7159
45	14,42	19,22	24,03	28,84	33,64	38,45	43,25	48,06	2,7786
46	14,82	19,75	24,70	29,64	34,58	39,52	44,45	49,40	2,8447
47	15,24	20,32	25,40	30,49	35,56	40,64	45,72	50,81	2,9145
48	15,69	20,91	26,14	31,38	36,60	41,83	47,06	52,29	2,9880
49	16,15	21,54	26,92	32,31	37,70	43,08	48,46	53,85	3,0651
50	16,64	22,19	27,74	33,29	38,84	44.38	49,93	55,48	3,1459
51	17,17	22,90	20,63	34,36	40,09	45,81	51,53	57,26	3,2340
52	17,74	23,66	29,57	35,48	41,40	47,31	53,22	59,14	3,3271
53	18,33	24,45	30,56	36,67	42,78	48,89	55,00	61,12	3,4250
54	18,96	25,26	31,60	37,92	44,24	50,56	56,87	63,19	3,5278
55	19.61	26.15	32.69	39.22	45.76	52.30	58.83	65.37	3.6355
56	20,36	27,15	33,94	40,72	47,50	54,29	61,07	67,86	3,7589
57	21,15	28,20	35,25	42,29	49,35	56,40	63,44	70,49	3,8892
58	21,98	29,31	36,63	43,96	51,28	58,62	65,94	73,26	4,0263
59	22,85	30,47	38,09	45,70	53,32	60,94	68,56	76,17	4,1703
60	23,77	31,69	39,61	47,53	55,45	63,38	71,30	79.22	4,3211

Berechnung des benötigten Vermögens bei einem heutigen Renteneintritt im Alter von 65 Jahren:

Wenn die Rente so viel Prozent der Ausgaben deckt:

dann muss die folgende Zahl mit den jährlichen Ausgaben multipliziert werden, um das notwendige Vermögen für die Altersversorgung zu erhalten:

70%	60%	50%	40%	30%	20%	10%	0%
5,61	7,48	9,35	11,22	13,08	14,95	16,82	18,69

TABELLE 4

Angenommenes Renteneintrittsalter:	**65 Jahre**
Angenommene Lebenserwartung:	**87 Jahre**

Modell 2: Vorsichtig

Die jährliche Inflationsrate beträgt	3,50	Prozent
Die jährliche Rendite der Geldanlagen nach Steuern beträgt	6,50	Prozent
Die jährliche Produktivitätssteigerung beträgt	2,50	Prozent

Berechnung der Sparquote, wenn kein Vermögen vorhanden ist

Wenn die erwartete Rente so viel Prozent des Nettoeinkommens beträgt:

dann muss der Arbeitnehmer so viel Prozent seines Nettoeinkommens sparen:

Alter heute	70%	60%	50%	40%	30%	20%	10%	0%	Vermögensfaktor
20	9,28	12,37	15,46	18,55	21,64	24,74	27,83	30,92	1,7227
21	9,43	12,57	15,71	18,85	22,00	25,14	28,28	31,42	1,7442
22	9,59	12,78	15,98	19,17	22,37	25,56	28,76	31,95	1,7669
23	9,75	13,00	16,26	19,51	22,76	26,01	29,26	32,51	1,7907
24	9,93	13,24	16,55	19,86	23,17	26,48	29,79	33,10	1,8158
25	10,11	13,48	16,86	20,23	23,60	26,97	30,34	33,71	1,8420
26	10,29	13,72	17,15	20,58	24,01	27,44	30,87	34,30	1,8673
27	10,48	13,97	17,46	20,95	24,45	27,94	31,43	34,92	1,8940
28	10,67	14,23	17,79	21,35	24,91	28,46	32,02	35,58	1,9221
29	10,88	14,51	18,13	21,76	25,39	29,01	32,64	36,27	1,9516
30	11.10	14.80	18.50	22.19	25,89	29.59	33,29	36,99	1,9824
31	11,31	15,08	18,85	22,61	26,38	30,15	33,92	37,69	2,0124
32	11,53	15,37	19,21	23,06	26,90	30,74	34,59	38,43	2,0440
33	11,76	15,68	19,60	23,52	27,45	31,37	35,29	39,21	2,0773
34	12,01	16,01	20,01	24,01	28,02	32,02	36,02	40,02	2,1122
35	12,26	16,35	20,44	24,53	28,62	32,70	36,79	40,88	2,1488
36	12,52	16,69	20,86	25,04	29,21	33,38	37,56	41,73	2,1852
37	12,79	17,05	21,31	25,58	29,84	34,10	38,36	42,63	2,2236
38	13,07	17,43	21,79	26,14	30,50	34,86	39,21	43,57	2,2640
39	13,37	17,82	22,28	26,74	31,19	35,65	40,11	44,56	2,3064
40	13,68	18,24	22,80	27,36	31,92	36,48	41,04	45,60	2,3509
41	13,99	18,66	23,32	27,99	32,65	37,32	41,98	46,65	2,3956
42	14,32	19,10	23,87	28,65	33,42	38,20	42,97	47,75	2,4428
43	14,67	19,56	24,46	29,35	34,24	39,13	44,02	48,91	2,4926
44	15,04	20,05	25,07	30,08	35,09	40,11	45,12	50,13	2,5448
45	15,42	20,56	25,71	30,85	35,99	41,13	46,27	51,41	2,5995
46	15,82	21,09	26,37	31,64	36,91	42,19	47,46	52,73	2,6561
47	16,24	21,65	27,06	32,48	37,89	43,30	48,72	54,13	2,7158
48	16,68	22,24	27,80	33,36	38,92	44,48	50,04	55,60	2,7787
49	17,14	22,86	28,57	34,29	40,00	45,71	51,43	57,14	2,8448
50	17,63	23,50	29,38	35,26	41,13	47,01	52,88	58,76	2,9140
51	18,15	24,19	30,24	36,29	42,34	48,39	54,44	60,48	2,9878
52	18,69	24,92	31,15	37,38	43,61	49,84	56,07	62,30	3,0657
53	19,27	25,69	32,11	38,53	44,95	51,38	57,80	64,22	3,1477
54	19,87	26,49	33,12	39,74	46,36	52,99	59,61	66,23	3,2338
55	20.50	27.34	34.17	41.00	47.84	54.67	61.51	68.34	3,3240
56	21,20	28,27	35,34	42,41	49,48	56,54	63,61	70,68	3,4241
57	21,95	29,26	36,58	43,89	51,21	58,52	65,84	73,15	3,5298
58	22,73	30,30	37,88	45,45	53,03	60,60	68,18	75,75	3,6410
59	23,54	31,39	39,24	47,09	54,94	62,78	70,63	78,48	3,7579
60	24,40	32,54	40,67	48,80	56,94	65,07	73,21	81,34	3,8802

Berechnung des benötigten Vermögens bei einem heutigen Renteneintritt im Alter von 65 Jahren:

Wenn die Rente so viel Prozent der Ausgaben deckt:

dann muss die folgende Zahl mit den jährlichen Ausgaben multipliziert werden, um das notwendige Vermögen für die Altersversorgung zu erhalten:

70%	60%	50%	40%	30%	20%	10%	0%
6,41	8,55	10,69	12,82	14,96	17,10	19,24	21,37

TABELLE 5

Angenommenes Renteneintrittsalter:	65 Jahre
Angenommene Lebenserwartung:	84 Jahre

Modell 3: Zwischen vorsichtig und optimistisch

Die jährliche Inflationsrate beträgt	3,00	Prozent
Die jährliche Rendite der Geldanlagen nach Steuern beträgt	7,00	Prozent
Die jährliche Produktivitätssteigerung beträgt	2,00	Prozent

Berechnung der Sparquote, wenn kein Vermögen vorhanden ist

Wenn die erwartete Rente so viel Prozent des Nettoeinkommens beträgt:

dann muss der Arbeitnehmer so viel Prozent seines Nettoeinkommens sparen:

Alter heute	70%	60%	50%	40%	30%	20%	10%	0%	Vermögensfaktor
20	5,80	7,74	9,67	11,60	13,54	15,47	17,41	19,34	2,6948
21	5,95	7,94	9,92	11,90	13,89	15,87	17,86	19,84	2,7160
22	6,11	8,15	10,18	12,22	14,26	16,30	18,34	20,37	2,7384
23	6,28	8,37	10,46	12,55	14,65	16,74	18,84	20,92	2,7620
24	6.46	8.61	10.75	12.90	15.05	17.21	19.36	21.51	2,7868
25	6,64	8,85	11,06	13,27	15,48	17,70	19,91	22,12	2,8127
26	6,82	9,09	11,36	13,63	15,90	18,18	20,45	22,72	2,8382
27	7,01	9,34	11,68	14,01	16,35	18,69	21,02	23,36	2,8651
28	7,21	9,61	12,01	14,42	16,81	19,22	21,62	24,02	2,8935
29	7,42	9,89	12,36	14,84	17,31	19,78	22,25	24,73	2,9232
30	7,64	10,18	12,73	15,28	17,82	20,37	22,91	25,46	2,9544
31	7,86	10,47	13,10	15,72	18,33	20,96	23,57	26,19	2,9855
32	8,09	10,78	13,48	16,18	18,87	21,57	24,27	26,97	3,0183
33	8,34	11,11	13,89	16,67	19,44	22,22	25,00	27,78	3,0528
34	8.59	11.45	14.32	17.18	20.04	22.91	25.77	28.63	3,0891
35	8,86	11,81	14,77	17,72	20,67	23,62	26,58	29,53	3,1271
36	9,13	12,17	15,22	18,26	21,31	24,35	27,40	30,44	3,1656
37	9,42	12,56	15,70	18,84	21,98	25,11	28,26	31,39	3,2062
38	9,72	12,96	16,21	19,44	22,68	25,92	29,16	32,40	3,2489
39	10.04	13,39	16,74	20,08	23,42	26,77	30,11	33,46	3,2938
40	10,37	13,83	17,29	20,74	24,20	27,66	31,11	34,57	3,3408
41	10,72	14,29	17,86	21,43	25,00	28,58	32,15	35,72	3,3897
42	11,08	14,77	18,47	22,16	25,85	29,55	33,24	36,93	3,4412
43	11,46	15,28	19,11	22,93	26,75	30,57	34,39	38,21	3,4955
44	11.87	15.82	19.78	23.74	27.69	31.65	35,60	39.55	3,5525
45	12,29	16,38	20,48	24,58	28,67	32,77	36,86	40,96	3,6122
46	12,74	16,98	21,23	25,47	29,72	33,96	38,20	42,45	3,6755
47	13,21	17,61	22,02	26,42	30,82	35,22	39,62	44,03	3,7422
48	13,71	18,27	22,85	27,41	31,98	36,55	41,12	45,69	3,8125
49	14,23	18,97	23,72	28,46	33,20	37,94	42,69	47,43	3,8863
50	14.78	19.70	24.63	29.55	34.48	39.40	44,33	49,25	3,9636
51	15,38	20,50	25,63	30,76	35,89	41,01	46,14	51,26	4,0489
52	16,02	21,35	26,69	32,03	37,37	42,71	48,05	53,38	4,1399
53	16,69	22,25	27,81	33,37	38,93	44,50	50,06	55,62	4,2337
54	17,39	23,19	28,98	34,78	40,57	46,37	52,17	57,96	4,3332
55	18,13	24,17	30,21	36,25	42,29	48,34	54,38	60,42	4,4375
56	18,98	25,30	31,63	37,95	44,28	50,61	56,93	63,26	4,5578
57	19,88	26,50	33,13	39,75	46,37	53,00	59,63	66,25	4,6848
58	20,82	27,76	34,70	41,64	48,58	55,52	62,46	69,40	4,8184
59	21,81	29,08	36,36	43,63	50,90	58,17	65,44	72,71	4,9588
60	22,85	30,47	38,09	45,71	53,33	60,94	68,56	76,18	5,1058

Berechnung des benötigten Vermögens bei einem heutigen Renteneintritt im Alter von 65 Jahren:

Wenn die Rente so viel Prozent der Ausgaben deckt:

dann muss die folgende Zahl mit den jährlichen Ausgaben multipliziert werden, um das notwendige Vermögen für die Altersversorgung zu erhalten:

70%	60%	50%	40%	30%	20%	10%	0%
4,90	6,54	8,17	9,81	11,44	13,08	14,71	16,35

TABELLE 6

Angenommenes Renteneintrittsalter:	65 Jahre
Angenommene Lebenserwartung:	87 Jahre

Modell 3: Zwischen vorsichtig und optimistisch

Die jährliche Inflationsrate beträgt	3,00	Prozent
Die jährliche Rendite der Geldanlagen nach Steuern beträgt	7,00	Prozent
Die jährliche Produktivitätssteigerung beträgt	2,00	Prozent

Berechnung der Sparquote, wenn kein Vermögen vorhanden ist

Wenn die erwartete Rente so viel Prozent des Nettoeinkommens beträgt:

dann muss der Arbeitnehmer so viel Prozent seines Nettoeinkommens sparen:

Alter heute	70%	60%	50%	40%	30%	20%	10%	0%	Vermögensfaktor
20	6,35	8,47	10,59	12,71	14,83	16,94	19,06	21,18	2,6330
21	6,51	8,68	10,86	13,03	15,20	17,37	19,54	21,71	2,6522
22	6,68	8,91	11,14	13,37	15,60	17,82	20,05	22,28	2,6725
23	6,86	9,15	11,44	13,72	16,02	18,30	20,59	22,87	2,6938
24	7,05	9,40	11,75	14,10	16,45	18,80	21,15	23,50	2,7162
25	7,25	9,66	12,08	14,49	16,91	19,32	21,74	24,15	2,7397
26	7,44	9,92	12,40	14,87	17,35	19,83	22,31	24,79	2,7626
27	7,64	10,19	12,73	15,27	17,82	20,37	22,92	25,46	2,7867
28	7,85	10,47	13,09	15,70	18,32	20,93	23,55	26,17	2,8121
29	8,08	10,77	13,46	16,14	18,84	21,53	24,22	26,91	2,8388
30	8,31	11,08	13.85	16.61	19.38	22,15	24.92	27.69	2,8667
31	8,54	11,39	14,23	17,07	19,92	22,77	25,61	28,46	2,8942
32	8,78	11,71	14,64	17,56	20,49	23,42	26,34	29,27	2,9232
33	9,04	12,05	15,06	18,07	21,08	24,10	27,11	30,12	2,9538
34	9,31	12,41	15,51	18,61	21,71	24,82	27,92	31,02	2,9859
35	9,59	12,78	15.98	19,18	22,37	25,57	28,76	31,96	3,0195
36	9,87	13,16	16,45	19,75	23,03	26,32	29,61	32,90	3,0533
37	10,17	13,56	16,95	20,34	23,73	27,12	30,51	33,90	3,0890
38	10,48	13,98	17,47	20,97	24,46	27,96	31,45	34,95	3,1265
39	10,81	14,42	18,02	21,63	25,23	28,84	32,44	36,05	3,1660
40	11,16	14,88	18,60	22.32	26.04	29.76	33.48	37.20	3,2073
41	11,51	15,35	19,19	23,03	26,86	30,70	34,54	38,38	3,2494
42	11,89	15,85	19,81	23,77	27,73	31,70	35,66	39,62	3,2939
43	12,28	16,37	20,46	24,55	28,65	32,74	36,84	40,93	3,3407
44	12,69	16,92	21,15	25,38	29,61	33,84	38,07	42,30	3,3899
45	13,12	17,50	21,87	26.24	30.62	34.99	39.37	43.74	3,4414
46	13,57	18,10	22,62	27,14	31,67	36,19	40,72	45,24	3,4953
47	14,05	18,74	23,42	28,10	32,78	37,47	42,15	46,83	3,5522
48	14,55	19,40	24,25	29,10	33,95	38,80	43,66	48,51	3,6121
49	15,08	20,11	25,13	30,16	35,18	40,21	45,24	50,26	3,6749
50	15,63	20.84	26.05	31.26	36.47	41.68	46.89	52.10	3,7408
51	16,22	21,63	27,04	32,45	37,86	43,27	48,67	54,08	3,8118
52	16,85	22,47	28,09	33,71	39,32	44,94	50,56	56,17	3,8867
53	17,51	23,35	29,19	35,03	40,86	46,70	52,54	58,38	3,9656
54	18,20	24,27	30,35	36,42	42,48	48,55	54,62	60,69	4,0484
55	18,93	25,24	31,56	37,87	44,18	50,49	56,80	63,11	4,1352
56	19,75	26,33	32,92	39,50	46,08	52,66	59,24	65,82	4,2324
57	20,61	27,47	34,35	41,21	48,08	54,95	61,82	68,69	4,3350
58	21,51	28,68	35,86	43,02	50,19	57,36	64,53	71,71	4,4431
59	22,46	29,95	37,44	44,92	52,41	59,90	67,38	74,87	4,5565
60	23,46	31,28	39,10	46,91	54,73	62,55	70,37	78,19	4,6753

Berechnung des benötigten Vermögens bei einem heutigen Renteneintritt im Alter von 65 Jahren:

Wenn die Rente so viel Prozent der Ausgaben deckt:

dann muss die folgende Zahl mit den jährlichen Ausgaben multipliziert werden, um das notwendige Vermögen für die Altersversorgung zu erhalten:

70%	60%	50%	40%	30%	20%	10%	0%
5,50	7,33	9,16	11,00	12,83	14,66	16,49	18,33

TABELLE 7

Angenommenes Renteneintrittsalter:	**65 Jahre**
Angenommene Lebenserwartung:	**84 Jahre**

Modell 4: Optimistisch

Die jährliche Inflationsrate beträgt	2,50	Prozent
Die jährliche Rendite der Geldanlagen nach Steuern beträgt	7,50	Prozent
Die jährliche Produktivitätssteigerung beträgt	1,50	Prozent

Berechnung der Sparquote, wenn kein Vermögen vorhanden ist

Wenn die erwartete Rente so viel Prozent des Nettoeinkommens beträgt: … **dann muss der Arbeitnehmer so viel Prozent seines Nettoeinkommens sparen:**

Alter heute	70%	60%	50%	40%	30%	20%	10%	0%	Vermögensfaktor
20	3,75	5,00	6,25	7,50	8,75	10,00	11,25	12,50	3,7888
21	3,89	5,19	6,48	7,78	9,08	10,37	11,67	12,96	3,8053
22	4,03	5,38	6,73	8,07	9,42	10,76	12,11	13,45	3,8220
23	4,19	5,59	6,99	8,38	9,78	11,17	12,57	13,97	3,8411
24	4,35	5,80	7,26	8,71	10,16	11,61	13,06	14,51	3,8604
25	**4.52**	**6,03**	**7,54**	**9,05**	**10,56**	**12,06**	**13,57**	**15,08**	**3,8806**
26	4,69	6,26	7,83	9,40	10,97	12,52	14,09	15,66	3,9018
27	4,88	6,51	8,14	9,76	11,39	13,01	14,64	16,27	3,9241
28	5,07	6,77	8,46	10,15	11,84	13,53	15,22	16,92	3,9476
29	5,28	7,04	8,80	10,56	12,32	14,07	15,83	17,59	3,9723
30	**5,49**	**7,32**	**9,15**	**10,98**	**12,81**	**14,64**	**16,47**	**18,30**	**3,9981**
31	5,71	7,61	9,51	11,42	13,32	15,22	17,13	19,03	4,0243
32	5,94	7,92	9,90	11,88	13,86	15,84	17,82	19,79	4,0520
33	6,18	8,24	10,30	12,36	14,42	16,48	18,54	20,60	4,0811
34	6,43	8,58	10,73	12,87	15,02	17,16	19,31	21,45	4,1117
35	**6,70**	**8,94**	**11,17**	**13,40**	**15,64**	**17,87**	**20,11**	**22,34**	**4,1438**
36	6,98	9,31	11,63	13,96	16,29	18,61	20,94	23,27	4,1772
37	7,27	9,70	12,12	14,54	16,97	19,39	21,82	24,25	4,2124
38	7,58	10,11	12,64	15,16	17,69	20,22	22,75	25,28	4,2494
39	7,91	10,55	13,18	15,81	18,45	21,08	23,72	26,36	4,2883
40	**8,25**	**11,00**	**13,75**	**16,49**	**19,24**	**21,99**	**24,74**	**27,49**	**4,3291**
41	8,61	11,48	14,35	17,21	20,08	22,95	25,83	28,70	4,3727
42	8,99	11,99	14,99	17,98	20,98	23,97	26,97	29,97	4,4187
43	9,40	12,53	15,66	18,78	21,91	25,05	28,18	31,31	4,4671
44	9,82	13,09	16,36	19,63	22,90	26,17	29,44	32,72	4,5179
45	**10,26**	**13,68**	**17,10**	**20,51**	**23,93**	**27,35**	**30,77**	**34,19**	**4,5712**
46	10,74	14,32	17,90	21,47	25,06	28,64	32,22	35,80	4,6292
47	11,25	15,00	18,75	22,49	26,24	29,99	33,74	37,49	4,6904
48	11,78	15,71	19,64	23,57	27,49	31,42	35,35	39,27	4,7549
49	12,34	16,46	20,58	24,69	28,81	32,92	37,03	41,15	4,8225
50	**12,93**	**17,24**	**21,56**	**25,87**	**30,18**	**34,49**	**38,80**	**43,11**	**4,8934**
51	13,59	18,12	22,66	27,19	31,72	36,25	40,78	45,32	4,9729
52	14,29	19,05	23,82	28,59	33,35	38,12	42,88	47,64	5,0508
53	15,03	20,03	25,05	30,06	35,06	40,08	45,08	50,09	5,1451
54	15,80	21,06	26,33	31,60	36,86	42,13	47,40	52,67	5,2378
55	**16,61**	**22,14**	**27,68**	**33,22**	**38,75**	**44,29**	**49,82**	**55,36**	**5,3350**
56	17,56	23,41	29,27	35,12	40,97	46,83	52,67	58,53	5,4495
57	18,56	24,75	30,94	37,13	43,32	49,50	55,69	61,88	5,5704
58	19,62	26,16	32,70	39,24	45,78	52,32	58,86	65,40	5,6976
59	20,73	27,64	34,55	41,46	48,38	55,28	62,19	69,10	5,8312
60	21,89	29,19	36,49	43,79	51,09	58,38	65,68	72,98	5,9711

Berechnung des benötigten Vermögens bei einem heutigen Renteneintritt im Alter von 65 Jahren:

Wenn die Rente so viel Prozent der Ausgaben deckt: … **dann muss die folgende Zahl mit den jährlichen Ausgaben multipliziert werden, um das notwendige Vermögen für die Altersversorgung zu erhalten:**

70%	60%	50%	40%	30%	20%	10%	0%
5,76	5,76	7,20	8,64	10,08	11,52	12,96	14,40

TABELLE 8

Angenommenes Renteneintrittsalter:	65 Jahre
Angenommene Lebenserwartung:	87 Jahre

Modell 4: Optimistisch

Die jährliche Inflationsrate beträgt	2,50	Prozent
Die jährliche Rendite der Geldanlagen nach Steuern beträgt	7,50	Prozent
Die jährliche Produktivitätssteigerung beträgt	1,50	Prozent

Berechnung der Sparquote, wenn kein Vermögen vorhanden ist

Wenn die erwartete Rente so viel Prozent des Nettoeinkommens beträgt: (Spalten 70% bis 0%)

dann muss der Arbeitnehmer so viel Prozent seines Nettoeinkommens sparen:

Alter heute	70%	60%	50%	40%	30%	20%	10%	0%	Vermögensfaktor
20	4,08	5,44	6,80	8,15	9,51	10,87	12,23	13,59	3,7407
21	4,23	5,64	7,05	8,45	9,86	11,27	12,68	14,09	3,7556
22	4,39	5,85	7,31	8,77	10,23	11,69	13,15	14,61	3,7712
23	4,55	6,07	7,59	9,10	10,62	12,14	13,65	15,17	3,7877
24	4,73	6,30	7,88	9,45	11,02	12,60	14,17	15,75	3,8051
25	**4,91**	**6,54**	**8,18**	**9,82**	**11,45**	**13,09**	**14,72**	**16,36**	**3,8232**
26	5,09	6,79	8,49	10,19	11,88	13,58	15,27	16,98	3,8414
27	5,29	7,05	8,81	10,58	12,34	14,10	15,86	17,63	3,8606
28	5,49	7,32	9,15	10,99	12,82	14,65	16,48	18,31	3,8809
29	5,71	7,61	9,51	11,42	13,32	15,22	17,12	19,03	3,9021
30	**5.93**	**7,91**	**9.89**	**11,87**	**13.85**	**15.82**	**17.80**	**19.78**	**3.9244**
31	6,16	8,22	10,28	12,33	14,39	16,44	18,49	20,55	3,9475
32	6,41	8,54	10,68	12,82	14,96	17,09	19,22	21,36	3,9719
33	6,67	8,88	11,11	13,33	15,55	17,78	19,99	22,22	3,9976
34	6,94	9,24	11,56	13,87	16,18	18,50	20,80	23,12	4,0246
35	**7,22**	**9,62**	**12,03**	**14,44**	**16,84**	**19,25**	**21,65**	**24,06**	**4,0528**
36	7,51	10,01	12,52	15,02	17,52	20,03	22,52	25,03	4,0817
37	7,82	10,42	13,03	15,64	18,24	20,85	23,45	26,06	4,1121
38	8,14	10,85	13,57	16,29	18,99	21,71	24,42	27,14	4,1442
39	8,48	11,30	14,14	16,97	19,79	22,62	25,44	28,27	4,1778
40	**8,84**	**11,78**	**14,73**	**17,68**	**20,62**	**23,57**	**26,51**	**29,46**	**4,2131**
41	9,21	12,28	15,35	18,43	21,49	24,57	27,63	30,71	4,2500
42	9,61	12,81	16,01	19,22	22,41	25,62	28,82	32,02	4,2890
43	10,03	13,36	16,71	20,05	23,38	26,73	30,07	33,41	4,3301
44	10,46	13,95	17,44	20,92	24,40	27,89	31,38	34,87	4,3732
45	**10.92**	**14.56**	**18.20**	**21.83**	**25.47**	**29.11**	**32.75**	**36.39**	**4.4183**
46	11,41	15,21	19,02	22,81	26,62	30,42	34,22	38,03	4,4669
47	11,93	15,90	19,88	23,85	27,83	31,80	35,78	39,75	4,5182
48	12,47	16,63	20,79	24,94	29,10	33,25	37,41	41,57	4,5721
49	13,04	17,39	21,74	26,09	30,44	34,78	39,13	43,48	4,6288
50	**13.64**	**18.19**	**22.74**	**27,29**	**31,84**	**36,38**	**40,93**	**45,48**	**4,6882**
51	14,30	19,07	23,84	28,61	33,38	38,14	42,92	47,69	4,7537
52	15,00	20,00	25,01	30,01	35,01	40,01	45,01	50,01	4,8229
53	15,74	20,98	26,23	31,48	36,72	41,97	47,22	52,46	4,8957
54	16,51	22,01	27,52	33,02	38,52	44,02	49,53	55,04	4,9722
55	**17,32**	**23,09**	**28,87**	**34,64**	**40,41**	**46,18**	**51,96**	**57,73**	**5,0523**
56	18,24	24,32	30,41	36,49	42,57	48,64	54,73	60,81	5,1438
57	19,22	25,62	32,03	38,44	44,84	51,25	57,66	64,06	5,2404
58	20,24	26,99	33,74	40,49	47,24	53,98	60,74	67,48	5,3421
59	21,32	28,43	35,54	42,64	49,75	56,86	63,97	71,08	5,4489
60	22,45	29,94	37,42	44,90	52,39	59,87	67,36	74,84	5,5607

Berechnung des benötigten Vermögens bei einem heutigen Renteneintritt im Alter von 65 Jahren:

Wenn die Rente so viel Prozent der Ausgaben deckt:

dann muss die folgende Zahl mit den jährlichen Ausgaben multipliziert werden, um das notwendige Vermögen für die Altersversorgung zu erhalten:

70%	60%	50%	40%	30%	20%	10%	0%
4,76	6,34	7,93	9,51	11,10	12,68	14,27	15,85

TABELLE 9

Angenommenes Renteneintrittsalter:	60 Jahre
Angenommene Lebenserwartung:	83 Jahre

Modell 1: Sehr vorsichtig

Die jährliche Inflationsrate beträgt	3,00	Prozent
Die jährliche Rendite der Geldanlagen nach Steuern beträgt	5,00	Prozent
Die jährliche Produktivitätssteigerung beträgt	3,00	Prozent

Berechnung der Sparquote, wenn kein Vermögen vorhanden ist

Wenn die erwartete Rente so viel Prozent des Nettoeinkommens beträgt: (70% bis 0%)

dann muss der Arbeitnehmer so viel Prozent seines Nettoeinkommens sparen:

Alter heute	70%	60%	50%	40%	30%	20%	10%	0%	Vermögensfaktor
20	12,27	16,36	20,46	24,55	28,64	32,73	36,82	40,91	1,4950
21	12,44	16,59	20,75	24,90	29,04	33,19	37,34	41,49	1,5174
22	12,63	16,84	21,05	25,26	29,47	33,68	37,89	42,10	1,5410
23	12,82	17,10	21,37	25,64	29,92	34,19	38,47	42,74	1,5658
24	13,03	17,37	21,71	26,05	30,39	34,73	39,07	43,41	1,5919
25	13,24	17,65	22,06	26,47	30,88	35,30	39,71	44,12	1,6192
26	13,44	17,92	22,40	26,88	31,36	35,84	40,32	44,80	1,6455
27	13,66	18,21	22,76	27,31	31,86	36,42	40,97	45,52	1,6733
28	13,88	18,51	23,14	27,76	32,39	37,02	41,65	46,27	1,7025
29	14,12	18,83	23,53	28,24	32,95	37,66	42,36	47,07	1,7332
30	14,37	19,16	23,95	28,74	33,53	38,32	43,11	47,90	1,7654
31	14,61	19,48	24,36	29,23	34,10	38,97	43,84	48,71	1,7967
32	14,87	19,83	24,78	29,74	34,70	39,65	44,61	49,57	1,8298
33	15,14	20,19	25,23	30,28	35,33	40,37	45,42	50,47	1,8646
34	15,42	20,56	25,71	30,85	35,99	41,13	46,27	51,41	1,9012
35	15.72	20.96	26.20	31.44	36.68	41.92	47.16	52.40	1,9395
36	16,02	21,35	26,69	32,03	37,37	42,71	48,04	53,38	1,9775
37	16,33	21,77	27,21	32,65	38,09	43,54	48,98	54,42	2,0176
38	16,65	22,20	27,76	33,31	38,86	44,41	49,96	55,51	2,0599
39	17,00	22,66	28,33	34,00	39,66	45,33	50,99	56,66	2,1042
40	17,36	23,14	28,93	34,72	40,50	46,29	52,07	57,86	2,1507
41	17,73	23,63	29,54	35,45	41,35	47,26	53,17	59,08	2,1978
42	18,11	24,14	30,18	36,22	42,25	48,29	54,33	60,36	2,2476
43	18,52	24,68	30,86	37,03	43,20	49,37	55,55	61,72	2,2999
44	18,94	25,25	31,57	37,89	44,20	50,51	56,83	63,14	2,3549
45	19,39	25,85	32,32	38,78	45,24	51,70	58,17	64,63	2,4125
46	19,85	26,47	33,09	39,71	46,33	52,94	59,57	66,18	2,4724
47	20,34	27,13	33,91	40,69	47,47	54,25	61,04	67,82	2,5357
48	20,86	27,82	34,77	41,72	48,68	55,63	62,59	69,54	2,6023
49	21,40	28,54	35,67	42,80	49,94	57,07	64,22	71,35	2,6722
50	21,97	29,30	36,62	43,94	51,27	58,59	65,92	73,24	2,7455
51	22,58	30,11	37,64	45,16	52,69	60,22	67,75	75,27	2,8241
52	23,22	30,97	38,71	46,44	54,19	61,93	69,68	77,41	2,9070
53	23,90	31,87	39,83	47,80	55,77	63,74	71,71	79,67	2,9942
54	24,61	32,82	41,02	49,22	57,42	65,63	73,84	82,04	3,0859
55	25,36	33,81	42,26	50,71	59,16	67,62	76,07	84,52	3,1819

Berechnung des benötigten Vermögens bei einem heutigen Renteneintritt im Alter von 60 Jahren:

Wenn die Rente so viel Prozent der Ausgaben deckt:

dann muss die folgende Zahl mit den jährlichen Ausgaben multipliziert werden, um das notwendige Vermögen für die Altersversorgung zu erhalten:

70%	60%	50%	40%	30%	20%	10%	0%
7,94	10,58	13,23	15,87	18,52	21,16	23,81	26,45

TABELLE 10

Angenommenes Renteneintrittsalter:	60 Jahre
Angenommene Lebenserwartung:	86 Jahre

Modell 1: Sehr vorsichtig

Die jährliche Inflationsrate beträgt	3,00	Prozent
Die jährliche Rendite der Geldanlagen nach Steuern beträgt	5,00	Prozent
Die jährliche Produktivitätssteigerung beträgt	3,00	Prozent

Berechnung der Sparquote, wenn kein Vermögen vorhanden ist

Wenn die erwartete Rente so viel Prozent des Nettoeinkommens beträgt:

dann muss der Arbeitnehmer so viel Prozent seines Nettoeinkommens sparen:

Alter heute	70%	60%	50%	40%	30%	20%	10%	0%	Vermögensfaktor
20	13,26	17,68	22,10	26,51	30,93	35,35	39,77	44,19	1,4124
21	13,44	17,91	22,39	26,86	31,34	35,82	40,30	44,78	1,4323
22	13,62	18,16	22,70	27,24	31,78	36,32	40,86	45,40	1,4534
23	13,82	18,42	23,03	27,63	32,24	36,84	41,45	46,05	1,4755
24	14,02	18,69	23,37	28,04	32,72	37,39	42,06	46,73	1,4987
25	**14,24**	**18,98**	**23,73**	**28,47**	**33,22**	**37,96**	**42,71**	**47,45**	**1.5231**
26	14,45	19,25	24,07	28,88	33,70	38,51	43,33	48,13	1,5463
27	14,66	19,54	24,43	29,31	34,20	39,08	43,98	48,86	1,5708
28	14,89	19,85	24,81	29,77	34,74	39,69	44,66	49,62	1,5966
29	15,13	20,17	25,21	30,25	35,29	40,33	45,38	50,41	1,6237
30	**15,38**	**20,50**	**25,63**	**30.75**	**35.88**	**41.00**	**46.13**	**51.25**	**1.6521**
31	15,62	20,82	26,03	31,23	36,44	41,64	46,86	52,06	1,6795
32	15,88	21,16	26,46	31,75	37,04	42,32	47,62	52,91	1,7083
33	16,14	21,52	26,91	32,28	37,66	43,04	48,43	53,80	1,7387
34	16,43	21,90	27,38	32,85	38,32	43,79	49,27	54,74	1,7707
35	**16,72**	**22.29**	**27.87**	**33.44**	**39.01**	**44.58**	**50,16**	**55,73**	**1,8041**
36	17,01	22,68	28,35	34,02	39,69	45,35	51,03	56,69	1,8368
37	17,32	23,09	28,86	34,63	40,40	46,17	51,94	57,71	1,8714
38	17,64	23,52	29,40	35,27	41,15	47,03	52,91	58,79	1,9078
39	17,98	23,97	29,96	35,94	41,94	47,93	53,92	59,91	1,9460
40	**18,33**	**24,44**	**30,55**	**36,65**	**42.76**	**48.87**	**54.98**	**61.09**	**1.9860**
41	18,68	24,91	31,14	37,36	43,58	49,81	56,04	62,27	2,0260
42	19,06	25,41	31,76	38,10	44,45	50,81	57,18	63,51	2,0681
43	19,45	25,93	32,41	38,89	45,37	51,85	58,34	64,82	2,1125
44	19,86	26,48	33,10	39,72	46,33	52,95	59,57	66,19	2,1592
45	**20,29**	**27,05**	**33,82**	**40.58**	**47.34**	**54.10**	**60.87**	**67.63**	**2.2080**
46	20,73	27,64	34,55	41,46	48,37	55,27	62,19	69,10	2,2577
47	21,19	28,26	35,33	42,39	49,45	56,51	63,58	70,64	2,3102
48	21,68	28,91	36,14	43,36	50,59	57,82	65,04	72,27	2,3655
49	22,19	29,59	36,99	44,39	51,79	59,19	66,58	73,98	2,4235
50	**22,73**	**30,31**	**37,89**	**45.46**	**53.04**	**60.62**	**68.19**	**75.77**	**2.4843**
51	23,29	31,06	38,83	46,59	54,35	62,12	69,88	77,65	2,5480
52	23,89	31,85	39,82	47,77	55,74	63,70	71,66	79,63	2,6152
53	24,51	32,69	40,86	49,02	57,20	65,37	73,54	81,71	2,6859
54	25,17	33,56	41,95	50,34	58,73	67,12	75,51	83,90	2,7602
55	25,86	34,48	43,10	51,71	60,33	68,95	77,57	86,19	2.8380

Berechnung des benötigten Vermögens bei einem heutigen Renteneintritt im Alter von 60 Jahren:

Wenn die Rente so viel Prozent der Ausgaben deckt:

dann muss die folgende Zahl mit den jährlichen Ausgaben multipliziert werden, um das notwendige Vermögen für die Altersversorgung zu erhalten:

70%	60%	50%	40%	30%	20%	10%	0%
9,07	12,10	15,12	18,15	21,17	24,19	27,22	30,24

TABELLE 11

Angenommenes Renteneintrittsalter:	60 Jahre
Angenommene Lebenserwartung:	83 Jahre

Modell 2: Vorsichtig

Die jährliche Inflationsrate beträgt	3,50	Prozent
Die jährliche Rendite der Geldanlagen nach Steuern beträgt	6,50	Prozent
Die jährliche Produktivitätssteigerung beträgt	2,50	Prozent

Berechnung der Sparquote, wenn kein Vermögen vorhanden ist

Wenn die erwartete Rente so viel Prozent des Nettoeinkommens beträgt:

dann muss der Arbeitnehmer so viel Prozent seines Nettoeinkommens sparen:

Alter heute	70%	60%	50%	40%	30%	20%	10%	0%	Vermögensfaktor
20	10,39	13,85	17,31	20,77	24,23	27,70	31,16	34,62	1,8164
21	10,57	14,09	17,61	21,13	24,65	28,18	31,70	35,22	1,8409
22	10,76	14,34	17,92	21,51	25,09	28,68	32,27	35,85	1,8667
23	10,95	14,61	18,26	21,90	25,56	29,21	32,86	36,51	1,8939
24	11,16	14,89	18,60	22,32	26,05	29,77	33,49	37,21	1,9225
25	11.38	15.18	18.97	22,76	26,56	30,35	34,15	37,94	1,9524
26	11,59	15,46	19,32	23,18	27,06	30,92	34,79	38,65	1,9813
27	11,82	15,76	19,70	23,63	27,58	31,52	35,46	39,39	2,0119
28	12,05	16,07	20,09	24,11	28,13	32,15	36,16	40,18	2,0441
29	12,30	16,40	20,51	24,60	28,71	32,81	36,90	41,01	2,0778
30	12,56	16,75	20,94	25,12	29,31	33,50	37,68	41,87	2,1132
31	12,82	17,09	21,37	25,63	29,91	34,18	38,45	42,72	2,1481
32	13,09	17,45	21,82	26,17	30,54	34,90	39,26	43,62	2,1850
33	13,37	17,83	22,29	26,74	31,20	35,66	40,11	44,57	2,2238
34	13,67	18,22	22,79	27,34	31,90	36,46	41,01	45,57	2,2645
35	13,98	18,64	23,31	27,97	32,63	37,29	41,95	46,61	2,3072
36	14,30	19,06	23,83	28,60	33,36	38,13	42,89	47,66	2,3500
37	14,63	19,50	24,38	29,26	34,13	39,01	43,89	48,76	2,3951
38	14,98	19,97	24,96	29,95	34,94	39,94	44,93	49,92	2,4427
39	15,35	20,46	25,57	30,68	35,80	40,92	46,03	51,14	2,4926
40	15,73	20,97	26,21	31,45	36,69	41,94	47,18	52,42	2,5449
41	16,12	21,50	26,87	32,24	37,61	42,99	48,37	53,74	2,5988
42	16,54	22,05	27,56	33,07	38,59	44,10	49,62	55,13	2,6558
43	16,98	22,64	28,30	33,95	39,61	45,27	50,94	56,59	2,7157
44	17,44	23,26	29,06	34,87	40,69	46,50	52,32	58,13	2,7787
45	17,92	23,90	29,87	35,84	41,82	47,79	53,77	59,74	2,8446
46	18,43	24,58	30,72	36,86	43,01	49,15	55,30	61,44	2,9144
47	18,97	25,30	31,62	37,95	44,27	50,59	56,92	63,24	2,9880
48	19,54	26,05	32,57	39,08	45,60	52,11	58,63	65,14	3,0655
49	20,14	26,85	33,57	40,28	46,99	53,70	60,42	67,13	3,1469
50	20.76	27.68	34.61	41,53	48,45	55,37	62,29	69,21	3,2322
51	21,45	28,60	35,76	42,01	50,06	57,20	64,35	71,50	3,3261
52	22,18	29,57	36,97	44,36	51,75	59,14	66,53	73,92	3,4251
53	22,94	30,59	38,24	45,88	53,53	61,18	68,83	76,47	3,5294
54	23,75	31,66	39,58	47,49	55,41	63,32	71,24	79,15	3,6389
55	24,59	32,78	40,98	49,17	57,37	65,56	73,76	81,95	3,7536

Berechnung des benötigten Vermögens bei einem heutigen Renteneintritt im Alter von 60 Jahren:

Wenn die Rente so viel Prozent der Ausgaben deckt:

dann muss die folgende Zahl mit den jährlichen Ausgaben multipliziert werden, um das notwendige Vermögen für die Altersversorgung zu erhalten:

70%	60%	50%	40%	30%	20%	10%	0%
6,68	8,90	11,13	13,36	15,58	17,81	20,03	22,26

TABELLE 12

Angenommenes Renteneintrittsalter:	60 Jahre
Angenommene Lebenserwartung:	86 Jahre

Modell 2: Vorsichtig

Die jährliche Inflationsrate beträgt	3,50	Prozent
Die jährliche Rendite der Geldanlagen nach Steuern beträgt	6,50	Prozent
Die jährliche Produktivitätssteigerung beträgt	2,50	Prozent

Berechnung der Sparquote, wenn kein Vermögen vorhanden ist

Wenn die erwartete Rente so viel Prozent des Nettoeinkommens beträgt: (70% … 0%)

dann muss der Arbeitnehmer so viel Prozent seines Nettoeinkommens sparen:

Alter heute	70%	60%	50%	40%	30%	20%	10%	0%	Vermögensfaktor
20	11,16	14,88	18,60	22,32	26,04	29,76	33,48	37,20	1,7449
21	11,34	15,12	18,91	22,69	26,47	30,25	34,03	37,81	1,7671
22	11,54	15,38	19,23	23,08	26,92	30,77	34,62	38,46	1,7905
23	11,74	15,66	19,57	23,49	27,40	31,32	35,23	39,14	1,8152
24	11,96	15.94	19.93	23.92	27,90	31,89	35,87	39,86	1.8411
25	**12,18**	**16,24**	**20,31**	**24.37**	**28.43**	**32.49**	**36.55**	**40.61**	**1,8682**
26	12,40	16,53	20,67	24,80	28,93	33,07	37,20	41,33	1,8943
27	12,63	16,84	21,05	25,26	29,47	33,68	37,89	42,09	1,9219
28	12,87	17,16	21,45	25,74	30,03	34,32	38,61	42,90	1,9509
29	13,12	17,50	21,87	26,24	30,61	34,99	39,37	43,74	1,9814
30	**13,39**	**17.85**	**22.31**	**26.77**	**31.23**	**35.70**	**40.16**	**44.62**	**2,0133**
31	13,65	18,19	22,74	27,29	31,83	36,39	40,93	45,48	2,0444
32	13,92	18,56	23,19	27,83	32,47	37,11	41,75	46,39	2,0772
33	14,21	18,94	23,67	28,41	33,14	37,88	42,61	47,34	2,1118
34	14,51	19.34	24.17	29,01	33.84	38,68	43,51	48,35	2,1481
35	**14.82**	**19.76**	**24.70**	**29.64**	**34.58**	**39.52**	**44.46**	**49.40**	**2,1861**
36	15,13	20,18	25,22	30,27	35,31	40.36	45,40	50,45	2,2239
37	15,46	20,62	25,78	30,93	36,09	41,24	46,40	51,55	2,2639
38	15,81	21,08	26,36	31,63	36,90	42,17	47,44	52,71	2,3059
39	16,18	21,57	26,97	32,36	37.75	43,15	48.54	53,93	2,3501
40	**16.56**	**22.08**	**27.61**	**33.13**	**38.65**	**44.17**	**49.69**	**55.21**	**2,3963**
41	16,95	22,60	28,26	33,91	39,56	45,21	50,85	56,50	2,4431
42	17,36	23,15	28,94	34,72	40,51	46,30	52,08	57,87	2,4925
43	17,79	23,72	29,66	35,59	41,52	47,45	53,38	59,31	2,5445
44	18,24	24.33	30,41	36,49	42,57	48.66	54,74	60,82	2,5991
45	**18,72**	**24.96**	**31.20**	**37.44**	**43.68**	**49.92**	**56.16**	**62.40**	**2,6563**
46	19,21	25,62	32,02	38,43	44,83	51,24	57,64	64,05	2,7158
47	19,73	26,31	32,89	39,47	46,05	52,62	59,21	65,78	2,7786
48	20,28	27,05	33,80	40,56	47,33	54,09	60,85	67,61	2,8447
49	20.86	27.81	34,76	41.71	48,67	55,62	62,58	69,53	2,9141
50	**21,46**	**28,62**	**35,77**	**42,92**	**50.08**	**57,23**	**64.39**	**71.54**	**2,9868**
51	22,11	29,48	36,85	44,22	51,59	58,96	66,33	73,70	3,0649
52	22,79	30,40	37,99	45,58	53,19	60,78	68,39	75,98	3,1474
53	23,51	31,36	39,19	47,02	54,87	62,70	70,55	78,38	3,2342
54	24,27	32,36	40,45	48,54	56,63	64,72	72,81	80,90	3,3253
55	25,06	33,42	41.77	50,12	58,48	66.83	75,19	83.54	3,4208

Berechnung des benötigten Vermögens bei einem heutigen Renteneintritt im Alter von 60 Jahren:

Wenn die Rente so viel Prozent der Ausgaben deckt:

dann muss die folgende Zahl mit den jährlichen Ausgaben multipliziert werden, um das notwendige Vermögen für die Altersversorgung zu erhalten:

70%	60%	50%	40%	30%	20%	10%	0%
7,47	9,96	12,45	14,94	17,43	19,92	22,41	24,90

TABELLE 13

Angenommenes Renteneintrittsalter:	60 Jahre
Angenommene Lebenserwartung:	83 Jahre

Modell 3: Zwischen vorsichtig und optimistisch

Die jährliche Inflationsrate beträgt	3,00	Prozent
Die jährliche Rendite der Geldanlagen nach Steuern beträgt	7,00	Prozent
Die jährliche Produktivitätssteigerung beträgt	2,00	Prozent

Berechnung der Sparquote, wenn kein Vermögen vorhanden ist

Wenn die erwartete Rente so viel Prozent des Nettoeinkommens beträgt:

dann muss der Arbeitnehmer so viel Prozent seines Nettoeinkommens sparen:

Alter heute	70%	60%	50%	40%	30%	20%	10%	0%	Vermögensfaktor
20	7,43	9,91	12,39	14,87	17,35	19,82	22,30	24,78	2,7170
21	7,62	10,17	12,71	15,26	17,80	20,34	22,88	25,43	2,7389
22	7,83	10,44	13,06	15,67	18,28	20,89	23,50	26,11	2,7620
23	8,05	10,73	13,42	16,10	18,78	21,46	24,14	26,83	2,7864
24	8,27	11,03	13,79	16,55	19,31	22,07	24,82	27,58	2,8119
25	**8,51**	**11,35**	**14,19**	**17,02**	**19,86**	**22,70**	**25,53**	**28,37**	**2,8387**
26	8,74	11,66	14,58	17,49	20,41	23,32	26,23	29,15	2,8652
27	8,99	11,99	14,99	17,98	20,98	23,98	26,97	29,97	2,8932
28	9,25	12,34	15,42	18,50	21,59	24,67	27,75	30,84	2,9226
29	9,52	12,70	15,87	19,05	22,22	25,40	28,57	31,75	2,9535
30	**9.81**	**13.08**	**16.35**	**19.62**	**22.89**	**26.16**	**29.43**	**32,70**	**2,9859**
31	10,10	13,46	16,83	20,19	23,56	26,92	30,29	33,65	3,0183
32	10,40	13,86	17,33	20,79	24,26	27,73	31,19	34,66	3,0524
33	10,72	14,29	17,86	21,43	25,00	28,57	32,14	35,72	3,0884
34	11,05	14,73	18,42	22,09	25,78	29,46	33,14	36,83	3,1261
35	**11,40**	**15,20**	**19,00**	**22,79**	**26,59**	**30,39**	**34,19**	**37,99**	**3,1657**
36	11,75	15,67	19,59	23,50	27,42	31,34	35,26	39,18	3,2061
37	12,13	16,17	20,22	24,26	28,30	32,34	36,38	40,43	3,2487
38	12,52	16,70	20,88	25,05	29,22	33,39	37,57	41,75	3,2936
39	12,94	17,25	21,57	25,88	30,19	34,50	38,82	43,13	3,3407
40	**13,37**	**17,83**	**22,29**	**26,75**	**31.21**	**35,66**	**40,12**	**44,58**	**3.3900**
41	13,82	18,43	23,04	27,65	32,26	36,87	41,48	46,09	3,4412
42	14,30	19,07	23,84	28,61	33,38	38,14	42,91	47,68	3,4953
43	14,81	19,74	24,68	29,61	34,55	39,48	44,42	49,35	3,5522
44	15,34	20,44	25,56	30,67	35,78	40,89	46,00	51,11	3,6119
45	**15,89**	**21,18**	**26,48**	**31,77**	**37,07**	**42,36**	**47,66**	**52,95**	**3,6745**
46	16,48	21,97	27,46	32,95	38,45	43,94	49,43	54,92	3,7415
47	17,10	22,80	28,50	34,20	39,90	45,60	51,30	57,00	3,8122
48	17,76	23,68	29,60	35,51	41,44	47,35	53,27	59,19	3,8867
49	18,45	24,60	30,75	36,89	43,04	49,19	55,34	61,49	3,9648
50	**19,17**	**25,56**	**31,95**	**38,34**	**44,73**	**51,12**	**57,51**	**63,90**	**4,0467**
51	19,97	26,63	33,29	39,00	46,60	53,26	59,92	66,58	4,1377
52	20,82	27,76	34,70	41,64	48,58	55,52	62,46	69,40	4,2338
53	21,71	28,95	36,19	43,42	50,66	57,90	65,14	72,38	4,3349
54	22,65	30,20	37,75	45,30	52,85	60,40	67,95	75,50	4,4411
55	23,63	31,51	39,39	47,26	55,14	63,02	70,89	78,77	4,5523

Berechnung des benötigten Vermögens bei einem heutigen Renteneintritt im Alter von 60 Jahren:

Wenn die Rente so viel Prozent der Ausgaben deckt:

dann muss die folgende Zahl mit den jährlichen Ausgaben multipliziert werden, um das notwendige Vermögen für die Altersversorgung zu erhalten:

70%	60%	50%	40%	30%	20%	10%	0%
5,69	7,58	9,48	11,38	13,27	15,17	17,06	18,96

TABELLE 14

Angenommenes Renteneintrittsalter:	60 Jahre
Angenommene Lebenserwartung:	86 Jahre

Modell 3: Zwischen vorsichtig und optimistisch

Die jährliche Inflationsrate beträgt	3,00	Prozent
Die jährliche Rendite der Geldanlagen nach Steuern beträgt	7,00	Prozent
Die jährliche Produktivitätssteigerung beträgt	2,00	Prozent

Berechnung der Sparquote, wenn kein Vermögen vorhanden ist

Wenn die erwartete Rente so viel Prozent des Nettoeinkommens beträgt:

dann muss der Arbeitnehmer so viel Prozent seines Nettoeinkommens sparen:

Alter heute	70%	60%	50%	40%	30%	20%	10%	0%	Vermögensfaktor
20	7,96	10,62	13,27	15,92	18,58	21,23	23,89	26,54	2,6530
21	8,16	10,89	13,61	16,33	19,05	21,77	24,50	27,22	2,6728
22	8,38	11,18	13,97	16,75	19,55	22,34	25,14	27,93	2,6938
23	8,60	11,48	14,34	17,20	20,07	22,94	25,81	28,66	2,7158
24	8,84	11,79	14,74	17,68	20,62	23,57	26,52	29,47	2,7390
25	**9,09**	**12,12**	**15,15**	**18,17**	**21,20**	**24,23**	**27,26**	**30.29**	**2.7632**
26	9,33	12,44	15,55	18,65	21,77	24,88	27,99	31,10	2,7868
27	9,59	12,78	15,98	19,17	22,36	25,56	28,75	31,95	2,8118
28	9,85	13,14	16,43	19,70	22,99	26,28	29,56	32,84	2,8380
29	10,14	13.52	16,90	20.27	23,65	27,03	30,40	33.78	2,8656
30	**10,43**	**13,91**	**17,39**	**20.86**	**24.34**	**27.82**	**31.29**	**34,77**	**2,8945**
31	10,72	14,30	17,88	21,45	25,02	28,60	32,17	35,75	2,9232
32	11,03	14,71	18,39	22,07	25,75	29,43	33,10	36,78	2,9535
33	11,36	15,15	18,93	22,72	26,51	30,29	34,08	37,87	2,9854
34	11,70	15.60	19.50	23,40	27,30	31,21	35,10	39,01	3,0189
35	**12,06**	**16,08**	**20,10**	**24,12**	**28,14**	**32.16**	**36.18**	**40.20**	**3.0540**
36	12,42	16,56	20,70	24,84	28,98	33,12	37,26	41,40	3,0892
37	12,80	17,07	21,34	25,60	29,87	34,14	38,40	42,67	3,1263
38	13,20	17,60	22,00	26,40	30,80	35,20	39,60	44,00	3,1654
39	13,62	18.16	22.71	27,24	31,78	36.33	40,86	45.40	3,2064
40	**14,06**	**18,75**	**23,44**	**28,12**	**32.81**	**37.50**	**42.18**	**46.87**	**3.2494**
41	14,51	19,35	24,19	29,02	33,86	38,70	43,54	48,38	3,2936
42	14,99	19,99	24,99	29,98	34,98	39,98	44,97	49,97	3,3402
43	15,49	20,66	25,82	30,98	36,15	41,31	46,48	51,64	3,3893
44	16.02	21.36	26,70	32,04	37,38	42,72	48.06	53,40	3.4409
45	**16,57**	**22,10**	**27,62**	**33.14**	**38.67**	**44.19**	**49.72**	**55.24**	**3.4949**
46	17,15	22,87	28,59	34,30	40,03	45,74	51,46	57,18	3,5517
47	17,77	23,69	29,61	35,53	41,46	47,38	53,30	59,22	3,6117
48	18,41	24,55	30,69	36,82	42,96	49,10	55,24	61,37	3,6748
49	19,09	25,45	31,82	38.18	44.54	50,91	57.27	63,63	3.7411
50	**19,80**	**26,40**	**33,00**	**39,60**	**46,20**	**52.80**	**59.40**	**66.00**	**3.8106**
51	20,57	27,43	34,29	41,14	48,00	54,86	61,71	68,57	3,8860
52	21,38	28,51	35,64	42,77	49,90	57,03	64,15	71,28	3,9655
53	22,24	29,65	37,07	44,48	51,89	59,31	66,72	74,13	4,0493
54	23,14	30,85	38,57	46,28	53,99	61,71	69,42	77,13	4,1372
55	24.08	32,11	40.14	48.16	56.19	64.22	72.24	80,27	4,2293

Berechnung des benötigten Vermögens bei einem heutigen Renteneintritt im Alter von 60 Jahren:

Wenn die Rente so viel Prozent der Ausgaben deckt:

dann muss die folgende Zahl mit den jährlichen Ausgaben multipliziert werden, um das notwendige Vermögen für die Altersversorgung zu erhalten:

70%	60%	50%	40%	30%	20%	10%	0%
6,24	8,32	10,40	12,48	14,56	16,64	18,72	20,80

TABELLE 15

Angenommenes Renteneintrittsalter:	60 Jahre
Angenommene Lebenserwartung:	83 Jahre

Modell 4: Optimistisch

Die jährliche Inflationsrate beträgt	2,50	Prozent
Die jährliche Rendite der Geldanlagen nach Steuern beträgt	7,50	Prozent
Die jährliche Produktivitätssteigerung beträgt	1,50	Prozent

Berechnung der Sparquote, wenn kein Vermögen vorhanden ist

Wenn die erwartete Rente so viel Prozent des Nettoeinkommens beträgt:

dann muss der Arbeitnehmer so viel Prozent seines Nettoeinkommens sparen:

Alter heute	70%	60%	50%	40%	30%	20%	10%	0%	Vermögensfaktor
20	5,03	6,70	8,38	10,05	11,73	13,40	15,08	16,75	3,8053
21	5,22	6,95	8,69	10,43	12,17	13,90	15,65	17,38	3,8230
22	5,41	7,22	9,02	10,82	12,63	14,43	16,24	18,04	3,8417
23	5,62	7,50	9,37	11,24	13,12	14,99	16,87	18,74	3,8614
24	5,84	7,79	9,74	11,68	13,63	15,58	17,53	19,47	3,8821
25	**6,07**	**8,10**	**10,12**	**12,14**	**14,17**	**16,19**	**18,22**	**20,24**	**3,9038**
26	6,30	8,41	10,51	12,61	14,72	16,81	18,92	21,02	3,9256
27	6,55	8,74	10,92	13,11	15,29	17,47	19,66	21,85	3,9486
28	6,81	9,09	11,36	13,63	15,90	18,17	20,44	22,71	3,9729
29	7,08	9,45	11,81	14,18	16,54	18,90	21,26	23,63	3,9983
30	**7,37**	**9,83**	**12,29**	**14,75**	**17,21**	**19,66**	**22,12**	**24,58**	**4,0250**
31	7,67	10,22	12,78	15,34	17,90	20,45	23,01	25,56	4,0525
32	7,98	10,64	13,30	15,96	18,63	21,28	23,94	26,60	4,0815
33	8,31	11,08	13,85	16,62	19,39	22,16	24,93	27,70	4,1120
34	8,66	11,54	14,43	17,31	20,20	23,08	25,97	28,85	4,1441
35	**9,02**	**12,02**	**15,03**	**18,03**	**21,04**	**24,04**	**27,05**	**30,05**	**4,1777**
36	9,40	12,52	15,66	18,79	21,92	25,05	28,18	31,31	4,2129
37	9,80	13,06	16,33	19,58	22,85	26,11	29,38	32,64	4,2500
38	10,22	13,62	17,03	20,42	23,83	27,23	30,64	34,04	4,2891
39	10,66	14,20	17,76	21,31	24,86	28,41	31,96	35,51	4,3301
40	**11,12**	**14,82**	**18,53**	**22,23**	**25,94**	**29,64**	**33,35**	**37,05**	**4,3731**
41	11,61	15,48	19,35	23,22	27,09	30,96	34,83	38,70	4,4191
42	12,13	16,17	20,22	24,26	28,30	32,34	36,39	40,43	4,4676
43	12,68	16,91	21,13	25,35	29,58	33,81	38,04	42,26	4,5187
44	13,26	17,67	22,09	26,50	30,92	35,34	39,76	44,18	4,5724
45	**13.86**	**18.48**	**23.10**	**27.71**	**32.33**	**36.95**	**41.57**	**46.19**	**4,6286**
46	14,52	19,36	24,20	29,03	33,87	38,71	43,55	48,39	4,6901
47	15,22	20,29	25,36	30,43	35,50	40,57	45,64	50,72	4,7550
48	15,95	21,27	26,58	31,89	37,21	42,53	47,85	53,16	4,8233
49	16,72	22,29	27,87	33,44	39,01	44,59	50,16	55,73	4,8950
50	**17,53**	**23,37**	**29,21**	**35,05**	**40,89**	**46,74**	**52,58**	**58,42**	**4.9702**
51	18,44	24,59	30,74	36,88	40,03	49,18	55,33	61,47	5,0555
52	19,41	25,88	32,35	38,81	45,28	51,76	58,22	64,69	5,1455
53	20,43	27,23	34,04	40,85	47,66	54,47	61,27	68,08	5,2403
54	21,49	28,66	35,82	42,98	50,15	57,32	64,48	71,64	5,3398
55	22,61	30,15	37,69	45,22	52,76	60,30	67,83	75,37	5,4440

Berechnung des benötigten Vermögens bei einem heutigen Renteneintritt im Alter von 60 Jahren:

Wenn die Rente so viel Prozent der Ausgaben deckt:

dann muss die folgende Zahl mit den jährlichen Ausgaben multipliziert werden, um das notwendige Vermögen für die Altersversorgung zu erhalten:

70%	60%	50%	40%	30%	20%	10%	0%
4,89	6,52	8,15	9,78	11,41	13,05	14,68	16,31

TABELLE 16

Angenommenes Renteneintrittsalter:	60 Jahre
Angenommene Lebenserwartung:	86 Jahre

Modell 4: Optimistisch

Die jährliche Inflationsrate beträgt	2,50	Prozent
Die jährliche Rendite der Geldanlagen nach Steuern beträgt	7,50	Prozent
Die jährliche Produktivitätssteigerung beträgt	1,50	Prozent

Berechnung der Sparquote, wenn kein Vermögen vorhanden ist

Wenn die erwartete Rente so viel Prozent des Nettoeinkommens beträgt:

dann muss der Arbeitnehmer so viel Prozent seines Nettoeinkommens sparen:

Alter heute	70%	60%	50%	40%	30%	20%	10%	0%	Vermögensfaktor
20	5,35	7,13	8,92	10,70	12,48	14,26	16,05	17,83	3,7563
21	5,55	7,39	9,25	11,09	12,94	14,79	16,64	18,49	3,7717
22	5,75	7,67	9,59	11,51	13,43	15,34	17,26	19,18	3,7880
23	5,97	7,96	9,96	11,95	13,94	15,92	17,92	19,91	3,8051
24	6,20	8,27	10,34	12,41	14,48	16,54	18,61	20,68	3,8231
25	**6,44**	**8,59**	**10,74**	**12,89**	**15,04**	**17,18**	**19,33**	**21,48**	**3,8420**
26	6,68	8,92	11,15	13,38	15,61	17,83	20,06	22,29	3,8611
27	6,94	9,26	11,58	13,89	16,21	18,52	20,84	23,15	3,8813
28	7,22	9,62	12,03	14,43	16,84	19,24	21,65	24,06	3,9025
29	7,50	10,00	12,50	15,00	17,50	20,00	22,50	25,01	3,9248
30	**7.80**	**10.40**	**13.00**	**15.60**	**18.20**	**20.80**	**23.40**	**26.00**	**3.9482**
31	8,11	10,81	13,51	16,21	18,91	21,61	24,32	27,02	3,9720
32	8,43	11,24	14,05	16,85	19,67	22,47	25,28	28,09	3,9971
33	8,77	11,69	14,61	17,53	20,46	23,38	26,30	29,22	4,0236
34	9,13	12,16	15,21	18,24	21,29	24,33	27,37	30,41	4,0513
35	**9,50**	**12,66**	**15,83**	**18,99**	**22,16**	**25,32**	**28,49**	**31,65**	**4,0804**
36	9,89	13,18	16,48	19,77	23,06	26,35	29,65	32,94	4,1110
37	10,30	13,72	17,16	20,58	24,02	27,44	30,88	34,31	4,1432
38	10,73	14,30	17,88	21,45	25,02	28,59	32,17	35,74	4,1772
39	11,18	14,90	18,63	22,35	26,08	29,80	33,53	37,25	4,2128
40	**11,65**	**15,53**	**19,42**	**23,30**	**27,18**	**31,06**	**34,95**	**38,83**	**4,2502**
41	12,15	16,20	20,25	24,30	28,34	32,39	36,45	40,49	4,2892
42	12,67	16,90	21,13	25,35	29,57	33,80	38,02	42,25	4,3305
43	13,23	17,64	22,05	26,46	30,87	35,28	39,69	44,10	4,3738
44	13,81	18,42	23,02	27,62	32,23	36,83	41,43	46,04	4,4194
45	**14.42**	**19.23**	**24.04**	**28.84**	**33.65**	**38.46**	**43.26**	**48.07**	**4.4671**
46	15,08	20,11	25,13	30,15	35,18	40,21	45,23	50,26	4,5185
47	15,77	21,03	26,29	31,54	36,80	42,06	47,32	52,57	4,5728
48	16,50	22,01	27,51	33,00	38,51	44,01	49,51	55,01	4,6299
49	17,27	23,03	28,78	34,53	40,30	46,05	51,81	57,56	4,6899
50	**18,07**	**24,10**	**30,12**	**36,14**	**42,17**	**48,19**	**54,22**	**60,24**	**4,7527**
51	18,96	25,29	31,61	37,92	44,25	50,57	56,89	63,21	4,8225
52	19,90	26,54	33,17	39,80	46,44	53,07	59,71	66,35	4,8961
53	20,89	27,86	34,82	41,78	48,75	55,71	62,68	69,65	4,9736
54	21,93	29,25	36,56	43,86	51,18	58,49	65,80	73,11	5,0550
55	23,02	30,70	38,37	46,04	53,72	61,39	69,07	76,74	5,1402

Berechnung des benötigten Vermögens bei einem heutigen Renteneintritt im Alter von 60 Jahren:

Wenn die Rente so viel Prozent der Ausgaben deckt:

dann muss die folgende Zahl mit den jährlichen Ausgaben multipliziert werden, um das notwendige Vermögen für die Altersversorgung zu erhalten:

70%	60%	50%	40%	30%	20%	10%	0%
5,28	7,03	8,79	10,55	12,31	14,07	15,83	17,58

Stichwortverzeichnis

R

S

T

U

SPRINGER NATURE

GPSR Compliance

The European Union's (EU) General Product Safety Regulation (GPSR) is a set of rules that requires consumer products to be safe and our obligations to ensure this.

If you have any concerns about our products, you can contact us on ProductSafety@springernature.com

In case Publisher is established outside the EU, the EU authorized representative is:

Springer Nature Customer Service Center GmbH
Europaplatz 3
69115 Heidelberg, Germany

FSC
www.fsc.org
MIX
Papier | Fördert
gute Waldnutzung
FSC® C083411

Kolibri 360 GmbH
Ferdinand-Jühlke-Straße 7
99095 Erfurt, Deutschland
produktsicherheit@kolibri360.de